대한민국 희망교육

나는
혁신학교에
간다

대한민국 희망교육
나는 혁신학교에 간다

l 초판 1쇄 발행 l 2010년 12월 15일
l 초판 5쇄 발행 l 2012년 1월 7일
l 지은이 l 경태영
l 펴낸이 l 방득일
l 펴낸곳 l 맘에드림

l 주   소 l 서울시 중구 묵정동 31-2 2층
l 전   화 l 02-2269-0425
l 팩   스 l 02-2269-0426
l e-mail l nurio1@naver.com

ISBN 978-89-954453-9-6 13370

맘에드림에서는 독자 여러분의 원고를 기다리고 있습니다.
책으로 만들고 싶은 원고가 있으시면 간단한 개요와 연락처 등을 보내주십시오.
보내실 곳 : nurio1@naver.com

· 이 책에 실린 이미지 자료와 인용글들은 각 학교의 홈페이지, 카페, 참고도서에서 허락을 받아 사용하였습니다.

대한민국 희망교육

나는 혁신학교에 간다

맘에 드림

혁신학교는 대한민국의 새로운 교육 패러다임의 시작

혁신학교란 무엇일까요?

사전에서 나오는 '혁신'의 뜻은 묵은 풍속, 관습, 조직, 방법 따위를 완전히 바꾸어서 새롭게 함입니다. 그 뒤에 붙은 '학교'는 일정한 목적, 교과 과정, 설비, 제도 및 법규에 의하여 계속적으로 학생에게 교육을 실시하는 기관이라고 정의해 놓았습니다.

두 단어를 붙여놓고 보면 혁신학교는 관습, 조직, 방법 따위를 완전히 바꾸어 일정한 목적, 교과 과정, 설비, 제도 및 법규에 의하여 계속적으로 학생에게 교육을 실시하겠다는 의미가 됩니다.

그럼 왜 어울릴 것 같지 않은 두 단어가 모이게 된 것일까요?

그동안 학교는 교육과정의 본질과 교육의 본래 목표를 상실한 채, 입시에서 좋은 성적을 획득할 수 있는 학생들을 길러내는 곳으로 자리 잡았습니다. 그러나 이렇게 입시 구조에 종속된 교육 방식은 서서히 한계에 봉착했습니다. 지금 이 시대는 단순 암기능력이 뛰어나거나 객관식 문제를 잘 맞히는 학생들보다는 문제 해결 능력, 토론 능력, 창의력, 사회적 기술, 커뮤니케이션 기술, 자료 습득 능력 등 다양한 역량을 갖춘 인재를 요구하게 되었습니다. 그러나 현재와 같이 지필 평가 방식에 매인 수업과 교과 과정으로는 더 이상 이 시대가 요구하는 인재를 길러내지 못한다는 한계에 다다랐습니다.

이런 과정에서 자연스럽게 공교육에 대한 비판의 목소리가 높아졌습니다. 그것은 공교육이 변화하는 시대에 맞추어 학생 개개인의 잠재적 능력을 개발할 수 있는 프로그램이라든지 역량 자체가 부족했기 때문입니다. 이렇게 공교육에 한계가 나타나면서 교육열이 높은 우리나라 학부모들은 더 이상 공교육에 자녀를 맡기지 않고 학교 밖에서 대안을 찾기 시작했습니다. 그 결과 학부모들은 과도한 사교육과 해외유학, 대안학교, 홈스쿨링 등 공교육 이외의 교육 프로그램에 자녀를 내몰았습니다. 이런 사회적 분위기 속에서 나온 게 혁신학교입니다.

무엇보다도 혁신학교는 공교육에 대한 문제의식에서 출발합니다. 혁신학교의 교육 목표는 참된 학업성취의 실현에 있습니다. 그래서 혁신학교의 교육은 그동안 교사 중심의 학습법에서 벗어나 개별 학생의 배움에 초점을 둔 교육 방법입니다. 동시에 학교 구성원들의 내부 역량과 외적 환경, 지역사회의 인적 물적 자원의 여건에 맞게 학교를 학교답게 가꿔가자는 목적이 있습니다.

이를 위해 혁신학교의 기본 가치는 크게 네 가지로 요약됩니다. 그중 첫째 가치는 자발성입니다. 혁신학교는 교사와 학생, 학부모의 자발성을 제일 중요시합니다. 학교운영위원회, 교사회의, 학생회 등을 통해 광범위한 의견 수렴과 논의와 토론, 합의가 이루어 질 것입니다. 이러한 자발성을 통해서 많은 논의가 이루어진다면 자연스럽게 학부모와 학생의 참여로 이어지게 될 것입니다. 그러면 학교를 통해서 누구도 소외되지 않고, 모두가 학교의 주인이 되며, 모두가 행복한 학교생활을 할 것입니다.

두 번째 가치는 지역성입니다. 모든 학교는 나름대로의 지역적 특수성을 가지고 있습니다. 먼저 교장과 교사들이 학교운영을 계획할 때 가장 먼저 학교가 속해 있는 지역적 특성을 고려하여, 장단점을 분석합니다. 이후 학교의 장점을 극대화하고 단점이나 문제점을 해결할 수 있는 방안을 모색합니다. 더불어 지역의 특성이 담겨진 수업과 교육과정을 개발해 냅니다. 마지막으로 학교와 지역 사회가 적극적인 연대와 협력을 통해서 상호 발전해나가는 학교 운영 전략을 수립하고 실천하는 것입니다.

세 번째로는 창의성입니다. 창의성을 키우기 위해 첫째 입시 위주의 교육을 지양하고 블록식 수업, 협동학습, 협력학습, 참여 중심 학습, 프로젝트 학습, 토론·토의학습, 미디어 활용 교육 등의 다양한 수업 방법을 통해 아이들의 창의성을 끌어내는 것입니다.

네 번째로는 공공성입니다. 공공성은 공교육이 가진 보편성을 강조하는 것입니다. 대한민국 국민은 개인이 처한 경제적 배경과 상관없이 누구나 질 높은 교육을 향유할 수 있는 권리를 말합니다. 이런 네 가지 기본 가치 속에서 혁신학교에서 생활하는 아이들은 인격적으로 존중받고 성적보다는 배우려는 의욕, 즉 학습동기를 높여 스스로 공부하는 습관을 기르게 될 것입니다. 이를 위해 학급당 학생 수도 초등학교 24명 내외, 중고교 30명 이하로 줄이고 사무전담 직원이나 전문 상담사, 또는 보조교사를 채용해서 교사들이 수업에 더 치중하게 할 수 있게 했습니다. 어느 모로 보더라도 혁신학교로 지정된다는 건 지역주민 입장에서 반가운 일일 것입니다. 서울시교육청도 2014년까지 순차적으로 300곳을 혁신학교로 지정할 계획입니다.

혁신학교는 대한민국의 새로운 교육 패러다임이 시작입니다.

이 책에는 혁신학교의 다양한 운영방식과 교육 철학, 그리고 그곳에서 꿈을 꾸는 많은 아이들의 모습이 담겨 있습니다. 더불어 대한민국 공교육의 새로운 미래를 엿볼 수 있는 계기가 됐으면 하는 바람입니다.

아직도 혁신학교에 입학하기 위한 모집요강이 따로 있는지 물어보시는 학부모들이 많은데 혁신학교는 공교육이기 때문에 특별한 모집요강은 없습니다. 이런 질문들은 아직도 혁신학교가 제대로 알려지지 않았기 때문일 것이다. 그런 점에서 이 책은 혁신학교에 관심이 있는 학부모들께 좋은 지침서가 될 것입니다.

혁신학교의 성공으로 학교가 아이들이 꿈을 꾸고 자라나는 희망의 터전으로 자리매김할 것으로 확신합니다.

서울시 교육청 혁신학교추진위원회 위원장

박재동 화백

 이제는 '혁신학교'가 화두입니다

교육계가 대변혁을 맞이하고 있습니다.

지난해 도민 직선으로 김상곤 경기도교육감이 당선되면서 불기 시작한 교육계의 개혁과 변혁의 바람은 올해 지방선거에서 진보 성향의 교육감 6명이 당선되면서 더욱 거세졌습니다.

지난해 사회 의제화됐던 '무상급식'은 지방선거에서 교육감·교육의원 선거뿐 아니라 단체장 선거에서도 주요 공약으로 부상했습니다. 그리고 선거가 끝난 뒤 시도교육청과 자치단체들은 서로 앞다투어 무상급식 실현에 나서고 있습니다.

체벌금지와 야간자율학습·보충수업 강요 금지, 두발 길이 규제금지 등을 주요 내용으로 하는 '학생인권조례'도 경기도가 첫 공포한데 이어 서울과 전국 시도교육청으로 확산 움직임을 보이고 있습니다.

이제는 '혁신학교'가 화두입니다.

공교육 정상화와 다양화를 기치로 내건 혁신학교는 지난해 9월 경기도교육청에서 운영을 시작한 이후 내년부터 서울과 강원, 전남, 전북 교육청에서도 실시할 예정입니다.

이제 본격적인 교육자치시대 개막과 함께 교육계에는 변화와 개혁의 열풍이 불고 있습니다.

지방선거가 끝나자마자 '혁신학교' 취재에 나섰습니다.

전국 첫 동시 선거로 치러진 민선 2기 교육감 선거에서 진보 성향의 교육감 후보들이 혁신학교 설립을 주요 공약으로 내세웠습니다. 하지만 유권자인 학부모들에게는 조금은 낯설고 생소한 용어였습니다.

이에 '혁신학교는 무슨 학교이고, 무엇을 배우는 학교인가'를 독자들에게 소개하기로 했습니다. 다행히 경기도교육청은 2009년 9월 13개 학교를 시작으로 2011년 11월 현재 118개 혁신학교(예비지정 혁신학교 포함)를 운영하고 있습니다.

혁신학교 취재를 위해 찾은 용인 흥덕고등학교는 저에게 신선한 충격이었습니다. 제가 알고 있는 일반 고등학교는 새벽 6~7시에 등교해 0교시 수업을 하고, 밤 12시까지 야간자율학습을 하는 것이 관례였습니다. 학생들은 잠도 제대로 못 자고 아침도 못 먹고 새벽부터 등교해 밤 12시까지 학교에서, 학원에서 오로지 대학입시라는 입시 지옥에서 시달리게 됩니다.

그러나 흥덕고등학교는 0교시 수업도 없었고, 야간자율학습도 본인 의사에 따라 다음 날 수업에 지장이 없도록 밤 9시까지로 제한되어 있습니다. 이뿐 아니라 학생들이 주체적으로 만든 학생생활권리 규정을 경기도 학생인권조례에 앞서 시행하고 있었습니다. 학생들은 교복 없이 자유로운 복장에 두발자유화에 따른 다양한 머리 형태로 각자의 개성을 뽐내고 있었습니다.

자연히 수업도 자유로운 분위기 속에 진행됐고, 학교 전체가 활달한 가운데 생기가 넘쳤습니다. 이범희 교장선생님은 "학생들에게 즐겁고 행복한 공부를 통해 꿈과 희망을 심어주고, 배움과 나눔, 참여와 소통을 가르쳐주고 싶다."며 "입시 위주의 교육보다 전인교육을 통해 학생 스스로 자기 성장을 할 수 있도록 돕는 학교가 되겠다."고 말했습니다.

대안학교도 아닌 공립학교, 그것도 인문계 고등학교가 이런 교육을 하고 있다는 것이 믿기지 않을 정도로 신선했습니다.

신문에 기사가 나가자 여기저기서 혁신학교에 대해 문의를 해왔습니다. 이에 본격적으로 경기도 내 7개 혁신학교를 방문, 취재해 '혁신학교를 가다'는 시리즈를 신문에 연재했습니다.

홍덕고에 이어 작은학교운동의 원조 학교인 광주 남한산초등학교, 도시형 대안학교의 모델인 성남 이우학교, 내부형 교장공모제를 통해 학교가 새롭게 거듭난 고양 덕양중학교와 양평 조현초등학교, 그리고 고양 서정초등학교와 시흥 장곡중학교 등을 취재했습니다.

꼬불꼬불한 산길을 돌고 돌아 방문한 남한산성 남한산초등학교는 학생 수는 적었지만 모든 학생들이 밝고 자신감이 넘치는 참삶을 가꾸는 작고 아름다운 학교였습니다.

분당신도시 산자락에 있는 대안학교인 성남 이우학교 학생들은 교과서가 아니라 삶 속에서 생생하게 살아 있는 지식을 배우고 있었습니다.

서울과 일산신도시 사이에서 개발이 멈춰버린 고양 덕양중학교 학생들은 과외와 학원 대신 대학생 멘토들과 즐거운 시간을 보내고 있었습니다.

양평 용문산 자락에 있는 전원학교인 조현초등학교는 국어시간에 연극놀이와 영어 뮤지컬수업을 하며 농사를 짓는 큰 꿈을 가꾸는 작은학교였습니다.

고양 덕양구에 있는 서정초등학교는 학생들뿐 아니라 학부모들도 열심히 공부하며 학교 행사에 참여하는, 학부모들이 더 열성인 함께하는 배움의 공동체였습니다.

시흥 장곡중학교는 교문에서 선생님들이 학생들에게 먼저 인사하고 안아주어 등굣길이 즐겁고, 선생님들이 더 적극적인 학교였습니다.

용인 흥덕지구에 있는 흥덕고등학교는 성장의 아픔이 남아 있는 아이들이지만 마음의 상처를 치유하며 거듭나는 참여와 소통을 통한 희망과 신뢰의 배움공동체였습니다.

무엇보다도 이들 학교 아이들은 요즘 아이들 같지 않게 밝고 자기 표현을 할 줄 아는 아이들이었습니다. 저는 이런 환경에서 창의성과 인성, 배움과 나눔을 배우는 학생들이 부러웠습니다.

　취재를 하면서 학교장이라는 기득권을 포기하고, 자신을 낮추며 오로지 학교와 교사, 학생, 학부모들을 위해 헌신하는 교장선생님들께 존경심이 들었습니다. 누가 알아주지도 않는데 밤 10시까지 학교에 남아 다음 날 가르칠 교재 연구와 동아리활동, 주말 학생활동 등을 준비하시는 선생님들께 학부모의 한 사람으로 깊은 감사의 마음이 들었습니다.

　책을 펴내며 시골의 작은학교에서부터 도시의 거대 학교까지 오늘도 학생들의 배움과 나눔, 창의성과 인성교육을 위해 묵묵히 헌신하시는 선생님들의 노고를 담으려 했지만 혹 누가 되지 않을까 걱정이 앞섭니다. 또한 선생님들이 여러 해 동안 노력하고 연구하며 쌓아오신 업적을 교육계의 문외한이 하루아침에 담으려 한 것이 욕심이 아니었나 반성도 해봅니다.

　신문에 연재됐던 '혁신학교를 가다' 시리즈가 한 권의 책으로 나올 수 있게 취재에 협조해 준 혁신학교 교장선생님과 선생님, 학생, 학부모님들에게 감사드립니다. 이와 함께 혁신학교 관련 자료를 챙겨주시고, 교사 직무연수에 참여할 수 있도록 도와주신 경기도교육청 학교혁신과 김국회 장학관님과 김종숙 장학사님께도 감사드립니다.

그리고 책을 기획해 준 '맘에드림' 방득일 대표에게도 깊은 감사를 드립니다. 또 뜨거웠던 여름 내내 옆에서 용기를 주고 조언을 해준 어머님과 아내, 슬기, 두찬이에게도 고맙다는 말을 전합니다.

2010년 12월10일

경 태 영

🍀 차례

차례

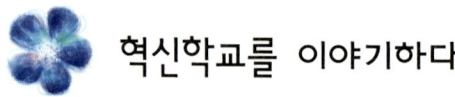

혁신학교를 이야기하다

'무너진 공교육'이라는 말, 대한민국 대부분의 구성원들이 들어보았을 것이다. 이 말은 그 표현뿐만 아니라 실체로서 우리들에게 다가오고 있다. 이미 아이들이 학원에서 다 배워온 내용을 수업에서 가르쳐야 하는 선생님, 우리 아이만큼은 도태되지 않아야 한다는 불안감에 사로잡혀 무리해서 사교육을 하는 부모님, 놀이터에 가면 놀 친구들이 없어서 또래들과 놀기 위해 학원을 가는 아이들. 비정상적이고 괴이한 이런 형태가 만연하고 있는 대한민국 사회에서 교육의 빨간불은 이미 켜진 지 오래다.

매번 변화하는 교육정책에 이제는 그 누구도 기대하지 않게 된 상황에서 경기도교육청의 '혁신학교'가 혜성처럼 등장했다. 아이들에게 자발성과 자존감을 심어주고 교육과정의 투명성을 보장하는 학교, 확고한 교육철학을 갖고 아이들의 눈높이에 하나하나 맞춰가기 시작한 선생님, 죽어 있던 아이들의 눈빛을 다시 빛나게 만든 혁신학교는 그런 듯해 보였지만 사실 결코 혜성이 아니었다. 그간의 문제의식과 고민을 공유하고 이것을 변화시키려고 노력한 사람들의 노력의 과정들 바로 그 흔적이다.

추진배경

혁신학교의 출발점은 현행 공교육제의 문제점에서 찾아야 한다. 획일화된 교육과 사교육에서 벌어지는 격차로 인해 빚어지는 교육 소외, 기계적 능력만을 갖추게 되어버린 억압된 아이들의 모습에서 우리 사회에는 점점 공교육에 대한 불신이 커져갔다. 이런 상황에서 학교가 제대로 된 교육철학을 갖고 아이들을 가르쳐보자는, 몇몇 뜻 있는 교사들의 움직임에 의해 혁신학교가 태동되었다.

혁신학교는 지금까지 문제가 되었던 기존 학교의 문제점을 보완하는 대안이다. 기존 학교는 입시체제에 맞춰 충실히 전달하는 강의식 수업, 경쟁의 패러다임 안에서 벌어지는 수업만을 펼쳤고 이로 인해 우리 사회에는 끊임없는 부작용들이 생겨났다. 이를 탈피해 공교육의 내실화를 다지고 교육 공동체 모두가 만족할 수 있는 새로운 학교의 틀을 만들자는 데 뜻이 모아졌다.

일단 대한민국의 입시 위주의 교육풍토 속에서 학교의 관료적이고 경직적인 교육체계를 재조정하고 변화시켜야 할 필요가 있었다. 이를 위해서는 교사들뿐만 아니라 학생과 학부모가 모두 함께 고민을 갖고 풀어나가는 연대적인 자세가 무엇보다 필요했다. 우리는 폐교 직전의 작은학교였던 남한산성초등학교가 '한번 제대로 된 교육을 아이들에게 가르쳐보자'는 교사와 학부모, 지역민들의 자발적인 요구와 연대에서 시작되었다는 사실에 주목할 필요가 있다. 이렇듯 교육에는 자발성과 지역성, 창의성, 공공성 등이 담보되어야 한다. 이를 토대로 혁신학교가 만들어지기 시작했다.

추진과정

경기도 혁신학교는 2009년 경기도교육감 선거 당시 김상곤 후보(현 교육감)가 공약으로 내세우며 시작되었다. 김상곤 후보는 당시 "공교육 혁신과 미래지향 교육투자를 위해 공교육의 혁신모델인 혁신학교로 새로운 공립학교의 대안을 만들겠다."라고 공약했다. 그는 "혁신학교는 학급당 인원 25명, 학년당 5학급 정도의 중소 규모 학교로 재정 및 운영에 자율성을 부여하고, 교사들의 잡무를 줄여 교사들이 아이들에 대한 관심을 증대시키겠다."고 했는데, 혁신학교의 핵심이 바로 여기에 있다.

한 교사당 아이들 수가 적으면 교사는 아이들에게 맞춤식 교육을 할 수 있다. 토론식·실험식 등 기존의 경직된 형태와 다른 창의적이고 자유로운 형태의 수업이 가능해지고 학생 한 명 한 명의 목소리에 귀를 기울이는 것이 가능해진다. 이런 수준별 맞춤지도는 아이들의 창의력을 증진시키게 된다.

이어 김상곤 후보는 '교육의 모든 것을 책임지는 공교육의 혁신'과

농촌 및 도시 주변 등 교육복지투자 우선 지역에 혁신학교를 지정한 후 연차적인 확대를 약속했다.

김상곤 교육감은 취임 후 2009년 하반기에 13개 학교, 2010년 상반기 20개 학교, 하반기에 10개 학교 등 모두 43개의 학교를 혁신학교로 지정하고 운영하고 있다. 2011년 상반기에는 40개 학교, 하반기에 17개 학교를 선정해 내년까지 모두 100개의 학교를 혁신학교로 운영할 계획이다. 이와 함께 2013년에는 혁신학교를 200개 학교로 확대할 계획이다.

김상곤 교육감은 2010년 민선 2기 교육감 취임식을 하면서 4년 임기의 과제 중 첫 번째로 '혁신학교 확대 및 혁신교육지구 추진'을 밝혔다. 입시에 종속된 경쟁과 서열 중심 교육에 마침표를 찍고 교육의 본질에 충실한 교육을 실천할 것이라는, "학교문화 혁신을 통하여 교실과 수업이 살아 있고 학생들 중심의 배움이 일어나는 행복하게 공부하는 즐거운 학교를 만들겠다."는 김상곤 교육감의 다짐과 약속은 현재진행형이다.

혁신학교에 대한 시대적 요구

모든 사회적 현상을 살펴볼 때 우리는 미시적인 접근뿐만 아니라 거시적인 통찰을 가질 필요가 있다. 현재의 공교육 체계는 한국의 시대적 흐름의 산물이다. 해방 이후 급격한 사회변동의 시대 안에서 한국은 그 유래가 없을 정도로 고속 압축성장을 했다. 배움에 대한 전국민의 뜨거운 교육열은 이런 현상을 상승시키고 부추기는 데 큰 역할을 담당했다. 국가와 자본의 강력한 성장 욕구 속에서 공교육은 그 나름대로의 한국적인 모습으로 발전되어 왔다.

여기에서 형성된 한국형 입시 위주의 공교육 시스템은 곧 심각한 문제들을 만들어내기 시작했다. 입시라는 강력한 목표 속에 학교들은 자율성과 전문성을 제대로 발휘할 수 없었다. 이런 경직된 학교 분위기에서 무의식적으로 친구들과의 경쟁적인 태도만을 주입받은 학생들은 창의성과 개성을 기르지 못하고, 사유 없는 암기식 공부법과 태도를 익혔다. 그러면서 국민들의 공교육에 대한 불신이 점차 높아지고 사교육시장이 확대되었으며 해외 유학, 조기 유학, 홈스쿨링, 대안학교 등의 기존 공교육을 위시한 다른 형태들이 대안으로서 나타났다.

이런 상황에서 교육에 대한 문제제기가 생겨나고, 학교의 시스템을 바꿔보려는 시도로 국가의 새로운 교육정책들이 지속적으로 등장했다. 하지만 이런 나름의 혁신적인 교육정책들은 실제로 교육현장의 행정적이고 실제적인 벽에 부딪쳐 번번이 실패하고 말았다. 실효적인 변화가 없는 잦은 교육정책의 변동에 오히려 학부모들은 지쳐갔고 공교육을 점점 더 불신하게 되었다. 이런 교육개혁의 실패는 '위로부터 아래로 내려오는' 방식에 그 근본 원인이 있다. 아무리 좋은 혁신일지라도 이것이 행정기관 주도로 확산되고 적용되는 과정에서 늘 문제가 발생했다.

혁신학교는 이런 맥락에서 살펴봐야 한다. 우리나라 교육의 이런 역사적인 맥락 속에서 등장한 김상곤 교육감의 '혁신학교' 체제는 큰 의미를 지닌다. 혁신학교는 학교 내부 구성원들의 자발적인 의지와 노력으로 실질적인 변화를 이끌어내는 형태의 개혁이다. 기존의 상명하달식이 아니라 아래로부터의 문제의식 공유와 실천적 개혁이다. 사실 진정한 혁신의 의미는 보완이 아니라 전복이다. 기존 체계의 문제점을 뒤집어보고 다르게 생각해 볼 수 있을 때, 이것을 바꾸기 위해 모두가 노력할 수 있을 때야만 비로소 유효한 변화가 생기는 것이다. 그리고 경기도 교육 현장에서 이런 변화와 그 효과들이 나타나고 있다.

혁신학교의 철학 및 비전

혁신학교의 기본 철학은 4가지의 핵심 가치에 있다. 이는 ① 자발성 ② 지역성 ③ 창의성 ④ 공공성이다. 자발성은 지시와 명령에 의한 형식주의, 교육소외에서 탈피하여 자발적이고 주체적인 참여와 자치로 운영되는 학교를 의미한다. 관료주의의 가장 큰 맹점이 바로 지시와 명령에 의한 집행이다. 이 과정에서 교사, 학생, 학부모는 소외된다. 자발성은 구성원이 교육적 행위의 주체로서 형식성, 수동성을 극복하고 직접 변화를 만들어가는 것이다. 우리 교육현실에서 가장 부족한 것이 바로 자발성이다. 광범위한 의견 수렴과 자유로운 토의, 논의에서 나온 합의를 통해 참신하고 살아 있는 정책들이 나온다. 모든 교육 구성원들이 자발성을 갖고 참여해야 누구도 소외되지 않는 모두가 주인인 학교를 만들어갈 수 있다.

지역성은 학교가 처한 고유한 특성을 반영하는 운영이다. 도심지역의 학교와 시골의 학교는 형편이 다르다. 모든 학교는 학교가 위치한 지리적 특색과 전통, 경제, 교통, 학교의 형태 등이 다르며 저마다의 지역성에 근간을 두고 있다. 이런 지역성을 이해하고 그에 따른 장단점을 분석하고, 교육의 요소로 활용해 혁신학교를 만들어야 한다. 학교 주변의 인적, 지리적, 환경적 여건 등을 고려하면서 또 그곳의 학생·학부모 및 지역 자치의 교육적인 요구를 반영하고 추진하는 것이다.

창의성은 아이들 교육에서 가장 중요한 개념으로 교육내용의 다양화, 창의적 교육 활동을 통해 모든 학생들을 길러주는 것을 의미한다. 학교의 성적과 창의성은 별개의 성격을 지닌다. 주입식·암기식 교육을 통해서 아이들이 당장의 눈에 보이는 향상을 보일 수는 있겠지만 어느 정도의 기초 지식을 넘어서 그것을 활용하고 뻗어나가는 데는 창의력이 무엇보다 중요하다. 창의성을 바탕으로 아이들은 자기주도적 학습능력을 기를 수 있고 고유한 특성을 가질 수 있다. 혁신학교에서는 협력학습·체험형학습·프로젝트학습·토론형학습 등 다양한 방식으로 아이들의 창의성을 길러낼 수 있다.

끝으로 공공성은 교육의 공적 기능의 강조로 개인이 처한 환경과 여건에도 불구하고 누구나 질 높은 교육을 받을 수 있는 교육권에 대한 보장이다. 이것은 공교육이 가진 보편성의 강조이다. 공교육권에 들어온 아이들은 누구나 질 높은 일정 수준의 교육을 받을 수 있다. 이것은 국가와 학교, 사회의 책무이다. 특정 누군가에 대한 특혜로 상대적인 차별을 느끼게 해서는 안 된다.

사회가 어려워지면서 양극화가 심화되고 있다. 이는 교육현장에서도 마찬가지라 교육양극화 역시 심각한 문제이다. 공교육에서 교육격차를 해소하고 교육복지체계를 갖추는 공공성의 노력은, 계속해서 사교육으로 빠져나가는 우리 교육현실에서 다시금 공교육이 본래의 순기능을 할 수 있도록 만드는 것이다.

OECD의 국제학업성취도 비교에서 한국 학생들은 최상위권의 성적을 보임에도 불구하고 학습흥미도와 자아개념 등에서는 평균 이하를 유지하는 충격적인 결과가 있었다. 이는 한국 학생의 학업성취는 참된 학업성취(Authentic Achievement)가 아닌 가공된 학업성취(Manufactured Achievement)라는 것을 의미한다.● 이는 지식 암기 위주의 학습과 이 지식의 양을 측정하는 평가방식, 자기주도적 학습의 부족 등에서 나타난 우리 교육현실의 치명적인 한계를 보여준다.

참된 학업성취의 기준으로는 지식의 구성(Construction of Knowledge), 훈련된 탐구활동(Disciplined Inquiry), 실생활에서의 학업성취의 유용성(Value Beyond School)이 있다. 배운 것을 토대로 하여 자신의 눈으로 세계를 구성하고, 창의력을 바탕으로 또 다른 지식을 만들어내는 것, 기존 지식의 심층적 이해와 그것을 정교

● 서길원·이광호, 「혁신학교, 무엇을 가르치고 배울 것인가?」, 『혁신학교 관련 내부토론회 자료집』, 경기도교육청 혁신학교추진위원회(2009. 8) 참조.

한 방식으로 표현할 수 있는 것, 아이들이 학교 밖에서도 배운 지식을 사회와 개인적 영역에서 실질적으로 활용할 수 있도록 돕는 것이 필요하다. 이것이 참된 교육이며 공교육이 아이들에게 실현시켜 줘야 할 과제다. 여기에 교사들의 노력이 수반되어야 하며, 학교 조직의 역량 또한 요구된다.

아래 표는 혁신학교의 운영 모델이다. 권리위임(Empoverment) 체

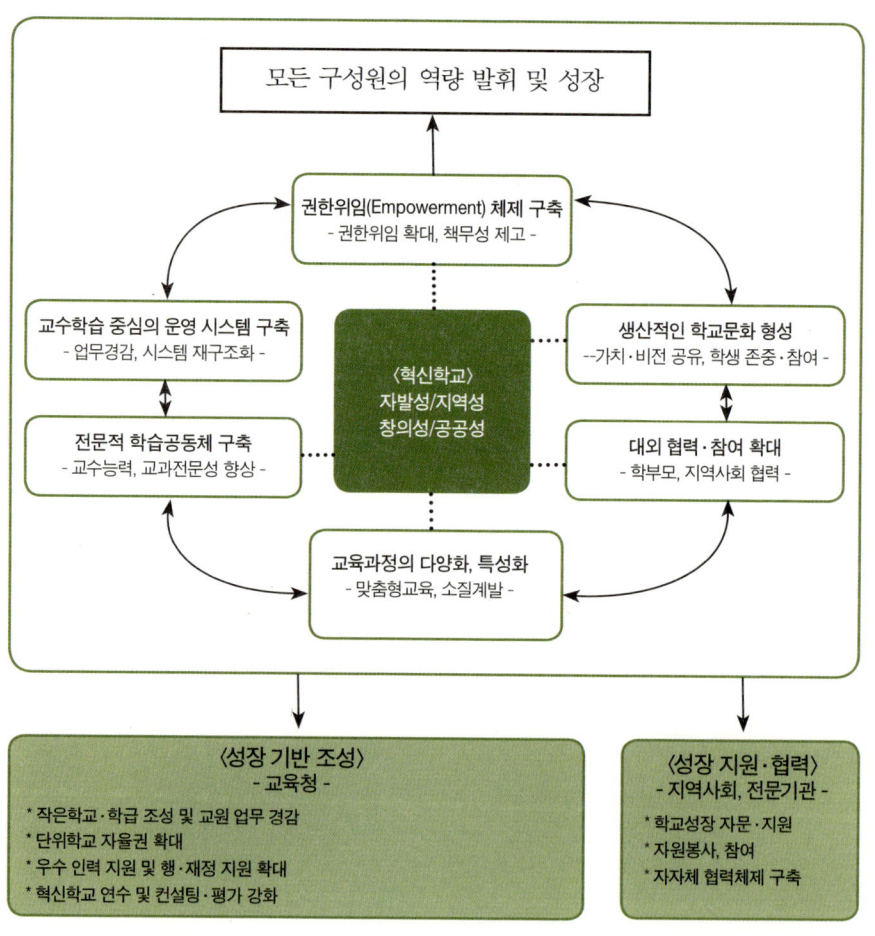

제 구축, 교수학습 중심의 운영 시스템 구축, 생산적인 학교문화 형성, 전문적 학습공동체 구축, 대외 협력·참여 확대, 교육과정의 다양화, 특성화의 여섯 가지 과제가 유기적인 관계를 맺고 있다. 이 프로세스의 형태와 기반이 강력한 학습공동체로 탈바꿈되어야 할 것이다.

지금까지의 혁신학교는

■ 교장공모제

교장공모제는 혁신학교의 가장 큰 특징이다. 따라서 혁신학교를 교장공모제 학교와 동일시하는 입장도 있다. 물론 교장공모제를 중심으로 학교가 변혁하는 것이 사실이긴 하지만 혁신학교가 교장공모제와 완벽히 일치하는 것은 아니다. 내부형 교장공모제는 학교 구성원들이 교장 후보들을 검토하고 원하는 교장을 직접 뽑는 제도다. 지금까지 일정 수순을 거쳐야만 승진 형식으로 교장 자격이 생겼던 기존 제도와는 다르다. 교장을 지원할 수 있는 자격도 완화되었을 뿐만 아니라 학교를 어떻게 바꿀 것인지에 대한 교육계획서를 후보가 직접 세운다. 그렇게 교장이 되고 나서 이에 직접적인 책임을 지는 형태가 되었다. 지금까지는 교육관료의 통제에 따라 서류를 맞추는 한계를 벗어나지 못했는데, 공모교장은 이것을 벗어날 수 있는 하나의 대안이 된 것이다.

앞으로 이 책에서 소개할 혁신학교인 조현초등학교나 덕양중학교는 교장공모제를 통해 구성원들이 교장을 직접 선출한 학교들이다.

그간 교육문제에 대해 깊은 관심을 기울였던 경력과 고민이 있는 교장 대상자를 선생님, 학부모들이 나서서 추천, 지원했고 이렇게 뽑힌 교장들은 그 믿음에 답하기 위해 노력했다.

학교를 바꾸기 위한 방법은 다양할 수 있다. 교장공모제 같은 경우는 학교를 바꾸기 위한 핵심을 일단은 교장으로 보는 것이다. 혁신학교의 교장들은 교사들의 자발성을 이끌어낼 수 있는 리더십이 필요하다. 출세지향적인 교사 사회를 학교 변화라는 공동의 비전으로 녹여낼 수 있는 역할을 교장이 해내는 것이 중요하다. 혁신학교는 협력하는 학교공동체이다. 교육 기획력, 민주적 리더십, 경영 마인드의 삼박자를 고루 갖춘 교장만이 학교를 제대로 이끌 수 있다.

■ 작은학교

혁신학교는 기본적으로 적은 수의 학생이 있어야 수월하게 운영될 수 있다. 혁신학교는 아이들 하나하나의 전인적인 학업성취를 목표로 한다. 30, 40명의 학생을 한 명의 교사가 맡아 수업을 운영하다 보면 한 명 한 명의 목소리에 귀를 기울일 수 없게 된다. 그렇기 때문에 적은 학생 수를 지향한다. 그래야만 학생 개개인에 대해 교사가 더 많은 배려를 할 수 있다. 작은학교(Small School), 작은학급(Small Class)은 학년당 5학급 내외, 학급당 25명 내외로 편성된다. 이것은 교원 업무를 더는 데도 큰 역할을 한다. 이렇게 작은학교는 혁신학교의 성장 기반을 조성하는 중요한 요인이다.

조현초등학교에는 '어울마당'이라는 것이 있다. 이것은 전교생이 학년 구분 없이 한 자리에 모여 함께 노는 시간이다. 아이들은 어울마당에서 스스로가 행사를 주관함으로써 자발성을 키워나간다. 무엇보다 이 행사를 통해 아이들은 학교 구성원 전체의 공동체적인 가치를 배운다. 그런데 이런 행사는 학생 수가 너무 많으면 하기가 쉽지 않고 한계가 많다. 또 교사들은 수업시간에 아이들이 학업을 잘 따라오고 있는지 알아야 하며, 그 외에도 아이들이 가진 고민과 형편들에 대해서도 세세한 관심을 기울일 수 있어야 한다. 혁신학교로 유명해지면서 많은 학부모들이 전학을 오려고 하는 것에 학교들이 힘들어하는 것도 모두 이런 이유에서다.

■ 학교네트워크

혁신학교는 학생선택권을 확대하고 다양한 교육과정을 운영하기 위해 학교 간, 지역사회와의 연계가 중요하다. 개별 학교의 역량이 강하다 할지라도 한계가 생기기 마련이다. 이런 한계를 극복하기 위해서 혁신학교 네트워크 형성이 필요하다. 서로서로의 학습교과 과정을 나누고 고민해 나가야만 모든 학교들이 점차 발전적인 방향으로 나갈 수 있다. 또한 학생들의 전인적 성장을 위한 체험활동이나 진로탐색 교과 등은 학교 밖에 있는 전문가의 도움이 꼭 필요하다.

덕양중학교는 학교 인근 항공대 학생들과의 연계를 통하여 1대 1

멘토링 수업을 진행하고, 이우학교에서는 아이들의 다양하고 깊은 진로 고민을 지원하기 위한 인턴십 연구에서 사회의 다양한 직업을 가진 사람들과 연계한다. 문화예술 선도학교인 조현초등학교는 뮤지컬 선생님, 연극 선생님들을 초빙하여 아이들에게 다양한 예술활동의 기회를 주고 있다. 서정초등학교에서는 인터넷 카페를 이용해 학부모들과 적극적인 교류를 한다. 이런 학부모들의 관심과 참여를 통해 학교는 시너지 효과를 일으킨다. 이것은 기존 공교육에 대한 학부모의 신뢰를 회복하는 데 중요한 역할을 하고 있다. 남한산초등학교는 지역 에듀벨트를 형성하여 각 학교들끼리 순환 근무, 수업 참관, 지역 연수 등을 함으로써 '작은연대학교'를 모색하고 있다. 이런 다양한 형태의 '상호 호혜적 파트너십 구축'은 혁신학교의 특징이다.

■ 교사연수

대부분 학교 교사들은 연구부 주관으로 1년에 몇 차례씩 교사연수를 기획하고 다녀온다. 그러나 실제로 이것은 형식적인 것에 그치기가 쉽다. 교사들은 전문성을 띠는 직업이지만 교사들의 욕구에 도움을 주는 적합한 교육체제가 기존에는 거의 없다시피 했다. 우리가 생각할 때 교사는 학생들을 가르치는 사람이지만 사실은 아이들을 가르치기 위해 누구보다 교사들이 배워야 한다. 이 때문에 혁신학교의 교사들은 정기적인 수업연구회를 가진다. 이 시간에 교사들은 동료 교사와 논의를 하며 학교 운영의 발전 방향에 대해 인식을 공유하고, 아이들에게 좀 더 나은 교육방안을 발전적으로 논의해 나간다.

장곡중학교는 교사들이 자발적으로 매주 교사연수의 날을 갖는다. 장곡중학교 교사들은 일본 사토 마나부 교수가 주창한 '배움 공동체'의 사례를 모델로 하여 공동체 수업연구회를 가진 후 그 과정을 학부모들에게 보여주고 신뢰를 쌓았다. 이들은 학교 재량 휴업일에도 전 교직원이 다른 혁신학교를 방문해 수업 방식을 배워오기도 하고, 교사들의 수업공개를 비디오에 담아 그것으로 수업연구회도 진행한다. 덕양중학교 역시 매주 목요일을 '교사 전문성 계발의 날'로 정해 집중적으로 연수를 한다. 이우학교에서는 많은 공개수업을 한다.

교사는 이미 많은 것을 알고 있는 존재이며 그 위치에서 아이들을 잘 선도하고 잘 가르치면 된다라고 생각하기 쉬운 인식에서 벗어나자는 차원의 인식 공유가 바로 혁신학교의 교사연수라고 할 수 있다. 교사들은 정기적인 수업연구회와 수업공개 등을 통해 교육행위의 공공성을 인식할 수 있다. 또한 이는 교사 내부의 동료성을 키우고 형성한다. 학생들의 배움의 이해를 풍부하게 인식하고 개별적으로는 교수능력을 신장시키는 데도 도움이 된다. 그 외에도 외부 전문가 초청, 학교 운영의 정기적 워크숍 등은 학습공동체로 교사 조직을 재구조화하는 데 도움을 준다.

■ 자체 교육과정 편성

혁신학교는 완전히 다른 형태의 학교가 아니다. 혁신학교 역시 다른 학교와 마찬가지로 일정한 국가의 교육정책과정을 따라야 한다. 그런데 기존의 교육은 폐쇄적이고 경직되어 있다. 이런 학습 방식을 바꾸기 위해 혁신학교는 자체적으로 교육과정을 편성한다. 혁신학교인 조현초등학교의 교육과정은 꿈자람 교육과정이라 해서 총 9가지의 형태를 띠고 있다. 같은 수업이지만 이름은 디딤돌학습, 다지기학습, 발전학습, 통합학습, 문화예술학습, 생태학습, 창조학습, 동아리, 어울마당으로 한눈에 봐도 특별하다.

국영수사과의 교과목은 디딤돌, 다지기, 문화예술, 생태학습의 형태로 배운다. 그리고 여기에 창조학습으로서 재량활동을, 어울마당이나 동아리로 특별활동을 가르침으로써 아이들에게 지적 능력과 정의적 능력을 길러준다. 이런 꿈자람 교육과정을 통해 조현초등학교는 궁극적으로 아이들이 자기의 장점을 최대한 발휘할 수 있는 수월성, 자연과 예술을 사랑하는 심미성, 더불어 나누는 삶의 자세를 가지는 공동체성을 갖추기를 바란다.

학력증진 프로그램으로 '조현 오름길'이 있다. 이것은 기본, 발전, 심화 과정이 있는데 각각 [신뢰 형성 및 장점 찾기→성취감 맛보기, 목표의식→ 자기주도적 학습능력 갖기] 단계로 나아간다. 조현 오름길의 학력증진 프로그램의 학력평가는 진단평가, 수행평가, 성취도평가 등 외에도 논술평가가 추가되어 있으며 학교 자체 통지표를 제작하고 활용하고 있다. 학력지원 프로그램으로는 작가와의 만남, 진로초청강연, 나눔캠프, 국제교류 등 체험적인 다양하고 창의적 프로그램 등이 많다.

창조적 학습과정을 통해 아이들에게 길러주고자 하는 것은 객관적인 성적 지표가 아니다. 조현초등학교처럼 다양하고 특성화된 교육과정을 개발하고 운영하는 것은 학생의 성장 단계에 적합한 교육과정을 만들어내는 것이다. 이를 통해 아이들은 참된 학업성취를 얻어낼 수 있으며, 이는 궁극적으로 아이들의 전인적 성장을 위한 교육과정이다.

■ 교육소외 극복

교육소외가 우리 사회에 굉장히 커다란 문제로 다가오고 있다. 사회의 양극화가 점점 심해지고 취약 계층이 늘어나면서 아이들도 큰 영향을 받고 있다. 이혼률 증가, 맞벌이 부부의 증가, 사회 전반적인 노동 강도 증가 등, 다양한 계층적 분화로 인해 아이들은 점점 소외받고 있다. 아이들은 가정 형편과 부모님에 의해 절대적인 영향을 받는다. 환경이 불안한 아이들은 정서 장애를 갖게 되며 이것은 학습동기나 학습능력에 있어서도 차이를 불러일으킨다. 그런데 아이들에 관한 행정상의 문서만으로는 이런 현상들을 제대로 이해할 수 없다.

교사의 아이들에 대한 피상적이고 형식적인 이해는 한계점이 너무 많다. 교사는 아이들 한 명 한 명에 대해 세심한 기록을 갖고 진단을 해야 한다. 아이들은 애정과 관심이 필요한 존재이며 특히 취약 계층 아이들에 있어서는 적절한 심리적인 치유와 돌봄이 반드시 필요하다. 이 때문에 혁신학교는 소외의 원인을 정확히 진단하고 그들에 대한 개별화된 프로그램을 구축하려 노력한다. 이것은 아이들에 대한 충분한 파악을 위해 가정방문이나 결연, 방과후 프로그램, 1:1 멘토링 등으로 나타난다. 무엇보다 중요한 것은 혁신학교가 공교육 기능을 공고하게 하는 것이다. 공교육에 실망해서 아이들이 사교육으로 빠져나가는 것을 막고, 이 때문에 벌어지는 악순환적인 경제 불안과 사회 불평등의 요소를 끊어내는 것이 무엇보다 중요하다.

앞으로의 혁신학교는

지금까지 대략의 혁신학교의 배경과 과정, 교육 철학, 특징적 형태들을 대략적으로 살펴보았다. 지금까지의 교육제도와는 달리 경기도의 혁신학교는 실제 눈에 보이는 성과를 내고 있다. 아이들이 학교를 가고 싶어 하고, 자발적으로 무엇인가를 해내는 과정의 즐거움을 느끼고, 꿈을 꾸기 시작했다는 것만으로 이미 감동적인 혁명을 이뤄냈다고 할 수 있다. 교사의 자발성이 학교를 변화시켰다. 하지만 여기서 만족하면 안 되며 혁신학교의 체계는 이제 성공적인 안착이 필요하다. 그러기 위해서 혁신학교에 남겨진 과제가 많다.

서울과 광주, 강원, 전북, 전남 교육청 등이 2011학년도부터 혁신학교를 운영할 예정이다. 경기도 역시 매년 혁신학교를 확산해 나갈 계획이다. 경기도교육청이 혁신학교를 성공적으로 운영할 수 있었던 것은 좋은 학교 외에도 우수 교사들이 많다는 것이 배경이 되었다. 오래전부터 교육현실에 대해 고민하고 이를 풀어내기 위한 교사들과 교사 그룹들이 활동하고 있었다. 경기도가 아닌 다른 각 교육청들이 혁신학교를 빠르게 안착시키기 위해 무리하게 수적 확대만을 추구할 경우 혁신학교의 의미와 운동성이 약화될 것이라는 우려가 나오고 있다.

혁신학교는 오랜 고민에서 나온 것이라는 사실을 다시 한 번 인식해야겠다. 혁신학교는 1년 단위로 짜여졌던 기존의 교육 시스템이 아니라 길게 바라보고 실행해 오다 드디어 실효성을 보이기 시작한 교육체제다. 우리 사회에 아직도 뿌리 깊게 박혀 있는 입시교육은 학교의 혁신을 방해한다. 국가주의와 관료주의는 교직문화의 폐쇄성을 길렀고 많은 교육자들이 이런 타성에 젖어 있다. 이런 상황에서 혁신학교는 어려움이 많다. 또 우리는 혁신학교 지정으로 인한 역차별의 부작용도 걱정해야 한다. 혁신학교가 아닌 학교의 소외감 역시 고려해야 할 것이다.

교육 의식과 철학을 충분히 공유하고 고찰하고 또 혁신학교로서 전문성을 향상시키는 일은 결코 단기간에 되는 일이 아니다. 혁신학교는 지금껏 온 길보다 앞으로 갈 길이 더 멀다. 혁신학교만의 참교육에 대한 정신이 대한민국에 뿌리내린 모습을 상상하는 것은 행복한 일이다. 앞으로의 혁신학교들은 교육 구성원들의 창의적이고 자발적인 노력을 담보로 결코 무늬만 혁신학교에서 끝나지 않도록 해야 한다. 이 땅의 교사, 학생, 학부모들이 교육적 주체로 제대로 서는 일, 새로운 학교가 더불어 살아가는 창의적인 학생들을 길러내는 일에 그치지 않는 끊임 없는 성찰과 노력이 필요하다.

양평 조현초등학교

연극으로 배우는 국어, 영어 뮤지컬로 배우는 음악수업 (문화예술학습)

"아저씨, 아저씨는 무엇을 위해 살아요?"

"음~ 나는 맛있는 것을 먹기 위해 살지."

"사람이 돼지도 아닌데 어떻게 먹고만 살아요?"

"선생님, 선생님은 왜 사세요?"

"응, 나는 배우고 가르치기 위해 살아."

"그럼, 너무 답답하지 않나요? 공부만 하고 살면 배고프지 않나요?"

양평 조현초등학교 6학년 우주반 국어수업시간이다. 담임인 최탁 선생님과 23명의 아이들은 책상은 뒤로 밀어놓고 교실 가운데 동그랗게 둘러앉아 마임과 역할극으로 연극수업을 하고 있다. 수업은 연극놀이터 '해마루'에서 나오신 연극놀이 전문가 손준형 선생님이 진행한다. 이 시간만큼은 최탁 선생님도 수업받는 아이들 중 한 명이었다.

오늘은 '너 왜 사니?'라는 주제로 곰돌이 웨서블의 여행에 대해 공부하고 있다. 손 선생님은 '파리', '꿀벌', '백조', '대장 원숭이', '나비' 등 다섯 동물과 곤충들을 칠판에 쓴 뒤 아이들에게 한 가지씩 선택하게 한다. 이어 다섯 동물과 곤충들이 상징하는 직업을 말 없이 손짓·발짓·몸짓으로 표현해 다른 아이들이 맞추는 '마임극'을 진행한다.

수갑을 채워 연행하는 '경찰관'을 마임극으로 펼친 아이들은 대장 원숭이의 권력과 대표성이 좋다고 말했다. 주위를 청소하는 '청소부'와 '시민단체 자원봉사자' 마임극을 한 아이들은 꿀벌이 다른 사람들을 위해서 열심히 일하고 보람을 느끼는 것이 좋다고 설명했다.

손 선생님은 입고 오신 겉옷으로 곰돌이 웨서블을 그림자로 분장한 뒤 아이들 한 명 한 명에게 다가가 "아저씨는 왜 사세요?", "선생님은 무엇 때문에 사세요?"라며 자신이 살고 있는 이유를 묻는 여행을 떠난다. 아이들 가운데 일부는 자신 있게 자신의 입장을 표현하기도 했지만 일부는 머뭇거리며 깊은 생각에 잠겼다.

시민단체 자원봉사자로 분장했던 다영이는 "평소 국어수업시간은 지루했는데 오늘 연극으로 수업하니까 쉽고 재미있었다"고 말했다.

미스코리아로 나왔던 혜미는 "오늘 연극수업을 하며 내가 커서 무엇을 하고 살까 진지하게 고민하는 시간이 됐다."고 말했다.

식도락가가 되고 싶다는 준혁이는 "저는 먹을 때가 가장 행복한데 그것만으로는 살 수 없을 것 같아요. 훌륭한 사람이 되기 위해 공부를 열심히 해야겠다고 생각했어요."라고 진지하게 말했다.

아이들과 어울려 '대통령'이 되고 싶다고 말한 담임교사 최탁 선생님은 "오늘은 국어시간이지만 수업내용을 활동 중심의 연극으로 표현하는 문화예술수업으로 진행했다"며 "아이들이 놀이 활동으로 작품이 추구하는 정체성을 찾고, '나다운 것이 무엇인가'를 생각하고 이해하는 수업이 됐을 것"이라고 말했다.

손준형 선생님은 3년 전부터 조현초등학교에서 연극수업을 하고 있는데 아이들이 연극에 대한 호기심과 기대감이 많다고 말한다. 그는 이런 아이들에게 연극수업을 통해, 현실과 사회의 직업 그리고 자기 존재에 대해 많이 생각할 수 있는 계기를 만들어주도록 노력하고 있다.

같은 시간 1층 다목적실에서는 2학년 음악수업이 진행되고 있다. 역시 문화예술수업으로 '영어 뮤지컬' 수업이다.

2학년 꼬마 어린이 30여 명은 수업을 위해 다목적실로 들어오면서 강사인 박지은 선생님에게 "하이! 굿모닝!" 하며 큰 소리로 인사했다.

박 선생이 출석 체크를 위해 "다현이" 하고 부르면 다현이는 "샤러"라고 답했다. 샤러는 다현이의 영어 이름이다. 이어 "제니퍼", "효준이" "루커스" 등의 이름이 계속 이어졌다.

모둠별로 앉은 아이들은 선생님의 율동에 따라 'Let's go to the market' 노래를 한 단락, 한 단락 열심히 따라 부른다. 이어 '아리랑'

● 문화예술 수업을 통하여 다양한 교육 가치가 실현되고 있다

을 영어 버전으로 바꿔 불렀다. 아이들은 이렇게 영어 뮤지컬을 두 달여 배운 뒤 학교 축제 때 뮤지컬을 공연할 예정이다.

　뮤지컬 배우 출신으로 서울 강남에서 영어 뮤지컬 학원을 운영하고 있는 박 선생님은 "아이들에게 작품 완성보다는 '영어 뮤지컬'이란 것이 이런 것이구나 하는 흥미와 느낌이 들고 즐거운 수업이 되도록 하고 있다."고 말했다. 이어 "영어 발성법과 무대의 공간 개념, 극의 역할을 알 수 있는 방법을 가르치고 있다."고 덧붙였다.

　서울 강남에서 아이들이 영어 뮤지컬 학원을 다닐 경우 한 달 학원비가 50만 원이나 된다. 그러나 조현초등학교 아이들은 문화예술 수업의 일환으로 이 수업을 들을 수 있다. 영어 뮤지컬은 아이들에게 새로운 언어의 습득은 물론이고 역동적이고 창의적인 신체활동을 통해 표현력을 길러주고 자신감을 심어준다. 음악과 춤, 극이 적절하게 결합된 예술 장르인 뮤지컬을 아이들은 흥겹게 즐긴다. 이런 수업들을 들은 아이들의 변화와 차이는 "조현초등학교 아이들은 다양한 수업을 받아서인지 다른 학교 아이들에 비해 자기 표현력이 좋

고, 활달하고 표정들이 밝다."는 박 선생의 말에서도 잘 드러난다.

조현초등학교는 한국문화예술교육진흥원 주관 문화예술교육 선도학교다. 이에 한국문화예술교육진흥원, 연극놀이터 '해마루' 등의 지원으로 1학년부터 6학년까지 전교생이 문화예술학습을 진행하고 있다. 문화예술은 지구촌 남녀노소를 불문하고 인간의 삶을 풍요롭게 만드는 행위이다. 조현초등학교의 문화예술학습은 아이들에게 참여와 표현의 미덕을 가르친다. 아이들은 창의적인 사고를 통해서 온갖 가지의 다양한 방법으로 세상과 자신을 표현한다. 이 과정에서 아이들은 자아 존재감을 조금씩 눈치채고 잡아갈 수 있게 되며 이 자아를 사회로 표출하는 방법을 자연스럽게 깨닫게 된다.

문화예술학습은 국어수업 시간에 연극을, 음악수업 시간에 뮤지컬을 배우는 것으로 진행된다.

조현초등학교 이중현 교장은 "문화예술학습은 '조현 꿈자람 교육과정'의 한 과정으로서 지식·기능 중심의 교육에서 창의력을 키우고 자신을 표현하며 이웃과 세계를 이해하는 삶의 교육과정으로 진행된다."고 예술과 호흡하는 조현초등학교 아이들의 남다른 모습들을 이야기해 주었다.

문화예술학습은 10월에 열리는 '조현가족축제' 때 아이들이 직접 꾸미는 무대에서 공연된다. 다음은 공연을 한 5~6학년 아이들의 소감이다.

"무대에서 당당하게 걷고 그런 걸 배워서 나를 표현하는 데 도움이 많이 되었다."

"짜여 있는 각본대로 하는 것보다 우리가 생각해서 하는 것이 재미있는 것 같다."

"무대에 서는 것이 부끄럽지 않고 자신감이 생겨서 좋았다."

아이들을 지도한 박지은 선생님은 말한다.

"무대는 늘 긴장하게 만드는 곳이죠. 두근거리고, 시선을 어디에 두어야 할지, 서 있을 때는 어떤 모습인지를 전혀 배워보지 못했을 때와 다르게 아이들이 하나씩 배우며 조금씩 변화하는 모습을 볼 수 있습니다."

지도 선생님으로서 그는 아이들이 무대가 갖는 특성을 무대 위에서 직접 배워보고, 또 옆 친구가 하는 것을 보면서, 스스로가 그들의 삶에서도 태도를 정립하는 법을 배워나갔으면 하는 바람을 갖고 있다.

연극을 지도한 손준형 선생님도 예술을 통해 아이들이 배워나갔으면 하고 바라는 점은 비슷하다.

"다른 팀의 무대 공연을 보면서 자기 팀의 부족한 점과 잘한 점을 서로 발표했습니다. 자신들의 작품이 어떠하였건 간에 작품이 길거나 혹은 짧거나, 구성이 엉성하거나 재미있거나 등등 스스로 만든 무대라는 것에 자부심을 갖게 하고 무대가 스스로를 표현하는 또 다른 공간이라는 것을 느끼게 하는데 주력했습니다."

● 조현가족축제는 아이들에게 또 다른 체험의 장을 마련해 준다

6학년 최탁 교사는 "배움과 나눔의 대표적 방법은 자신을 표현하는 것이에요. 지식, 생각, 마음을 표현하는 것이 나눔이며, 함께 성장하는 길입니다. 새로운 것을 익혀 자신의 것이 된 것을 솔직하게 표현하는 것은 다양성을 이해하고 존중의 마음을 배우는 좋은 방법이 됩니다."라고 평가했다.

우리는 추수하러 갑니다(생대힉습과 창조학습, 통합학습)

조현초등학교 후문 앞에는 3,300여m²(1,000평)의 학교 논이 있다. 이 논은 동네 주인한테 1년에 300만 원의 사용료를 주고 학교가 임대한 논이다. 이 가운데 700여 평은 도시에서 전학 온 열 가족이 농사를 짓고, 300여 평은 조현초등학교 학생들이 직접 농사를 짓는다. 물론 사용료도 7대 3으로 나눠서 낸다.

학생들은 5월에 전교생이 논에서 모내기를 하고 김도 매며 벼가 자라는 과정을 지켜본다. 가을에는 낟알을 쪼는 새들을 쫓기 위해 헌 옷과 모자를 씌운 허수아비도 10여 개 만들어 논에 세웠다. 이어 누렇게 무르익어 황금 들판이 된 벼를 논에서 직접 추수하고 겨울에는 거름도 주며 빈 들판을 바라보기도 한다. 올해는 어른들은 기계모를 심고, 아이들은 직접 손모내기를 했다. 그리고 우렁이농법으로 벼를 돌보았다. 비록 서툴기는 하지만 여느 농부 못지않은 아이들의 정성이 들어간 덕분인지, 벼에는 알곡들이 주렁주렁 매달렸다.

조현초등학교 아이들은 아침 등굣길, 자습시간에 누구라 할 것 없이 틈틈이 시간 날 때마다 논에 나가 벼를 가꾼다. 아이들은 추수가 끝나면 수확물의 일부로 떡을 만들어 가을운동회 때 선생님들, 전교생, 학부모들과 함께 나누어 먹을 계획을 세우고 있다. 또 남는 곡식은 독거노인이나 고아원 등에 기증할 계획이다.

이중현 교장은 아이들이 농사를 통해 얻는 배움의 과정들을 들여다보면서 이를 몹시 기특하고 자랑스럽게 생각한다. 모를 직접 심고 그것이 자라는 모습을 들여다보고 수확하는 과정을 통해 아이들은 노동의 가치를 비롯해 많은 것들을 배워나간다. 아이들은 맨손으로 땅을 직접 만지며 자연의 소중함을 배운다. 계절의 순환을 피부로 느끼며 그에 따라 변해가는 곡식들의 모습을 면밀히 살피고 관심을 가지며 삶의 겸허함을 배운다. 어떤 존재에게 애정을 쏟은 만큼 그것이 변화하고 자라나는 모습에서, 직접 흘리는 땀방울에서 느껴지는 보람과 결실의 기쁨에서 훗날 아이들은 지금보다 더 많은 삶의 가치를 배울 수 있을 것이다. 이는 교실 안에서 책을 읽고 선생님이 이야기해 주는 것을 듣는 것이 아닌, 아이들이 직접 자연에서 맨살로 느끼는 참다운 배움이다.

자연에서 아이들이 스스로 배우게끔 하는 이러한 교육방식은 또 있다. 조현초등학교는 전교생이 숲과 나무, 하천 등 자연과 생태를

● 부모님의 도움을 받아 벼를 직접 베는 모습

주제로 한 주기 집중형 창조학습도 진행한다. 조현초등학교의 창조
학습은 마을의 봄 풍경, 여름 냇가, 가을 마당, 숲 속 겨울 준비 등
주로 주변 환경을 이용해 진행된다.

1학년은 '원초적 마음 열기'라는 주제로 주변 숲을 오감으로 느끼
고 살피고, 자연 속의 색깔을 찾아본다. 2학년도 같은 주제로 숲을
산책하며 숲을 이해하고 숲을 관찰한다.

3학년은 '자연과의 교감 그리고 상상하기'라는 주제로 숲을 산책
하며 명상하기, 봄꽃 관찰, 자연 속에서 만나는 나만의 이미지를 표
현하는 작업을 한다. 4학년은 '자연으로 가는 길 – 버드나무 터널 만
들기'라는 주제로 비오톱(야생생물이 서식하고 이동하는 데 도움이

되는 숲, 가로수, 습지, 하천, 화단 등 도심에 존재하는 다양한 인공물이나 자연물로 지역 생태계 향상에 기여하는 작은 생물 서식 공간) 만들기와 버들피리 만들기 작업을 한다.

5학년은 '나와 타자의 관계 이해하기 – 세계의 모습'이라는 주제로 자신과 서로에 대한 인터뷰, 그림으로 꼬리 물기, 그림 속 이야기 등을 통해 자신과 세계를 발견한다. 6학년은 '하천의 생태를 탐사하여 하천 지도 제작'이라는 주제로 주변 하천의 구조와 서식 생물에 대해 살펴보고 에코 테스트를 통해 동네 하천의 급수를 알아보고, 하천의 모습 꾸미기 작업 등을 벌인다.

이중현 교장은 생태학습을 통해 아이들이 자연과 교감하는 모습들을 바라본다.

"우리 학교는 농촌 전원학교의 특성을 살려 자연환경을 최대한 활용하는 '생태학습'을 합니다. 쉽게 접할 수 있는 자연환경을 이용하는 창조학습에서 아이들은 자연과 교감하고 자신을 돌아보는 기회를 가집니다. 아이들은 때로 들길을 걷기도 하고, 논둑길에서 식물을 자세히 보고 그리기도 하며 청전기를 이용해 나무에 물오르는 소리를 듣기도 합니다. 평소에 살펴보지 못한 주변의 것들을 호기심을 가지고 관찰하는 것이죠."

2009년에는 가까이에 있는 산음자연휴양림 임도에서 창조학습을 진행했다. 전체 8km에 이르는 임도를 몇 개 구간으로 나누고, 각 구간별로 탐구해야 할 과제들을 만들어 1학년부터 6학년까지 혼합된

● 직접 재배한 벼를 위하여 허수아비를 만들어 세우는 모습

14개 모둠에서 모둠원이 함께 조사하고 중요 임무를 해결하는 활동을 펼쳤다.

선배가 후배를 챙겨주면서 함께 과제를 해결하는 모습은 보는 이의 마음을 따뜻하게 만들었다. 활동이 끝난 후 아이들의 반응은 다양했다. "언니들과 함께 이야기를 나누면서 많은 도움을 받아서 친해졌다."는 1학년 아이도 있었고 "여럿이 함께하다 보니 불편한 점도 많았다."는 고학년 아이들도 있었다.

생태학습을 통해 나타나는 아이들의 긍정적인 변화를 이중현 교장은 의미 깊게 지켜본다.

"아이들은 생물의 눈으로 세상을 보고, 생물의 귀로 세상을 들으며, 생물이 살아가는 모습을 보고 배웁니다. 이렇게 알게 된 생태계의 모습을 그림으로, 만들기로, 이야기로, 생태계에 기여하는 활동으로 마무리합니다. 하천 생태계를 공부하고 난 6학년 아이는 학교 앞 개울을 그리면서 물고기와 수서곤충, 물풀을 함께 그립니다. 생태계를 통해 관계를 배운 5학년 아이는 자기 스스로를 알게 되었다는 이야기를 하죠. 또 청진기를 들고 버드나무의 수액 소리를 들은 4학년 아이는 버드나무가 숨을 쉬는 것 같다고 말합니다."

조현초등학교는 아이들에게 보다 넓고 큰 세상을 보여주기 위해 2~5개 교과과목을 통합한 체험형 통합학습도 진행한다.

6학년은 봄에 국어와 사회, 음악, 미술 과목 등 4개 과목 통합학습으로 '고궁을 통해 살펴본 조선의 문화'라는 주제를 가지고 서울 경복궁을 다녀왔다. 5월에는 '큰 꿈을 가꾸는 국제교류활동'이라는 주제로 중국 제남시 양광소학교를 방문해 국제교류학습을 진행했다.

10월에는 양평군청과 군의회를 방문해 '지방자치단체가 내 삶에 미치는 영향 알아보기'에 대해 공부했다.

졸업할 때는 두 권의 책 저자가 된다(발전학습)

조현초등학교 학생들은 졸업할 때 두 권의 책의 저자가 된다. 그동안 자기 혼자, 아니면 친구들과 모둠으로 탐구하고 연구한 것을 책으로 발간하기 때문이다.

올 2월 졸업한 6학년생 15명도 마찬가지로 두 권의 책을 내고 졸업했다. 한 권은 '연어가 왜 폭포를 거슬러 오르는지 아니?'라는 제목의 발전학습문집으로 15명의 6학년 아이들이 스스로 정한 주제에 대해 1년 동안 연구한 자료들을 발표했다.

아이들은 자신들이 좋아하는 주제에 대해 나름 열심히 연구하고, 내용을 발전시켜 전문가 수준(6학년 수준으로)의 내용을 발표했다.

구태희 양은 '우리나라의 꽃에 대해 알아본다'라는 주제로 각종 꽃을 그림으로 그리고 특징을 소개했다. 김성지 군과 박지훈 군은 '재미있는 종이 공예'로 자신들이 만든 작품들을 선보였다.

박기웅 군은 '나만의 곤충도감 만들기'와 '우리 반 아이들을 닮은 곤충 찾기'를 재미있게 표현했다. 글쓰기를 좋아하는 신은숙 양은 '젠드라의 별', 조희수 양은 '가문의 영광'이라는 단편소설을 썼다. 이지수 군은 '연필 그림으로 살펴본 양평의 자랑'에 대해 논문을 발표했다. 정지우 군은 '비즈 공예'로 만든 팔찌 4개와 목걸이 1개, 가방 1개를 선보였다. 조지영 양은 '내가 아는 동물 이야기'를 만화로 표현했다. 박지훈 군은 '재미있는 종이 공작'으로 몬스터 볼, 찌리리공, 폴리곤 등을 종이로 만들었다.

　담임선생님인 최탁 교사는 아이들의 발전학습문집을 보며 잘하지는 못해도 다들 관심 있는 주제를 통해 열심히 진행했다는 것에 가장 큰 기쁨을 느꼈다. 사람은 누구나 자신만이 가장 잘할 수 있는 고유한 일이 있다. 자라나는 아이들이 그것을 발견할 수 있도록 도와주는 것이야말로 진정한 교육의 의미일 것이다. 아이들에게는 능력이나 학교 공부보다 '나다움'을 키워나가는 것이 정말 중요하다. 최교사는 아이들이 편한 길을 찾아가는 것이 아니라 오히려 목숨을 걸고 폭포를 오르는 연어들처럼 되기를 바란다. 자신이 하고 싶은 일을 위해 애쓰면서 살고 삶을 즐기기를 바란다.

　조현초등학교 아이들이 내는 또 한 권의 책은 『가치사전문집』이다. 이것은 '존중·배려·행복·예의·생명·사랑' 등 20~30개 각 단어에 대한 아이들이 자신만의 생각과 뜻을 정리해 묶은 책이다.

　구태희 양은 '행복'에 대해 '뭔가 열심히 하고 나서 배가 고픈데 먹을 게 있는 것이다.'라고 정의했다. 김성지 군은 '분노'에 대해 '분노란 내가 짜증날 때 친구가 전화를 한 게 분노다.'라고 적었다. 박기웅 군은 '믿음이란 약속을 했는데 애가 안 오고 있어도 올 거라고 믿는 것이다.'라고 정의했다. 박수진 양은 '자랑스러움이란 친구한테 빌려 준 돈을 받을 때'라고 적었다.

우리나라의 교과교육과정은 그 속에서 주어지는 것은 많지만 정작 학생들이 선택하고 만들어가는 것이 거의 없다. 그 때문에 조현초등학교는 아이들이 자신의 흥미와 소질, 특기를 중심으로 각자의 프로젝트를 진행하는 경험을 해보도록 하는 것이다. 여기서 교사는 각자가 실행하는 프로젝트를 도와주면서 아이들이 학습하는 방법을 학습할 수 있도록 돕는다. 무엇인가를 알아내고 자신의 것으로 만들며 그것을 바탕으로 새로운 것을 창조하는 것이 모든 배움의 방법이라는 생각이다. 자기주도적으로 무언가를 공부해 본 적이 없는 학생들은 앞으로도 어려움이 많을 것이기 때문에 일찍부터 아이들에게 이러한 훈련과 진정한 배움의 기쁨을 얻는 기회를 주는 것이다. 조현초등학교의 두 권의 책 프로젝트는 그런 의미를 갖고 있다.

모두가 함께하는 '어울마당'

수요일 오후가 되자 3학년부터 6학년까지 100여 명의 아이들이

다목적실로 몰려들었다. 오늘은 학생회가 기획하고 주관해 진행하는 어울마당 놀이시간이다. 선생님들은 뒤에서 마이크를 잡아주고 진행을 도와주는 보조 교사에 불과하다.

3학년부터 6학년까지의 아이들은 학년 구분 없이 16개 모둠으로 나뉘었다. 1~2학년 동생 60여 명도 함께 놀고 싶지만 다목적실 공간이 부족해 함께 모이지 못했다. 전체 사회는 6학년 회장이 마이크를 잡고 진행하고, 프로그램은 3~5학년 학생회 임원들이 맡아 진행한다.

각 모둠은 형, 동생, 누나, 언니, 오빠 등이 한데 뒤섞여 모둠별 림보게임, 모둠별 숫자 먼저 풀기, 모둠별 단어 맞추기 등 다양한 게임을 진행했다. 3학년 동생이 모르면 6학년 언니가 가르쳐주고, 4학년 아우가 답이 생각나지 않아 답답해하면 뒤에 있던 5학년 형이 귓속말로 정답을 슬쩍 알려주기도 한다.

한동안 이중현 교장과 교사들의 관심사는 '어떻게 하면 아이들이 제대로 놀게 할 수 있을까' 하는 것이었다. 그래서 중간놀이 시간을 30분으로 늘렸다. 2교시 끝나면 10시 20분부터 10시 50분까지 중간놀이 시간이다. 30분 동안 학생들 마음대로 놀던지 쉬던지 하는 자유로운 시간이다. 수요일에는 오전 수업을 마치면 마음껏 뛰어놀게 했다. 쉬는 시간에는 담임선생님도 아이들의 친구가 된다.

구조적으로 학교라는 사회는 나이에 따라 학년이 구분되어 있지만 이날만큼은 전교생이 모두 한 공간 안에 모인다. 어울마당에 모여 할 행사는 아이들이 정하고 아이들이 진행한다. 아이들의 자발적

● 학생들이 행사의 중심이 되는 어울마당 모습

인 의견으로 이루어지는 놀이시간이기 때문에 거의 모든 아이들은 즐겁다. 어울마당은 아이들에게 자치활동을 가르쳐주며 공동체적인 미덕을 느끼게 만든다. 아이들은 한데 모여 소통과 협력의 배움을 얻어간다. 어울마당은 학생 수가 너무 많으면 불가능하다. 학생 수가 아직은 적은 조현초등학교라서 가능하다.

조현초등학교의 어울마당은 매주 수요일 오후에 열린다.

첫째 주 수요일은 한 달을 시작하는 전체 가족모임으로 생일축하 잔치도 하고 교장선생님 말씀도 듣고 학교 소식도 알려준다. 둘째 주는 학생회가 주관해 여러 가지 재미있고 유익한 프로그램들을 진행한다. 셋째 주는 학년·학급별로 자체활동을 펴고, 넷째 주는 학교 구성원들 간에 생기는 일, 학급이나 학교에 건의할 사항들을 중심으로 토론하는 '조현가족회의'가 진행된다.

서울에서 시골로 전학 오는 학교

경기도 양평군 양평읍 내에서도 용문산 중원계곡 쪽으로 한참 들어가야 나타나는 조그만 시골 학교. 학교 운동장 주변에는 양평 하면 유명한 아름드리 은행나무와 울창하게 솟은 잣나무 숲이 있다. 학교 바로 앞 논에서는 벼가 자라고, 그 앞에는 시냇물이 흐르고, 병풍처럼 산이 펼쳐져 있다.

조현초등학교는 시골 학교임에도 단순한 시골 학교가 아니다. 서울까지 소문이나 아이 교육을 위해 온 식구가 이사를 감행하는 그런 학교다.

운동장 한 켠에서는 일찍 등교한 아이들이 줄넘기도 하고, 공놀이도 하며 수업시작 종이 울리기를 기다리며 놀고 있었다. 다른 한 켠에서는 과천 서울대공원으로 현장체험학습을 떠나는 3학년 반 20여 명(전체 30명)이 모여 재잘거리며 관광버스를 기다리고 있었다.

3학년 반 아이들에게 물었다.

"이 중에서 서울에서 전학 온 친구가 누구지?"

아이들이 우르르 몰려오더니 "저요, 저요" 하며 손을 든다.

은혜 양(9)은 "우리 반에 서울에서 전학 온 친구들 많아요. 저도 지난 6월에 서울에서 전학 왔는데 너무 좋아요."라며 밝게 웃었다. 지난 3월 새학기가 시작되면서 전학 왔다는 건우 군(9)도 마찬가지였다. "선생님과 친구들이 너무 좋아요. 서울에서는 아이들 하고 친하지 않았는데 여기는 친구들이 많아서 좋아요. 공기도 깨끗하고, 자연환경이 너무 좋아요. 전학 오길 잘했다는 생각이 들어요."

이런 반응은 부모님도 마찬가지인 듯하다. 옆에서 지켜보던 30대 후반의 한 엄마도 거들었다.

"지난해 가을 소문을 듣고 서울에서 이사를 왔어요. 주변 환경이 너무 좋고, 무엇보다도 아이가 서울에서 학교 다닐 때는 위축되고 불안정했는데 이 학교로 전학 오고 나서 선생님들이 인정해 주고 보살펴주니까 지금은 잘 적응하고 있어요. 남편은 직장이 서울 동대문인데, 집에서 1시간 30여 분 걸려요. 남편은 힘이 들지만 저와 아이가 좋아하니까 만족해 해요."

2007년 9월 교장공모제로 평교사 출신의 이중현 교장(55)이 부임하면서 6학급에 전교생이 98명으로 폐교 위기에 있던 이 학교는 3년여 만에 8학급 182명으로 2배 가까이 학생 수가 늘었다.

전학을 온 학생들의 50%는 서울에서 왔고, 나머지 50%는 인천·부천·고양·용인 등 수도권에서 왔다. 지금도 전학을 오겠다는 상담이 계속 이어지고 있다.

학부모들이 서울에서 굳이 시골학교까지 찾아오는 이유가 무엇인 것 같냐는 질문에 이중현 교장은 "이제 학부모들이 학력보다는 아이를 제대로 키우기 위해 고민하고, 학교와 사교육의 획일적 교육에 대해 고민하는 것 같아요."라며 "이제는 학교 교육의 질에 대한 패러다임이 바뀌어야 할 시점"이라고 대답했다.

학교를 찾았을 때 본관 옆에는 네 칸의 교실을 증축하는 공사가 한창 진행 중이었다.

이중현 교장은 "학교가 작다 보니 음악실, 컴퓨터실 등 특별교실이 모자라 특별교실 용도로 공사를 시작했어요. 그런데 학생 수가 계속 늘어 분반을 해야 하는데 그러려면 교실이 모자라 신축 중인 특별교실을 일반 교실로 사용해야 할 것 같아요."라고 이유를 말해 주었다.

그는 "그동안 우리 학교로 전학 오겠다는 상담이 300여 명에 이른다."며 "아마 땅을 사거나, 집을 구하는 등 여건만 됐으면 지금보다 학생 수가 100여 명 더 많을 것"이라고 덧붙였다.

전학을 위해 이사 오고 싶어도 마땅한 전세집이나 자가 주택을 마련하지 못해 이사를 오지 못했다는 설명이다. 그는 "학교 입장에서는 이사 올 집을 구하지 못한 것이 다행"이라며 "계속 집을 구하지 못했으면 좋겠다."고 말한다. 이 말은 어느 정도 진심이다. 당장 학교 옆 인근에 40가구 규모의 연립주택 건축이 진행 중으로 올 연말이 입주 예정이다. 학교 측은 전입생 수요 때문인 것으로 보고 있다.

그는 "요즘 저와 선생님들은 신축 중인 연립주택에 나이 드신 어르신들이 들어오길 학수고대하고 있습니다. 젊은 부부들이 들어오면 아이들이 분명 우리 학교로 전학 올 텐데 그러면 200명을 훌쩍 넘어 버려요. 그래서 고민입니다."라고 말했다.

"아이들이 전학을 오더라도 학급당 학생 수는 문제 없으나 아이들을 가르칠 시설 규모가 감당을 못 합니다. 아이들의 질 높은 교육을 위해서는 학급당 20명 미만이 적당한데 공립학교이다 보니 전학 오는 아이들을 안 받을 수도 없는 형편입니다. 또 아이들이 늘다 보면 이곳에 사시는 기존 학부모들이 불편한 것도 사실입니다. 당장 내년에 2, 3학년을 각각 2학급씩으로 분반해야 할 형편입니다. 그러다 보면 우선 교실이 부족해지고, 아이들의 활동 공간도 협소해집니다. 교실을 하나 지으려면 예산도 확보해야 하고, 공사 기간도 있어 1년 6개월이 지나야 하는데 당장 아이들이 차고 넘치니 걱정입니다."

"전학 오는 학부모들을 보면서 이제 우리 교육의 패러다임을 바꿔야할 시점이라고 생각했습니다. 우리 학교나 혁신학교를 찾아오는 학부모들의 공통점이 하나 있습니다. 하나는 사교육 부담을 어떻게 극복할 것인가, 사교육비가 많이 드는 것이 아니라 학교에서도 획일적인 교육을 받는데 학원에 가서도 똑같은 공부를 하는 것에 대한 문제제기입니다. 학부모들은 남들이 학원에 가니까 어쩔 수 없이 보내긴 하는데 이게 도대체 부모가 할 짓인가 고민하는 것 같습니다. 그렇지만 문제는 보낼 학교가 없다는 것이에요. 어딜 가나 마찬가지

대한민국 희망교육 나는 혁신학교에 간다

니까. 우리 학교를 오기 위해 2시간 거리를 출퇴근하시는 분들도 있고, 엄마와 아이들만 와 있는 경우도 있습니다. 그 열의가 어디서 나오는지…. 부모 세대가 학교 교육을 받으면서 겪은 문제들을 우리 아이들에게 반복시켜야 하는가 하는 것입니다. 그래서 젊은 학부모들이 '그건 아니다'라고 결단을 내리고 오는 것입니다. 그렇다면 건강한 교육관을 가지고 있는 학부모들이 조현초등학교를 찾고, 또 다른 학교를 찾는데 그런 에너지를 특정 학교에 오는 것이 아니라 모든 학교가 혁신학교가 되어서 이런 부모늘의 열정을 충족해 주는 정책적인 배려가 필요합니다. 이제 대한민국의 모든 학교의 질을 위해서 패러다임의 대전환이 필요한 시점입니다."

큰 꿈을 가꾸는 작은학교

조현초등학교는 2007년 9월 내부형 교장공모제를 통해 이중현 교장이 부임하면서 새로운 도약을 모색했다. 이 교장과 교사들은 교육과정 특성화를 통해 학교를 혁신하기 위해 노력해 왔다. 이 학교는 '조현 꿈자람 교육과정'이라는 기존 학교와는 다른 교육과정을 운영하고 있다.

조현 꿈자람 교육과정은 디딤돌학습·다지기학습·발전학습·통합학습·문화예술학습·생태학습·창조학습·동아리·어울마당 등 '조현 교육과정 9형태'로 세분화돼 있다.

조현 교육과정 9형태는 '조현 수업만들기'로 연결된다. 이 교장과 교사들은 ▲수업에서 아이들의 마음을 어떻게 움직일 수 있는가 ▲어떻게 하면 아이들의 삶에 의미 있게 전달할 것인가 ▲어떻게 하면 아이들에게 배움과 나눔을 가르칠 것인가 ▲어떻게 하면 아이들에게 감동을 줄 것인가를 놓고 교사 전체가 모여 함께 수업계획을 짜고, 또 끝난 뒤 함께 평가하는 것이다.

올해부터 시작해 벌써 4번의 수업공개를 했다.

최탁 교사는 말한다.

"학생 모두의 수월성을 추구하면서 수월성보다 중요한 것은 뒤처진 학생이 없는 학교입니다. 기본 학습능력을 갖추지 못한 학생에게 학교는 무의미한 공간이 되기 쉽습니다. 배움은 자존감이며, 인성이며, 성취감일 수 있습니다. 스스로 배움의 길로 들어서도록 하는 첫 단계가 기본 학습능력을 갖춰주는 길입니다."

조현초등학교는 학생들의 기본 학습능력 신장을 위해 연산능력 향상을 위한 수학디딤돌학습, 독해능력 향상을 위한 국어디딤돌학습을 실시하고 있다. 또 학생이 가지고 있는 환경 요인보다 왜곡된 마음이 문제인 학생을 대상으로 미술치료와 상담치료 등 심리치료 과정도 운영하고 있다.

또 감수성 신장을 위해서는 학습도서를 통한 문학감수성, 생태교

육을 통한 생태감수성, 문화예술교육을 통한 예술감수성, 진로적성
검사·진로상담교육·자기주도학습 캠프를 통한 자아감수성 교육에
도 신경 쓰고 있다.

조현초등학교는 독서교육을 위해서 1년에 여섯 번 '작가와의 만남'
을 갖고 있다. 초빙하는 작가가 추천하는 작품 중에서 1~2학년, 3~
4학년, 5~6학년 별로 3권의 책을 선정해서 읽은 후 작가와 그 작품
에 대해서 토론한다.

이번에는 1~2학년은 그림책 『시리동동거미동동』 작가 권윤덕 선
생님을 초청했고, 3~4학년은 『돌이야기』의 작가 임정자 선생님을
초청했다. 5~6학년은 『고조선 건국신화, 고구려 건국신화』의 작가

조현설 서울대 교수를 모셨다.

　이중현 교장은 아이들에게 독서의 즐거움을 느끼게 하는 노력을 어떻게 기울이고 있는지 설명했다.

　"작가와의 만남은 아이들에게 독서의 즐거움을 주는 행사로 자리 잡아 가고 있습니다. 다양한 장르의 작가를 초빙해서 아이들이 책을 고를 때 선택의 폭을 넓히는 계기가 되었습니다. 또 아이들에게 공모해 결정한 교내 '꿈나무도서관'에 5,000권의 책이 있는데 개가식으로 돼 있어서 학생들이 자유롭게 책을 선택해서 읽고 있습니다. 학부모 도우미가 구연동화로 읽어주기도 하지요. 사서의 지도로 '독서마라톤'도 진행합니다. 한 달에 몇 권을 읽었는지 조사해서 많이 읽

● 조현의 다양한 교육과정은 조현 수업만들기로 연결된다

은 학생에게는 상도 줍니다. 그리고 방학 때는 3~4일 독서캠프도
열고 있습니다."

이중현 교장의 관심은 또 있다. 바로 공동체학교 만들기다. 그는
자신의 포부를 이렇게 설명한다.

"한 아이를 키우기 위해서는 한 마을이 필요하다는 말이 있습니
다. 학생들은 가정과 학교, 마을 안에서 영향을 받으며 자랍니다. 학
교와 가치를 따로 가지면서 교육이 행해지면 학교의 가치가 충분히
뿌리내리기 어렵습니다. 그래서 학부모와 지역사회의 사람들을 위해
학교의 가치를 담은 다양한 수업, 행사, 발표회를 보여주고 있습니
다. 학교 교육에 동참하고자 하는 의지가 싹트기 시작하면 그것을

키워갈 수 있는 축제, 운동회, 텃밭 가꾸기 등과 같은 공동의 행사를 진행하기 좋습니다."

이를 위해 조현초등학교는 학부모 아카데미, 교양강좌, 가정방문, 학교 공개의 날, 부모와 함께하는 수업, 학교 축제, 학부모가 준비하는 야영 등 다채로운 행사를 진행하고 있다.

조현초등학교에서는 매년 5월 5일 어린이날을 즈음해서는 가족 등반을 한다. 아이들이 아버지들과 함께 용문산에 올라 마당바위에서 기념사진을 찍기도 하고, 조현축제 때는 그동안 서로 바빠 만나지 못했던 마을 주민들이 함께 자리해 마을축제로 이어진다.

또 맞벌이 부부와 한부모가정 아이들을 위해 학교 안에 가정집을 짓고 밤 9시까지 돌봐주는 경기도 '꿈나무안심학교'도 운영 중인데 현재 23명의 아이들이 돌봄을 받고 있다. 이 꿈나무안심학교는 지역 사회복지관에서 맡아서 운영하고 있다.

조현가족들의 자체 평가

조현초등학교는 올 1학기를 마친 뒤 학생과 학부모들을 대상으로 교육평가를 위한 설문조사를 했다.

아이들은 '조현학교에 다니는 것이 자랑스럽냐?'는 질문에 86%인 154명이 '그렇다'고 답했다. 학교생활을 하면서 바라는 것으로는 '신학교생활을 하면서 바라는 것은?

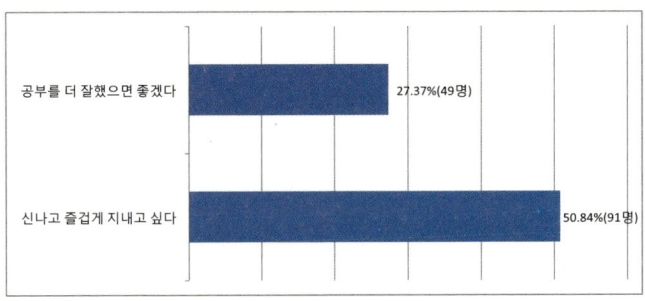

나고 즐겁게 지내고 싶다'고 답한 아이들이 91명(50.84%), '공부를 더 잘했으면 좋겠다'고 답한 아이들이 49명(27.37%)이었다. '지난해보다 공부는 더 열심히 한다고 생각하냐?'는 질문에는 '더 열심히 공부한다'고 답한 아이들이 105명(60%), '작년과 같다'가 57명(32.57%), '열심히 하지 않는다'가 13명(7.43%)이었다.

'지난해보다 친구와 다투거나 싸우는 횟수가 어떠합니까?'라는 질

지난해보다 공부는 더 열심히 한다고 생각하는가?

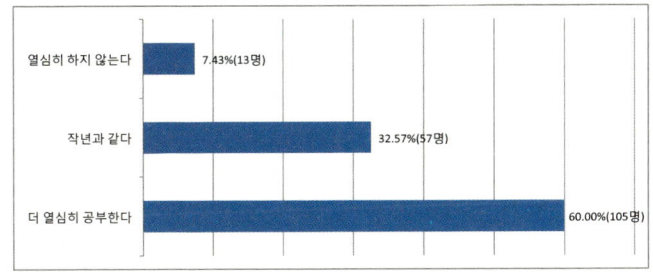

지난해보다 친구들고 다투거나 싸우는 횟수는?

더 많이 싸운다	7.43%(11명)
지난해와 같다	32.57%(31명)
덜 싸운다	60.00%(134명)

문에는 '덜 싸운다'고 답한 아이들이 134명(76.14%), '지난해와 같다' 고 답한 아이들이 31명(17.61%), '더 많이 싸운다'고 답한 아이들이 11명(6.25%)인 것으로 조사됐다.

'학교와 선생님께 하고 싶은 말'로는 '우리 반 요리대회를 많이 해주세요', '체육 많이 하게 해주세요', '밖에 나가서 산책해요', '야외수영장, 운동기구가 있었으면 좋겠어요', '통합학습이나 생태학습을 많이 가게 해주세요', '학교에서 학생들 그만 받았으면 좋겠어요. 누가 누군지 헷갈려요' 등 다양한 요청이 나왔다.

2~6학년 학부모들을 대상으로 한 설문조사에서는 '자녀가 학교에 잘 적응한다고 생각하십니까?'라는 질문에 '그렇다'에 100명(75.8%), '대체로 그렇다'에 32명(24.2%)이 응답했다.

그 이유에 대해서는 '쉬는 시간(30분)이 길어서 좋다', '블럭형태수업이 좋다', '친구들과 사이좋게 논다' 등을 들었다.

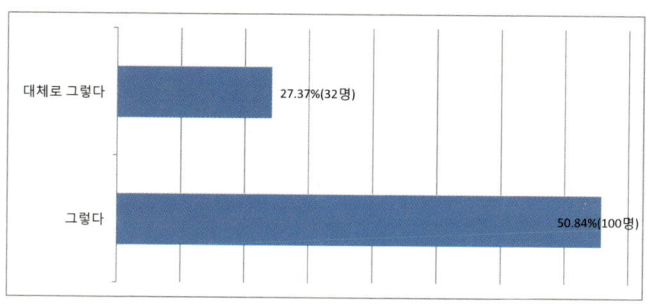

자녀가 학교에 잘 적응한다고 생각하십니까?

대체로 그렇다　27.37%(32명)

그렇다　50.84%(100명)

　'모내기' 생태학습에 대해서는 '교육적 효과가 있다'에 101명 (80.1%), '그저 그렇다.'에 15명(11.9%), '무리가 있다'에 6명(4.7%)이 답했다.

　학부모들은 '모내기 참여시간이 길었으면 합니다', '자주 자주 가보고 관심을 두는 것이 기특합니다. 예전에 텔레비전 다큐 가운데 논

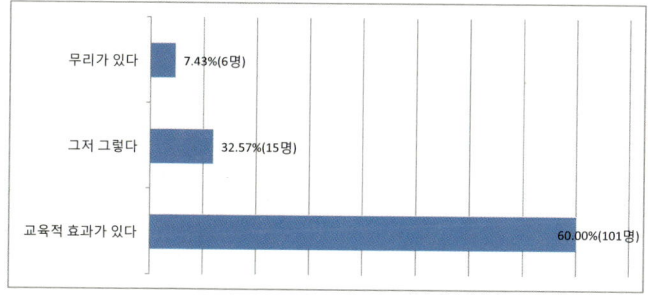

모내기 생태학습에 대하여

무리가 있다　7.43%(6명)

그저 그렇다　32.57%(15명)

교육적 효과가 있다　60.00%(101명)

의 생태에 관해 본 적이 있는데 아이들이 다 같이 볼 수 있는 프로그램이 있었으면 좋겠어요', '직접 모내기한 논의 상황을 자주 살펴보며 벼의 자람을 지속적으로 관찰하는 생태수업은 매우 훌륭한 교육이라 생각합니다'라고 답했다.

일부 학부모는 '모내기의 경우 너무 짧은 시간에 진행되어 조금 더 깊이 있는 체험활동을 하면 좋겠습니다', '이벤트성이 아닌 아이가 느낄 수 있는, 충분히 공감할 수 있기를 바랍니다. 아이가 더 자라야 할까요?', '단순 체험이 아니라 지속적인 연계성을 가졌으면 좋겠습니다', '활동은 재미있다고 하지만 아이들 스스로 느끼는 교육적 효과는 없을 것이라고 생각됩니다. 하지만 아이들 시선에서 활동을 긍정적으로 보고 재미있게 참여한 것만으로도 만족합니다'라고 따끔한 지적을 하기도 했다.

'학교에서 실시한 1박 2일간의 뒤뜰 야영은 의미가 있었다고 생각하십니까?'라는 질문에는 '아이들에게 소중한 추억을 만들어 주는 의미 있는 시간이었던 것 같아요', '주제가 있어 좋았고, 여러 학년이 한 모둠을 이루어 활동한 것도 교육적 효과가 크다고 생각합니다', '아이들은 굉장히 흥미있고 즐거워했다. 하지만 야영을 실시한 의미는 잘 모르겠다. 또한 아침 식사 후 남은 밥을 버리는 행동 등에 대한 사전 지도가 필요하다고 느꼈다', '선생님께서 프로그램을 준비하고 학부모의 참여가 많았지만 아이들이 수혜자 입장이 아니라 준비에 직접 참여할 수도 있겠다 생각합니다. 어울마당을 통해서 충분히 사전 준비를 할 수 있는 시간이 있었으면 좋았겠다 생각합니다.'는 등 다양한 의견이 제시됐다.

'학교나 선생님에게 하고 싶은 말이나 의견을 자유롭게 써주세요.' 라는 아래와 같은 의견이 이어졌다.

'교과 관련 숙제가 조금은 있었으면 합니다. 숙제가 전혀 없으므로 아무래도 가정학습을 소홀하게 됩니다. 숙제를 통해 학교수업이 어느 정도 복습되어졌으면 합니다.'

'아이가 학습 면에서 부족한 점이 무척 마음에 걸립니다. 첫째 아이라 그런지 부모로서 어떤 마음가짐으로 대해야 할지 잘 모르겠네요. 선생님과 아이를 믿고 조급해하지 않으려고 합니다.'

'타 지역에서 학생이 전학을 오면 기존 학생과 분위기에 융화되지만 1학년의 경우 개인주의 성향이 있는 도시 학생이 많이 유입되면서 예절 인성 면에서 걱정이 됩니다. 1학년의 분위기가 밝기는 하지만 수업 분위기를 해치지 않을지 걱정이 됩니다.'

'도서관에 좀 더 많은 책들이 있었으면 합니다. 화장실이 많은 사람들 사용으로 약간의 악취가 나고 휴지가 부족합니다.'

'학교 수용능력에 비해 너무 많은 학생이 증가했다. 실제 학구 거주자가 아닌 부모의 자녀들도 불법을 써서 학교에 전입학시키는 사례가 많다. 학교에서도 그동안의 소극적인 자세에서 벗어나 적극적으로 모든 전교생에게 실제 거주 확인을 해 불법 전입학생을 걸러냈으면 좋겠다.'

'우리 아이들이 살아갈 세상은 아주 빨리 변하고 현재와는 다른 모습일 것입니다. 그 세상에서 잘 살아갈 수 있도록 조현초등학교에서 준비시켜 주시는 것이라 생각합니다. 우리 아이들 모두 자유롭고 행복하며 창의적인 영혼의 소유자이길 바랍니다.'

이중현 교장 인터뷰

'조현 꿈자람 교육과정'은 무엇입니까?

"우리 학교의 핵심 교육내용입니다. 우리나라 학교 교육의 문제는 모든 학교에서 똑같은 교육내용을 가르치는 획일화에서 비롯됩니다. 저는 사교육도 여기서 비롯된다고 생각합니다. 왜냐하면 한국, 일본, 중국 등 사교육이 있는 나라는 국가 수준의 교육과정이 강하고, 소위 국정교과서로 통일되는 교육내용의 획일성이 강합니다. 그런 나라에서는 학원에서 미리 수업내용을 공부하고, 보충학습도 가능하죠. 이것이 사교육의 발생 원인입니다. 반면 호주, 뉴질랜드, 독일 등의 나라에는 사교육이 없습니다. 이들 나라에서는 교사가 교재도 자기가 선택하고 아니면 교과서가 있어도 참고자료에 불과합니다. 교사들이 교재를 자기가 만들고 평가도 교사들이 자율적으로 합니다. 한 학교에 있는 수학 선생님들이라도 가르치는 교재도 다르고, 내용도 다르고, 평가 문제도 다른데 학원에서 뭘 대비해서 지도를 할 수 있겠습니까. 그래서 이들 나라에는 사교육이 없습니다. 우리도 이 같은 교육내용의 획일성을 극복하기 위한 노력을 많이 하고 있습니다. 그러나 교육내용의 다양화가 아닌 학교 체제의 다양성으로 나타났어요. 그러니까 과학고, 외고, 자사고, 국제고가 늘어나고 있잖습니까. 조현 꿈자람 교육과정은 이러한 학교 교육의 문제점을 극복하기 위해 충분하진 않지만 우리가 할 수 있는 범위 내에서 시도하는 것입니다. 이것을 만들기 위해 2007년 9월 말부터 2008년 2월까지 5개월 동안 모든 교사들이 일주일에 세 번은 밤 9시에 퇴근을 할 정도로 노력했습니다."

앞으로 학교 교육과정은 어떤 방향으로 가야 합니까?

일단 우리나라 학교 교육과정의 획일성을 해소하는 방안으로 나가야 합니다. 그리고 핵심은 학습과 수업을 통해서 아이들과 교사가 함께 성장하는 형태를 갖는 방향으로 나가야 한다는 것입니다. 그런 관점에서 평가의 문제가 중요한데 우리 학교는 이 문제를 해결하기 위해 일제고사를 없앴습니다. 그래서 우리는 학교 차원에서 평가일정이 없어요. 담임이 자율적으로 하는 거죠. 평가도 객관식 평가는 지양하고, 논술평가 중심으로 하고 있어요. 통지표에서 학생의 자기평가가 담겨 있습니다. 우리만의 교육내용이 있으니까 획일화된 통지표를 보내는 대신 통지표를 자체 제작해서 사용하지요."

학년전담제는 무엇입니까?

"우리나라 학교의 문제점의 하나이긴 한데요. 초등교사의 전문성 문제인데… 어느 교사가 올해 2학년 담임을 했어요. 그런데 내년에 몇 학년을 맡을지 결정할 수가 없는 거예요. 왜냐하면 선호하는 학년도 있고 아닌 학년도 있고…. 교내 인사위원회에 내부규정이 있어요. 그 규정에 따라 내년에는 6학년, 3학년, 1학년 한다고 희망해서 세 개를 내게 해요. 그런데 어느 학년을 맡을 것인지 결정은 2월 중에 이루어지거든요. 그러면 새로운 학년에 대한 준비를 할 여유가 없는 거죠. 만약 내년에도 2학년을 맡으면 더 좋은 교육을 위해서 자료 축적을 하거나 연구를 하겠죠. 그런데 내년에 2학년을 할 것도 아닌데 굳이 자료 축적을 할 이유가 없는 거죠. 내년에 몇 학년을 할 것인지도 모르는데 사전 준비를 할 수도 없죠. 그에 따른 교사의 전문성 문제가 있죠. 해마다 학년이 바뀌면서 업무 부담이 있어요. 우리 학교에서는 그런 부분에서 학년전담제를 하는 것입니다. 2학년 내용을 지도하면서 계속 전문성과 자료도 축적하고 내년에도 2학년 담임이니까 미리미리 준비도 할 수 있죠. 매년 학년이 바뀌면 업무량이 많아 에너지도 낭비되고 전문성에도 도움이 안 돼요. 우리 학교는 특정 학년의 전문성이 생기니까 아이들이 학년을 올라가면서 질 높은 교육을 받을 수 있게 되죠."

특수학급이 있던데요?

"정상적인 아이인데 심리적 장애를 겪는 아이들이 있습니다. 한부모가정 아이들이죠. 그런 아이들은 굉장히 심리적인 불안을 느껴요.

부모들이 따로 떨어져 있는데 느끼는 것이 막막하거든요. 그런 아이들한테는 '숙제를 안 하냐? 공부를 안 하냐?' 이런 말이 어불성설이에요. 마음이 열려 있는 상황이 아닌데 어떡합니까. 그런 아이들한테는 마음 치료부터가 중요합니다. 그래서 지난해 특수학급 보조 교사를 채용했습니다."

마지막으로 하실 말씀은?

"다들 핀란드식 교육이다, 일본의 '배움공동체'다 하며 따라하는데 제 생각은 다릅니다. 한국에 맞는, 우리 학교에 맞는 수업형태를 만드는 겁니다. 그것이 바로 '조현 수업만들기'입니다. 다들 외국에 나가 배우는데 저는 자존심이 상해서 안 나갑니다. 우리 식의 '조현 수업만들기'를 완성한 뒤 배우는 게 아니라 우리 것과 비교하기 위해 나갈 예정입니다."

조현초등학교 취재를 마치고 수원으로 돌아오는 길에 이 교장의 전화를 받았다.

"다들 취재를 나와서 저한테만 초점을 맞추는데 저 혼자서는 아무것도 할 수 없습니다. 오늘의 조현초등학교는 우리 학교 모든 선생님들이 힘을 합쳐서 이룬 것입니다. 교육에 대한 신념과 열의를 갖고 보이지 않는 곳에서 아이들을 자식처럼 사랑하는 선생님들의 이야기를 해주세요."

모든 선생님들의 신념과 열의에 대한 이야기를 담아달라는 이중현 교장의 말에 약간의 감동을 느꼈다. 그렇다. 결코 혼자 해낼 수 없었을 것이다. 아이들을 밝게 변화시키기 위해, 진정한 교육을 실현하기 위해 모든 교사들이 하나의 마음으로 무수한 노력들을 했을 것이다. 다음은 조현초등학교의 교사들이 3년 전과 현재의 아이들 모습을 비교한 평이다.

"아이들 자존감이 높아졌습니다. 의사를 물어 진행하는 일에 자연스러움을 느낍니다. 그동안 사소한 무시나 지시에도 상처를 입는 학생이 많았는데 이제는 스스로를 표현하는 데 주저함이 없는 학생이 많습니다. 자신있게 인터뷰하는 학생도 많이 늘었습니다."

"아이들의 의사소통능력이 많이 향상되었습니다. 자기들끼리 문제를 해결하기 위하여 협의하는 과정이 제법 합리적이며, 합의하는 데 걸리는 시간이 많이 짧아졌습니다."

"자신이 좋아하는 분야를 찾아 공부하는 학생이 늘었습니다. 자신의 꿈을 이야기하고 꿈을 이루기 위해 찾아서 공부하는 학생이 제법 생겼습니다. 발전학습의 주제와 내용도 수준이 높아졌습니다. 이로 인해 진지하게 자신의 진로를 고민하고 상담하는 학생이 많아졌습니다."

"수업시간에 진지하게 참여하는 학생이 많아졌습니다. 그동안에는 수업시간에 다른 생각을 하거나 창문을 쳐다보거나 잠을 자는 아이도 있었는데 이제는 수업 활동에 적극성을 갖는 학생이 많아졌습니다. 새로운 호기심이 생기고, 질문을 하는 사례가 제법 있습니다. 또 과제수행도 성실하게 합니다."

"문화예술 소양능력이 높아졌습니다. 짧은 준비 시간만 주어진 장기자랑 시간에도 다양한 발표를 합니다. 매우 쉽고 간단한 것들은 거리낌 없이 서로 나서서 발표하겠다고 아우성입니다. 학교에서 진행하고 있는 리코더 연주 실력이 수준급인 학생이 제법 많아졌습니다."

"무엇보다도 학교 폭력이 현저하게 줄어들었습니다. 거친 말을 쓰고 싸우는 모습을 어렵지 않게 볼 수 있었던 과거와 달리 싸우는 학생을 찾기가 어려운 상황으로 바뀌었습니다."

"생태 감수능력이 향상되었습니다. 이제 자연의 생명력을 느끼고 탐구하는 학생이 많아졌습니다. 자연환경에 관심을 갖고 살펴보며 친구처럼 대하는 학생도 많이 생겼습니다."

"저학년과 고학년 간의 갈등이 적어졌습니다. 그동안 다른 학교에서 학년 간의 소통 단절로 인한 문제를 많이 봤으나 조현초등학교에서는 학년끼리 감정을 갖는 일이 별로 없는 것 같아요. 6학년 여학생들이 권위의식을 조금 보이는 경향이 있으나, 저학년들은 고학년을 따르고 좋아합니다."

"기본 학습능력이 부족한 학생이 줄었습니다. 그동안 한글이나 덧셈, 뺄셈조차 못하던 아이들이 있었는데 이제는 수업에 참여하기 어려울 만큼 기본 학습능력이 부족한 학생은 거의 없습니다. 시험 성적이 낮은 학생의 논술평가지를 보더라도 상당한 수준의 생각을 쓰는 경우가 많습니다. 수학의 경우도 수업시간에 다 이해하지 못한 내용은 특별보충강사의 지원을 통해 해결할 수 있을 정도로 결손이 줄어들고 있습니다."

"학교의 가치를 실현하기 위해 참여, 연대하고자 하는 사람이 많아졌습니다. 매우 다양한 생각을 가진 학부모들이 학교를 찾아와 참여하고 있어 의견의 폭은 넓어졌지만 학교 교육과정에 적극적으로 연대하고 지원하려는 사람이 대부분입니다. 고무적인 현상이죠. 학교운영위원회, 동문회, 이장협의회 역시 학교 발전을 위하여 기꺼이 봉사하려는 마음들입니다."

단 3년간의 놀라운 변화를 기록한 이 평가들에서 교육자와 학생들의 아름다운 연대가 느껴진다. 척박한 교육현실 속에서도 아이들의 참된 자존감을 구축해 주는 교육이 가능함을 우리는 조현초등학교에서 볼 수 있다. 모두가 외치고 있는 핀란드식 교육이 아닌 우리나라식 교육형태를 만들어야 한다는 이중현 교장의 인터뷰가 가슴을 울린다.

고양 서정초등학교

인터넷 카페에서 만나는 교사와 학부모, 아이들

다음 카페 '행복한 배움의 공동체 서정초등학교'
(cafe.daum.net/presj) 중에서

학교에서는 많이 놀라고 한다. → 아이들은 선생님들의 말씀을 너무도 잘 따른다. 작년보다 놀이터나 아파트 단지 내 여기저기에서 놀고 있는 아이들 수가 참 많이도 늘었다. 참 시끄러워졌다. 그리고 이렇게 공부 안 해도 될까? 걱정되기도 한다.

사교육 하지 않아도 된다고 몇몇 선생님들은 말씀하신다. → 그래도 사교육은 한다. 간혹 사교육을 중단하거나 줄이는 아이들이 보인다. 한편으로는 불안하다. 우리 아이 학습능력이 뒤떨어지는 건 아닐까?

이것저것 아이들 참여 프로그램이 많다. → 그리도 학교 가기 싫어하던 아이들이 7시에도 학교를 간다. 지가 좋아서….

학교는 배움과 나눔의 공동체를 지향한다. → 아직은 잘 못 느끼겠다. 아무래도 시간이 걸리는 문제인 듯…. 학부모나 아이들의 인식과 마음가짐이 여전히 나를 먼저 생각하는것 같다. 조금씩 변화하고는 있지만….

학부모들이 자발적으로 학교활동에 참여해 주길 원한다. → 아직 참여 학부모 수는 부족하지만, 녹색어머니회, 생태 모임, 독서교육 지원 등 정말 자발적으로 열심히들

한다. 생태모임 갔다 온 아이 엄마 하루 종일 누워 버렸다. 그래도 다음에 또 나간다. 정말 좋아서 가는 걸까? 맞벌이 엄마들이나 아빠들도 참여할 수 있는 기회와 공간이 마련된다면 얼마나 좋을까?

매달 담임선생님으로부터 달적이가 온다. → 처음 받아본 달적이. 충격과 난감함…. 이 학교는 뭔가 다르다는 생각이 교차한다. 아이에 대해 보다 잘 알 수 있어서 좋다. 하지만, 아이에 대해 부정적인 글이 있을 경우, 아직도 학부모 입장에서는 쉬이 받아들여지지 않는다. 팔은 안으로 굽는 법. 우리 아이는 안 그런데…. 하지만 곧 현실을 직시하게 된다.

한 달마다 열리는 월례강좌 → 혁신학교의 분위기와 올바른 교육방향에 대해 잊을 만하면 한 번씩 교육을 받게 되니, 점점 세뇌되어(좋은 의미의) 간다. 한 달에 한 번은 교육에 대한 경각심을 갖게 되니 월례강좌는 계속해서 필요할 듯…. 맞벌이 엄마들이나 아빠들도 참여할 수 있는 교육기회가 늘었으면….

선생님들이 참으로 열심히 하는 학교다. → 학부모들은 너무 욕심이 많다. 자기 아이 담임선생님이 최고이기를 원한다. 비교하기 좋아하는 엄마들도 있다. 하지만, 대부분의 학부모들은 선생님들에 대해 만족하는 편이다.

학교는 소통을 원한다. → 인터넷 카페가 있어 정말 좋다. 하지만, 아직도 학교를 향해 소통하는 것이 부담스러운 학부모들이 많다. 아직도 교육방향을 이해하기 힘든 부분도 많다. 관심과 참여가 중요한듯…. 소통을 위한 학교의

cafe.daum.net/presj

행복한 배움의 공동체 서정초등학교

🐾 최신글 보기   🔒 인기글 보기   ⌂ 이미지 보기

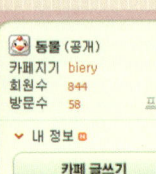

🐾 등물 (공개)
카페지기 biery
회원수   844
방문수   58   프로필

▾ 내 정보 📧

카페 글쓰기

☑ 서정초 홈피 바로가기
☑ 공장저지 카페 바로가기

학교안내   ▲
☑ 서정초 소식
☑ 공지사항안내
☑ 동업요청방

서정교육사랑방   ▲
☑ 자녀교육도움 영상시청방
☑ 학교 앞 공장부지 토론방 📧

모두가 행복한 교육공동체

배움과 나눔, 보살핌이 있는 모두가 행복한 교육공동체, 서정초등학교입니다.

카페에서 알립니다

· 문화예술 집중교육과정 의견을 받습니다.	10.09.20
· 자녀교육도움영상시청방에 교육에 도움되는 영상을 올리겠습니다. 많은 시청바랍니다.	10.08.28
· 방학중 원어민과 함께 하는 영어 캠프 알림	10.07.09
· 학기말 서정 종합 학습력 평가 안내	10.06.04
	10.05.31

● 서정초등학교의 소통과 통합의 공간인 인터넷 카페

노력 (특히 교장선생님의 노력)이 눈물겹도록 고맙다.

서열이 없는 학교, 경쟁이 없는 학교를 지향한다. ➜ 반장도 없고, 회장도 없고, 반 모임도 없어서 좋다. 학년별 다모임에서 아이들이 느끼는 만족감이 높다. 아이들의 기대와 만족도를 학부모들은 아직 못 따라간다. 아이들에게서 배워야 할 듯…. '함께' 라는 단어가 참으로 자주 마음에 와 닿는다."

서정초등학교 교사와 학부모, 아이들은 카페에서 소통한다.

당초 이 카페는 서정초등학교 초대 교장으로 부임한 이우영 교장 (50세)이 학교 개교를 준비하면서 교사들과 정보 교환을 위해 개설

한 카페다. 그런데 알음알음 예비 학부모들이나 일반인들이 카페에 가입하면서 이젠 교사들보다 학부모들이 더 열성이다.

현재 이 카페의 회원은 755명. 서정초등학교 학부모(전교생 375명) 외에도 서울, 부산 등 전국에서 가입한 일반 회원이 380여 명으로 서정초등학교 학부모들보다 더 많다.

카페는 '행복한 배움의 공동체 서정초등학교'라는 타이틀 아래 '서정교육사랑방', '더불어 숲(생태교육모임)', '학년별 다모임' 등 3개의 주제로 나뉘고 모두 30여 개의 작은 방으로 꾸며져 있다.

카페는 교사들보다 학부모들이 더 열성적으로 학교와 아이들에 관한 글을 올리고, 찬반 격론을 벌여 학교정책에 대해 나름의 정리를 하고 있다.

이우영 교장은 "학교카페는 학부모들의 참여와 소통의 소중한 공간"이라며 "학교 홈페이지는 실명제라 참여에 제한이 있지만 카페는 익명 참여가 가능해 학부모들이 적극적으로 참여하고 있다."고 말했다. 대다수의 학교 홈페이지는 실명제를 도입하고 있다. 홈페이지 실명제는 아무래도 학부모들의 자발적이고 적극적인 참여를 제한하게 된다. 학교에 대한 불만 같은 것을 표하다 크게 공론화되기라도 하면 혹시라도 자녀들에게 불이익이 돌아가지 않을까 싶은 불안감 때문이다. 이 불안감은 학부모들의 자유로운 의견 개진에 문제를 가져오고, 학교라는 사회 내의 자유로운 의사소통 과정을 침해한다. 대부분의 부모들은 자녀 문제에 관심이 많다. 자녀들이 하루의 대부분을 보내는 학교에 관한 관심 역시 마찬가지다. 부모들은 학생만큼이나 다양한 입장을 갖고 다양한 시선으로 학교를 바라본다. 서정초등학교에서는 이런 부모들의 시각을 넓게 받아들이겠다는 입장을 취하고 있는 것이다.

어머니 모임 · 아버지 모임

서정초등학교는 개교하자마자 여러 학부모 모임이 만들어졌다.

단순히 학교에 봉사하는 학부모 모임이 아닌 학부모들이 주체적으로 참여하고 배우며 성장하고, 기쁨과 보람을 느낄 수 있는 그런 모임이다. '더불어 숲이 되는 서정 숲사랑 학부모 모임'도 그중 하나다. 이 모임에는 현재 20여 명의 학부모가 참여해 매달 모임을 갖고 있다.

모임을 만든 박항재 교사는 이 모임을 "학부모들이 학교 숲에서 자라는 우리 풀꽃과 나무 이야기도 나누고, 전문가와 함께 들로 산으로 개울로 나가 다양한 생명들을 만나며 어린 시절 아름다운 추억들을 되살리며 동심에 젖어 보는 생산적 모임"이라고 설명한다.

숲사랑 학부모 모임은 학교 숲을 지속적으로 가꾸고 모니터링하며 배움의 현장으로 만들기 위해 노력하고 있다. 또한 체계적인 생태체험교육 연수를 통해 학교 생태체험교육 도우미교사활동이 이루어

더불어 숲이 되다!

매화~

학교 텃밭 야구단

애기똥풀

서양 민들레

더불어 숲 생태부엌

엽끝 중...

지도록 하며, 서정마을 생태보존활동에 관심을 가지고 참여하는 것을 모임 목적으로 정했다.

모임 회원들은 지난 4월부터 전문강사로부터 여섯 차례에 걸쳐 ▲학교 생태교육의 의의에 대해 생각 나누기(학교 숲은 어떻게 가꿀까 / 생태교육은 왜 해야 하나) ▲학교 숲에서 나무 보기(꽃핀 나무를 중심으로 / 꽃의 구조 이해) ▲학교 숲에서 만나는 마을식물(풀을 중심으로) ▲학교 숲에서 만나는 원예식물(나무를 중심으로 / 관찰일지 쓰기) ▲학교 숲 모니터링 방법(교육, 관리 / 나뭇잎 보기) ▲학교 숲에서 활용하는 자연나눔 프로그램 등에 대해 강의와 자연체험 놀이교육을 받았다.

학부모들은 교육을 받으며 5학년에서 학년 특성화교육으로 실시하는 '생태체험학습'에 도우미교사로 참가해 교실과 야외에서 아이들의 학습을 도왔다.

또 학교 잔디밭을 개간해 생태 텃밭으로 꾸민 뒤 텃밭에 상추 등을 심어 학교에서 아이들과 함께 쌈밥을 지어먹기도 했다. 가을에는 텃밭에 배추, 무, 아욱, 시금치 등을 심었다. 또 학교 화단을 가꾸기 위해서 땡볕에서 우리 풀꽃을 심고, 예쁜 이름의 표찰을 달아주었다. 2학기에는 전문강사로부터 망치와 끌 등을 사용해 목공예를 배우고 있다.

생태체험학습 도우미교사로 참가한 5학년 3반 준현이 엄마의 소감이다.

"이 녀석들 은근히 귀엽고 정감 가는 것이 내 아이를 떠나 우리 아이로 성큼 다가오더라구요. 오랜만의 생태수업에 야외활동이라 신이 나서 고삐 풀린 망아지 마냥 날뛰었지만 그래도 한 명 한 명 이름을 불러주며 친근감을 나타내자 슬며시 수업에 눈길을 줍니다. 오늘은 날씨가 굉장히 더운 관계로 숲에서는 참나무의 종류와 이름의 유래를 살피고, 관찰 후에는 샘플과 같은 참나무잎을 따와서 확인받고, 곧장 봉화공원 정자로 이동하였어요. 그곳에서 각자 따온 세 종류의 참나무 잎을 이용하여 퍼즐 맞추기를 하였고, 이후 나무 목걸이

● 생태수업후 나무 목걸이 만들기를 한 아이들

만들기 작업을 하였어요. 서로 마음에 드는 것을 고르느라 작은 실랑이도 있었지만, 착한 우리아이들 별다른 불평 없이 자기 몫의 목걸이를 붙이고, 색칠하여 근사한 나만의 목걸이를 완성하였어요. 중간에 작품을 만들지 못하고 학원 시간에 쫓겨 부랴부랴 떠나는 아이를 볼 때는 왠지 마음 한구석이 아려오더군요. 학원 시간에 쫓길 필요도 없고, 집에 빨리 가서 학습지 숙제 해야 한다는 조바심도 가지지 않고, 자연 속에 푹 빠져서 만지고 냄새 맡고 맛보고 놀다오면 정말로 마음이 초록으로 싱그러움으로 충만할 것 같다는 생각이 들더군요. 여하튼 숲에 가시면 떡갈나무 잎 서너 장을 따오셔서 냉장고 안이나 신발장 안에 넣어 두셔요. 탈취 효과가 뛰어나다고 하더라구요. 떡을 찔 때 깔아서 이용한다고 떡갈나무로 불린다는데 신갈나무 잎과 구분하는 방법은 뒷면에 보들보들한 털이 있는 것입니다."

5학년 1반 도우미교사인 '사랑희'(필명) 엄마의 또 다른 체험담이다.

"처음 생태 도우미 활동을 할 때만 해도 비바람이 불어 쌀쌀했는데 어느덧 더위가 성큼 다가온 초여름 날씨가 되었네요. 더운 날씨에 아이들이 힘들까봐 보온병에 시원한 물을 준비하고 가려니 너무 무거워 그냥 두고 간 게 못내 아쉬웠는데, 수업이 끝나자 선생님께서 배낭에 매실물을 싸오셔서 아이들에게 주셨어요. 수업 내내 메고 다니시느라 힘드셨을 텐데…. 오늘 수업은 '숲에는 생물과 무생물 요소가 어떻게 어우러져 살아가고 있는가'를 알아보는 수업이었어요.

숲으로 향하는 길에 여러 식물들을 관찰하고 그중에서도 개망초는 쌍떡잎 식물중 제일 진화한 식물이며, 며느리배꼽풀의 유래는 잎자루 모양이 사람 배꼽을 닮아서 붙여진 이름이라는 재미난 이야기도 들려주셨어요. 숲 속에 들어서니 느끼는 공기부터 다르다는 걸 코끝으로 느낄 수 있었어요. 아이들은 자연의 소리를 듣기 위해 귀를 기울여 보았어요. 아이들이 마음껏 자연의 소리를 들을 수 있도록 주변 환경들이 좋았으면 하는 아쉬움이 들었답니다. 생물과 무생물이 어우러져 어떻게 살아가고 왜 필요한지 알아보기 위해 상관 관계를 잇는 연결고리를 찾아보는 실꾸러미 던지기 게임을 하며 지구상에서 아무리 하찮은 것이라도 어느 것 하나 없어서는 안 되며 함께 어우러져 공존하며 살아가고 있다는 것을 우리 아이들은 알 수 있었을 것입니다. 사랑받을 때 모든 아동들은 아름답다고 합니다."

'더불어 숲' 모임 회장인 '재현맘' 황소영 씨(39)는 "학부모 모임에서 학교 텃밭을 가꾸고, 야생화를 심은 것은 새로운 경험이었어요. 또 학교 도우미교사를 하며 내 아이가 아닌 또래 아이들을 보며 아이들 성향도 알고 이해도 하게 되었고요. 저에게는 좋은 경험이고 추억입니다."라고 말했다. 황 씨는 올해 초 행신 2동에서 행신 3동으로 이사 오면서 각각 5학년과 2학년 아이들을 서정초등학교로 전학시켰다. 옆 동네에 있을 때에도 서정초등학교를 마치 다른 세계처럼 느낀 적이 있었다. 소통의 장이 열려 있는 데다 엄마들의 이야기를 많이 들어주어서 학교와 학부모 간의 실천과 소통이 가능해 보였었

더불어 숲

소망 도전 정
평화 사랑 놀

2010-04

다. 황 씨는 지난해에 아이들을 수학과 영어 학원, 태권도 학원을 보냈으나 올해 서정초등학교로 전학 온 뒤부터는 집 앞 영어 학원에만 보내고 있다. 공교육인 학교보다 더 신뢰하며 앞다투어 자녀들을 사교육인 학원으로 내모는 시대에 황 씨는 정반대의 학부모 모습을 보이고 있는 것이다. 황 씨는 "학교에서 활동하는 프로그램이 많아 운동을 따로 시킬 필요가 없고요. 공부도 스스로 찾아 공부하는 자기주도적 학습에 익숙해지면서 별도로 학원에 보낼 필요가 없어졌어요."라고 자랑스럽게 이야기했다. 아이들의 학교를 옮기고 자유로운 소통 분위기에 만족하는 것 이상으로 큰 덕을 본 셈이다.

황 씨는 '더불어 숲' 모임의 한 학기를 정리하며 모임 카페에 "저 개인적으로는 여태껏 살아온 그 어느 해보다 풍성한 수확(?)의 반년을 보내어 뿌듯하기만 합니다. 배움의 기회와 열정을 키울 수 있는 고마운 학교가 있어 행복한 시간들을 가질 수 있었습니다. 또 좋은 만남들과 나누고 소통할 수 있어 더욱 좋았습니다. 덕분에 스스로 성숙해지는 것을 느끼며 기특해 하기도 했습니다. 비록 얻은 만큼 나누지 못한 아쉬움은 있지만 앞으로 기회는 무궁무진하기에 나름 만족해하려 합니다. 모두가 협력해 주신 더불어 숲 회원 여러분과 잘 이끌어주신 선생님 덕분입니다. 진심으로 감사드립니다."라는 글을 올렸다.

어머니들 모임만큼 아버지 모임도 활발하다. 아버지 모임은 학교에서 저녁에 '아버지 교실'을 열면서 시작됐다. 50여 명의 아버지가 참석한 아버지 교실에서는 강의에 이어 돌아가며 개인 소개를 했고, 막걸리 파티로 이어졌다. '싸나이' 의지로 의기투합한 아버지들은 학교 카페에 '아버지 모임방'을 만들고 본격적인 활동을 시작했다.

여름방학이 시작된 7월 토요일 오후에 아버지들과 아이들이 학교 체육관에 모여 즐거운 놀이를 하였다. 아버지와 아이들은 그물 술래잡기와 피구, 아이들 줄다리기, 수건돌리기, 이어달리기를 하며 재미있는 시간을 보냈다. 첫 게임이었던 그물 술래잡기 이후 아버지들은 급격한 체력 저하로 지친 모습들이 역력했다. 아이들보다 아버지들에게 운동이 절실함을 깨닫는 순간이었다. 마지막 이어달리기는 아이들과 아버지들이 아이스크림 내기 시합을 해 아이들이 반 바퀴 이상의 차이로 이겼다. 아버지들은 주머니를 털어 아이스크림을 사서 아이들과 맛있게 나누어 먹었다. 체육관에서 놀이를 마친 뒤에는 급식실 앞에서 삼겹살 파티를 열었다.

8월에는 '아빠와 함께하는 학교캠프 1박 2일'도 열었다. 열다섯 가정이 참여한 이 행사는 토요일 오후 아빠와 아이들이 학교 운동장에 모여 텐트를 치고 캠프파이어도 즐기고 이른 새벽에는 인근 강매산을 등산하는 일정의 프로그램이었다.

아이들과 아빠들은 숫자조합게임, 스피드퀴즈, OX퀴즈, 조원 이름 외우기 게임 등을 하며 신나게 놀았다. 이어 저녁 식사는 아이들이, 숯불 바비큐는 아빠들이 준비해 맛있게 먹었다. 이어 세족식과 편지 쓰기 행사를 하고 둥그렇게 둘러앉아 캠프파이어를 진행했다.

다음 날 아침 6시에 일어난 아빠와 아이들은 강매산을 등산한 뒤 라면과 밥을 말아 먹은 뒤 발야구 한 게임을 하고 다음을 기약하며 해산했다.

다음은 '아빠와 함께하는 학교캠프 1박2일'을 다녀온 한 아빠의 글이다. 자신의 아이는 물론이고 다른 아이들 그리고 아빠들과 보낸 시간이 의미 깊었음을 알 수 있다.

"정말 더운 날이었습니다. 힘도 많이 들었고요. 하지만 정말 재미있고 보람 있었습니다. 아이들과 함께하는 1박 2일. 체력이 딸려서 더 오래 할 수는 없었지만 시간이 너무 짧게 느껴질 정도로 재미있는 시간들이었습니

● 아버지 모임 주최의 1박 2일 캠프와 놀이 모습

다. 모두 15가족 42명이 참여하여 즐거운 시간을 보냈습니다. 모두 고맙습니다. 저녁 식사 후 교실에 다시 모여 서로 서로 편지를 썼습니다. 아이들과 아빠들이 서로 하고 싶은 말을 편지에 썼습니다. 사뭇 진지한 시간이었습니다. 30년 만에 편지를 쓰신다는 아버님도 계셨습니다. 서로 컨닝하는 아빠와 아이들도 있었습니다. 아이들은 전원 텐트에서 잤습니다. 거의 잠을 못 이루고 새벽까지 놀고들 하더군요. 아빠들은 아이지킴이 아버님 여러분들 텐트에서 주무시고 일부 아버님들은 교실에서 주무셨습니다. 아버님들끼리 진행되었던 369게임 재미있었습니다.ㅋㅋ

2일차 아침 아이들이 깨워서 일어나 아이들 모두와 강매산 다녀왔습니다. 강매산 다녀오신 아버님들 고생하셨고요. 아침 준비 해주신 아버님들 고맙습니다. 아침 참 맛있었습니다. 아침 먹고 청소와 정리도 너무너무 적극적으로 열심히 해주셔서 감동받았습니다.

이번 캠프를 하면서 본 서정초등학교 아버님들의 열정, 정말 대단하시더군요. 감동적이었습니다. 특히 자기 아이뿐 아니라 우리의 아이로 돌봐주시고 신경 써주시는 모습이 너무나 좋았습니다. 선생님과 아이들 그리고 아빠들의 모습에서 이런 것이 진정한 '행복한 배움의 공동체'가 아닌가 하는 생각을 해보았습니다. 정말 즐겁고 보람된 1박 2일이었습니다. 덥고 힘든 1박 2일이었지만 아이들을 사랑하는 아버지들의 열정이 더 뜨거웠던 1박 2일이었습니다. 가슴에 즐거운 추억 하나 간직했습니다. 감사합니다."

아버지 모임 총무 이영일 씨(40)는 다음번에는 선생님들과 배구 경기를 할 예정이라며 "그동안의 모임은 아빠와 아이들 중심이었으나 선생님들과 만남을 통해 아이들을 어떻게 키워야 하는지 등에 대해 조언을 듣고 싶어 자리를 마련하게 됐다."고 말했다. 이 총무는 "아버지 모임은 직장과 생업에 바빠 아이들과 함께할 수 있는 시간이 적은 아빠들과 아이들에게 좋은 시간이기도 하지만 같은 동네에 사는 아버지들끼리 모여 친목을 다지는 데 더 큰 의의가 있다."고 덧붙였다.

이밖에 매주 목요일 아이들한테 동화를 읽어주는 모임인 '글우물 학부모회', '발도르프 공부모임방' 등이 활발한 활동을 펼치고 있다.

아이들의 마음을 움직이는 체험학습

박항재(5학년 1반 담임교사)

"남산골 한옥마을 체험학습!
결론부터 먼저 말하자면 교사 처지에서 아주 즐겁고 유익하고 아름답고 편안한 체험학습이었네요.^**^ 관광버스가 아닌 대중교통으로!
행신역에서 서울역까지 전철을 이용하고 다시 서울역에서 충무로까지. 충무로에서 한옥마을까지는 걸어서 3분!

아침 출근시간이라 차 안이 복잡해서 조금 걱정이 되었네요. 다행히 우리 아이들이 차분하게 공중질서를 참 지켜주었어요. 현장학습 때 대중교통을 이용하면 선생님이 망신살 뻗치는 경우가 많은데 지금까지 다녀온 이전 학교 체험학습에 비교하면 가장 잘해서 칭찬을 많이 해주었죠. 다만 몇몇 친구들이 교통카드를 가지고 오지 않거나 기계 오작동으로 약간 애를 먹었죠.

에피소드 하나! 샘이 이정표를 잘못 보고 충무로역 방향으로 잘못 갈아타서 한 정거장 가다 되돌아왔답니다. 어떤 아주머니께서 아이들 얘기를 듣고 계시다 얼른 알려주셔서 낭패를 면했지요. 아주머니! 고맙습니다. 샘은 당황하여 이색체험을 위해 일부러 그랬다고 변명했죠.^**^

우리 샘들이 협력해서 만든 학습지(작은 학습책)를 받아 모둠별로 도전 과제를 해결하러 열심히 다녔답니다. 그런데 5~6명 친구들이 애써 만들어준 작은 학습책을 집에 고이 모셔두고 와서 대개 부끄러웠나요? 아이들은 자유 모둠을 요구했지만 정해져 있는 남녀통합 모둠으로 했답니다. 자칫 모둠 정할 때 속 상한 친구들이 생길 수 있어서요.

샘은 중간중간 만나 알려도 주고, 사진도 찍어주고, 팽이치기도 하고, 굴렁쇠도 굴렸죠. 이리저리 다녔지만 만나

기가 쉽지 않더군요. 만난 친구들은 사진 찰칵! 금세 시간이 흘러 즐거운 점심시간! 샘보다 먼저 와서 기다렸는데 약간의 문제 발생! 자판기에서 커피를 누군가 뽑아 맛을 본 친구들, 음료수 뽑다가 다른 아이한테 핀잔을 들어 맘 상한 친구들, 벌써 껌을 씹고 있는 몇몇 친구들이 있었지만 애교로 봐주었죠.

즐거운 점심시간! 나무 꽃그늘 아래 돗자리를 깔고 맛난 김밥, 과자 등을 나눠먹었죠. 나눠먹는 재미를 이제 좀 아는 듯 남녀 별 구분 없이 자연스러웠답니다.

한참 먹는데 중국 광동시에서 온 여행객들이 찾아와 도시락에 흥미를 가지며 아이들에게 말을 걸었죠. 아이들이 경계하지 않고 자신 있게, 유쾌하게 대하더군요. 자연스럽게 외국인체험을 하게 된 거죠. ㅎㅎ 윤지의 중국어 실력이 유감없이 발휘되었답니다. 경한이는 중국인 같다는 말에 당당하게 뛰쳐나와 아임 코리언, 대!한!민!국!인!이라고 강조했더랍니다. ㅎㅎ

밥 잘 먹은 뒤 옥에 티 하나! 먹고 일어서니 과자 봉지를 비롯한 쓰레기가 몇 개 떨어져 있는데 아무도 줍지 않았다는 것. 샘이 얘기하자 몇몇 친구들이 줍긴 했지만 쓰레기 줍는 손! 아름다운 손!이 별로 보이지 않았죠. 그래도 환경부 으뜸인 민정이가 앞장서 처리를 해주어 '역시! 자

릿값을 한다.'라는 생각이 들었지요.

옥에 티 둘! 유해 첨가물 과자와 청량음료 있었답니다. 과
자 1개 정도 부탁은 잘 지켜주어 고마웠는데….

밥 먹고 나서 자유시간 1시간 20분! 여자아이들은 바로 무
궁화 꽃이~ 놀이로 들어가더군요. 구경하던 남자들도 금세
합류하다~ 여자아이들끼리 다른 놀이로 전환하다~ 샘과
남자 몇몇은 새끼 꼬는 곳으로 갔죠. 어떤 친구들은 타임
캡슐 보러 갔다가 별거 없다고 하기도 하고, 멋지다는 친
구도 있고.

샘이 새끼 꼬기를 조금 할 줄 알아 시범을 보이니 지나
가던 노부께서 새끼 꼬기 선수라고 하면서 직접 꼬시는
데 정말 선수시더군요. 호기심을 보이던 아이들이 가르
쳐 달라 해서 아저씨께 여쭤보라고 했더니 아저씨가 아주
친절하게 가르쳐주셨어요. 바로 정현이가 수제자가 되
어 금세 새끼 꼬는 기술을 습득했죠. 평소 차분한 성격이
라 잘 배우나봅니다. 작품 세 개, 샘1, 아저씨1, 아주머니

1 가지고 있으니 너도나도 자기 달라고 탐을 냈지만 교실 환경용이라 주지 않았지요. 아주머니는 여성 분이라 아주 가늘게 꼬아서 예쁘더군요.

경한, 유찬이 제기차기 도전! 샘보다 잘할 자신 있다더니 샘 최고 기록은 9개, 경한은 몇 개? 유찬이는? 진호는 어디서 굴렁쇠를 가져왔는지 굴렁쇠를 자유자재로 쌩쌩 굴립니다. 머리칼을 날리면서요. 샘도 굴렁쇠는 기똥차게 굴리는데…. 남자아이들은 따로 가서 동네 제기차기를 합니다. 여자아이들은 수다도 떨고, 공기놀이, 짐 마지기, 굴렁쇠 굴리기 이리저리 관심 따라 갑니다.

진호가 새끼줄 긴 것을 누가 줬다고 가지고 왔기에 넌지시 던집니다. 샘 어릴 적에는 새끼줄로 줄넘기, 꼬마야~ 하면서 놀았다구요. 화장실 다녀올 판에 바로 놀이판을 벌입니다. 경한, 진호, 유찬, 재호, 재현, 정현 잘도 뜁니다.

더 놀고 싶었지만 차 시간이 촉박하여 돌아오는 길~~ 차 안이 후덥지근! 겨울에서 봄 없이 바로 여름으로 넘어가는 듯한 이상 날씨! 올 때도 아이들은 복잡한 차 안에서도 차분하게 잘 왔답니다. 선생님이 자랑스러움을 느낄 수 있도록 말입니다.

행신역에서 내리는 아이들이 벌써 지친 듯, 버스를 타고 가자고 졸라댔지만 멀쩡한 다리 두고 돈 쓸 필요 없다 하고 뚜벅뚜벅 걸어왔죠. 자꾸 투덜대면 체험학습 못 간다고 공갈치면서요. ㅎㅎ 오면서 잠깐 놀이! 벚꽃 갈래갈래 떨어져 갈래꽃이라 꽃잎 주어 휘이 날리고 받아라! 받으면 건빵이다! 아이들 너도나도 잡았다고 억지를 부립니다. 도착해서 모두에게 건빵! 구운 달걀 소금! 주니 기분 전환이 되었는지 표정들이 밝아졌습니다.

어떤 아이들은 이런 날은 학원 가기 싫은데 가야 한다며, 샘한테 통신문 보내달라고도 부탁했었는데…. 이런 날은 공부하러 가더라도 공부가 되지 않을 텐데 실컷 놀게 해주는 것이 좋겠다는 생각이 드네요.

이렇게 해서 체험학습 잘 다녀왔습니다. 지하철 이용법을 잘 모르는 아이는 전철 타는 일만으로도, 중국인과 대화를 나눴던 친구들은 외국인체험을, 놀이에 신나게 빠졌던 아이들은 놀이체험을, 모둠 친구들과 함께 배우며 먹으며 관계체험을, 한옥과 그 안의 여러 풍경, 문화재체험을 고루하였기에 참 유익한 학습이었다 생각됩니다. 또한 벚꽃 만발, 배꽃, 황매화, 돌단풍 등 풍경이 좋아 풍경체험!

35~40명에 이르는 아이들을 인솔하며 아이들에게 똑바로 해! 라고 소리치는 다른 샘을 보니 1년 전 나의 모습을 보는 것 같아 안쓰럽고 짠하더군요. 21명이다 보니 보조 강사 없이도 혼자서도 충분히 다닐 수 있겠다는 생각이 들더군요. 다른 반 샘들도 아이들이 참 잘했다고 칭찬하시더군요. 우리 서정초 아이들이 차분하고 진지한 분위기에 시나브로 젖어가나 봅니다. 아이들이 긍정적으로 변화 발전하는 모습을 볼 때마다 뿌듯한 느낌이 든답니다.

그래서 자주 가자!고 동학년 평가 때 얘기가 나와 6월에 임진각으로 갈까 고민 중입니다. 행신~문산~임진각(경의선)은 더 재밌을 것 같은 생각이 듭니다. ㅎㅎ

만날 만날 이런 체험학습 하면 좋겠다! 좋겠다! 좋겠다!"

매월 '달적이' 가정 발송

　서정초등학교는 매달 교사들이 아동들을 관찰한 내용과 학습성취에 관한 내용을 넣어서 '달적이'란 이름으로 가정에 발송한다. 달적이의 형식은 정해져 있지 않고 학급별로 자유롭게 작성하여 학부모가 학생의 학교생활을 객관적으로 알 수 있게 기록하고 있다.

　이우영 교장은 "어릴 적 일기를 쓰면서 이 일기를 선생님이 보시면 어떻게 생각하실까 하는 생각에 일기 쓰는 것이 부담스러웠던 것이 기억이 납니다. 우리는 너무 글이나 말들을 곧이곧대로 받아들이기보다는 뒤에 깔린 의도를 파악하려고 하는 까닭에 여러 오해가 생기는 것 같습니다. 학부모들이 달적이를 있는 그대로 받아들여야 선생님들도 아이에 대해 있는 그대로 적어주실 수 있을 겁니다. 그리고 그것이 학생과 학부모, 그리고 선생님이 서로 제대로 소통할 수 있는 길일 것 같습니다."라고 달적이를 쓰는 이유를 말하면서 아이들과의 참된 소통의 의지를 밝혔다.

　다음은 달적이에 대한 학부모들의 반응이다.

　"저도 달적이를 받아보고 우리 아이가 잘하고 있다는 내용보다는 그렇지 않은 부분을 읽을 때는 기분이 좀 상하더라구요. 거기에 날짜까지 있어서, 근데 가만히 생각해 보니 날짜를 적으셨다는 건 객관적인 평가를 위해서 그러신 것이 아닌가 하는 생각도 들고, 또 선생님과 이미 상담시간에 들었던 내용도 있어서 선생님의 마음을 알

수가 있었기에 상한 마음을 접었고요. 아이에게도 다음 달엔 잘한다는 내용이 한 가지만 더 늘도록 노력하자고 했습니다. 에휴 말썽쟁이들 가르치시려니 얼마나 힘드실지…. 달적이를 보고 우리 아이가 구체적으로 어떻게 산만한지, 또 친구와 어찌 지내는지, 또 수업 중엔 어떤 자세로 있는지가 머릿속에 그려지긴 하더라구요. 저는 그렇게 심각하게 받아들이지 않으려고 해요. 선생님들이 적어주신 내용 그대로 받아들이고 그것으로 아이와 소통하고 선생님과 소통하면서 더 발전하는 아이, 그리고 저의 모습을 기대합니다. 그렇지만 아이가 어떤 행동을 했다는 것만 보시지 말고 왜 그렇게 했는지도 알고 이해해 주셨으면 합니다."

"전 상세하게 적혀진 달적이를 보고 감탄했습니다. 우리 아이가 학교에서는 이렇게 행동하는구나. 그리고 부족한 점, 잘못하는 점이 있어 앞으로 부모로서 어떻게 노력해야 하는지 고민도 하게 되고 반성도 했습니다. 역시 혁신학교라 다르다라는 생각이 들어 좋았습니다. 그리고 선생님들이 아이에 대해 세심한 관찰을 해주신다는 것에 감사한 마음이 들더라고요. 많이 바쁘실 텐데 형식적인 달적이가 아니라 진정 아이에게 관심과 애정이 깃든 사랑의 메시지라 생각하니 서정초에 더욱 믿음도 생겼습니다."

"혹 학부모가 어떻게 받아들일까 염려하여 자연스럽게 쓰지 못한다면 그것이 더 큰 일이 아닐까 생각합니다. 아이들은 배울 것도 많고 하루하루가 다르게 성장하는 존재들입니다. 어제보다 오늘이 나아지는 것 그것이 진정 교육의 의미라고 생각합니다."

"완벽하지 않은 아이들…. 그래서 배워가야 하는 아이들…. 그런 아이들의 한 번의 실수나 잘못을 '달적이'를 통해 부모에게 알려진다는 것이 아이들에게 부담도 될 것 같습니다. 아이들에게 보여주지 않는 방법도 생각해 볼 만한 것 같아요. 달적이를 통해 아이들과 대화가 많아진 건 사실입니다. 특히 남자아이들은 학교생활을 잘 얘기하지 않으므로 달적이에 적힌 내용을 바탕으로 대화를 합니다. 2학년 아들에게 코코아 한 잔을 건네며 '오늘 엄마랑 대화할까?' 하고 시작한 대화가 어느덧 2시간을 훌쩍 넘기며 서로에게 많은 도움을 주었습니다. 처음에 느꼈던 아찔한 기분들이 점점 긍정적으로 받아들여지고 있습니다. 우리는 달적이를 통해 소통하고 있군요. 하하."

이같이 학부모들의 평가는 긍정적이다. 노지영 교사는 달적이에 대하여 이렇게 말한다.

"달적이 역시 서정 학부모님들이 다양한 시선으로 보시게 되니 다양한 시각차가 나타납니다. 교사회의 때도 예상했던 문제들인데 아이들도 달적이를 보는 것이 부정적일 수도 있다는 것, 행동 하나하나 소소하게 적는 것이 부모님께 어떤 느낌으로 다가갈 것인지에 대한 우려 등등을 부모님들께서도 말씀해 주시니 동질감을 느낍니다."

달적이의 작성 목적은 '직접 볼 수 없는 자녀의 학교생활을 교사가 객관적으로 서술하여 부모님께서 알 수 있게 해드리자.'였다. 노교사는 "물론 반마다 약간씩 차이가 있어 받아들이시는 부모님에 따라 생각 또한 다르실 것이라 생각하지만 꼭 한 가지! 교사·학생·학부모 모두가 기억해야 할 것은 달적이를 통해 한 걸음 한 걸음 더 나아지는 우리 모두가 되어야 한다는 것입니다. 교사와 부모님은 아이가 잘 자랄 수 있도록 돕기 위해 행동 하나하나 잘잘못에 초점을 맞춰 이야기하기보다는 긍정적인 방향으로 대화하여 끊임없이 관심을 가져주어야 합니다. 아이는 자신의 행동을 되돌아보고 잘한 점은 더욱 잘하도록, 부족한 점은 반성하여 앞으로 잘하도록 스스로 다짐하는 이런 선순환이 계속되는 것이 달적이의 궁극적인 목표라고 생각합니다."라고 말하였다.

상 없는 학교, 대회 없는 학교

서정초등학교 3학년 2반 교실.

오전 9시 10분 1교시 국어시간이 시작되자 선생님 두 분이 들어오셨다. 한 분은 담임인 서우철 선생님이시고, 다른 한 분은 40대 초반의 여성 학습보조 선생님이셨다. 수업이 시작되자 학습보조 선생님은 아이들 사이를 돌아다니며, 수업내용을 자세히 설명도 해주고, 한눈파는 아이들 자세도 바로잡아주었다. 40분의 수업이 끝나고 2교시 영어시간에는 3명의 선생님이 동시에 들어왔다. 영어 전담 선생님과 영어 학습보조 선생님, 그리고 1교시 때 함께 계셨던 학습보조 선생님 등 3명이 수업을 진행했다. 학생 26명에 선생님 3명이 수업을 하는 믿기지 않는 모습이었다.

지난 3월 문을 연 서정초등학교는 역시 '혁신학교'다. 그렇기 때문에 한 반에서 2~3명의 교사가 수업을 진행하는 것이 가능하다.

서우철 교사는 "초등학생들이라 아직 수업에 집중하지 못하거나 못 쫓아오는 경우가 많아 학습보조 선생님과 함께 수업을 하고 있다"며 "학습부진아들에 대해 방과 후 별도지도보다 수업시간에 옆에서 바로 가르치는 것이 훨씬 효과적"이라고 말했다. 학습보조 선생님에 대한 급여는 물론 혁신학교 보조금에서 지급된다.

이 학교는 또 '상 없는 학교', '대회 없는 학교'이다.

이우영 교장은 "교사들이 경쟁교육을 없애자는 취지에서 '상 없는 학교'를 제안했어요. 그리고 상이 없는 만큼 쓸데없는 경시대회 대신 전시회 등으로 대체했습니다. 그런데 막상 해보니 대회가 없고 상이 없어도 괜찮고, 아이들이나 학부모들도 좋아해요. 그래서 교육청 등에서 실시하는 글짓기 대회 등에는 아예 참가하지 않고 있어요."라고 말했다.

또 반장, 부반장, 회장, 부회장도 없다. 대신에 번갈아 사회를 보고 토론하는 자치활동인 '학생다모임'을 운영한다.

초등학교 시절 아이들은 성공에 대한 성취감을 느껴봐야 향후 성장과정에서도 무엇이든지 더 잘하고자 하는 긍정적인 의욕과 의지가 형성된다. 그러나 경쟁적인 대회와 그 보상기제로서의 상, 그리고 반

● 학생자치활동인 '학생 다모임' 모습

장·부반장 등의 계급적 서열 관계 안에서는 오직 일부의 아이들만 성공의 성취감을 느끼게 된다. 이 안에 들지 못하는 대다수의 아이들은 상대적인 박탈감과 실패감을 맛보게 된다. 따라서 서정초등학교에서는 이런 근본적인 모순을 해결하고자 대회와 상을 없애게 된 것이다. 아이들뿐만 아니라 각종 경시대회는 선생님들에게 행정업무의 연장이 되기도 한다. 선생님들도 이런 자잘한 고민에서 벗어나 그 시간에 수업과 학습에 대한 고민에 더욱 매진할 수 있도록 서정초등학교는 상 없는, 반장 부반장이 없는 학교로 구조적인 변화를 이루었다.

또 학년, 학급별로 선생님과 아이들이 토론을 통해 자체 프로그램도 운영 중이다. 6학년 1반은 한 달에 한 번 아침 6시 30분 선생님과 아이들이 학교 근처 강매산을 등산하고, 저녁 7시에는 학교 운동장에 모여 운동을 하는 '아침햇살 저녁노을' 프로그램을 진행 중이다. 6학년 1반 담임인 이경원 선생님은 UCC 동영상을 제작하는 동아리활동을 펴고 있다. 또 국어, 수학 등을 공부하는 '틈새학교'도 진행하고 있다. 5학년 1반 박항재 선생님도 매주 목요일 오후 5시 희망하는 아이들과 함께 강매산에 올라가 저녁노을 풍경을 보는 '저녁노을' 프로그램을 진행하고 있다. 2학년 2반은 매주 학급문집을 만들고 있다. 이우성 교장은 학부모들의 아침운동을 위해 태극권수업을 공지하였다. '애들아 나오너라, 함께 놀자꾸나'라는 행사는 벌써 여러 차례 진행되고 있는데 이 행사의 준비물은 물과 실내화지만 맨발이 권장된다. 부모와 아이들이 함께 맨발로 텀벙텀벙 '뛰어 놀자'는 것이다.

이처럼 서정초등학교에는 학부모와 선생님, 학생 사이에 몹시 다양하고 즐거운 활동들이 오간다. 누군가가 하나의 아이디어를 제기하면 빠르게 진행이 된다. 앞에서 나열한 몇 가지 사례와 같은 각종 모임이나 행사들은 학교 구성원들의 자발성과 창의성 속에서 지금도 끊임없이 새롭게 돋아나고 있다.

이우영 교장 인터뷰

현재 공교육의 모습 속에서 학교가 어떻게 바뀌어야 합니까?

"수업이 변해야 교육이 변하고, 학교가 바뀝니다. 이를 위해서는 첫째, 교사들이 '아이들에게 즐거운 배움을 보장하는 교실 만들기'를 해야 합니다. 교실은 교사의 왕국이 아닙니다. 교실은 교사의 사적 공간이 아닌 공적 공간입니다. 그러므로 교실을 열어야 합니다. 교사가 직업적 프라이드가 있다면 수업 중에 누가 들어오더라도 위축되지 않는 자세와 전문성이 있어야 합니다. 둘째, 교사들이 아이들과 인격적으로 만나야 합니다. 태어날 때부터 문제아는 없습니다. 단지 세상과 소통하는 방법이 서툴러 문제아로 보일 뿐입니다. 또 문제아 뒤에는 문제가정과 문제부모가 있거나 문제교사가 있습니다. 교실에서 성공하는 아이와 실패하는 아이의 원인은 교사입니다. 교사가 부모의 마음을 가질 때 아이들에게 편안하게 대하고, 아이에게 지나친 욕심을 안 부리고, 아이가 처한 상황을 이해하며 인정하고 보듬어주게 됩니다. 아이들 하고 같이 갈 수 없는 교사는 교사의 자질이 없는 것입니다. 교사가 아이들을 사랑하는 만큼 아이들도 교사에게 빨려 들어갑니다. 교사들은 보여주는 수업이 아닌 일상의 수업과 학급 경영으로 승부해야 합니다. 관찰자의 눈에 보기 좋은 수업은 학생들에게 유의미한 학습이 아닙니다. 학생의 관점에서 수업을 보고, 좋은 수업은 교사의 수업 기술에 달려 있는 것이 아니고 학생 하나하나에게 '진정한 배움'이 일어났는가 하는 관점에서 바라봐야 합니다. 교사들은 이제 패러다임을 바꿔 교과서와 지도서, 티나라를 버리고 개발과 실천을 해야 할 때입니다."

"교사들이 교실 수업에서 만족감을 줘야 학부모들에게 학교에 대한 신뢰를 얻을 수 있습니다. 그래서 우리 학교 선생님들은 연수, 그 다음에 수업공개하고 수업에 대해 얘기 나누는 수업협의회, 이 세 가지를 중시합니다. 교사들은 학급을 경영하기 위해서 기획도 해야 하고 수업할 때 교재 연구도 해야 하고, 평가문항도 출제해야죠. 예전에는 교재 연구 같은 거 안 했어요. 블록수업은 교사 중심의 수업에서 학생 중심 수업으로 수업의 질이 바뀌면서 질의 변화가 오는 거예요. 이제까지는 3시까지 수업을 하고 보통 4~5시에 퇴근을 했어요. 내일 수업을 준비하는 것은 불가능한 거죠. 다음 날 수업 준비를 하는 교사들은 연구 과제를 집에 싸들고 가서 연구를 해요. 싸들고 안 가는 사람들은 대충 가르쳐요. 40분짜리 교사지시서가 있어요. 교과서 내용에 맞춰서 40분 단위로 끊어놔서 그냥 교재 연구 안 해도 아이들과 40분 정도는 넘어갈 수 있는 수업지도서예요. 바빠서 교재 연구 안 해도 그것만 펴면 어느 정도 수업이 가능하죠. 계속 관행처럼 하니까 아이들은 이미 선행학습으로 배웠으니 재미 없죠. 그러니까 교실수업의 질이 떨어지죠. 그런데 블록수업은 80분을 해야 하니까 교사가 혼자 떠드는 수업만으로는 못 해요. 아이들이 재미없어서 호응을 안 해줍니다. 아이들이 재미를 느끼려면 자기 주도적으로 참여할 수 있는 학습활동으로 조직해야 돼요. 모둠학교, 체험, 실험, 실기, 실습 같은 것으로 조직되어야 80분 수업이 가능해요. 교사들이 교재 연구를 하지 않으면 블록수업은 할 수 없어요. 자동적으로 교재 연구는 필수가 됐습니다. 교사지도서도 필요 없어요. 그러다 보니까 수업이 종전의 교사 중심 수업에서 학생 중심 수업으로 바뀌고 있습니다. 이런 것들을 위해서는 교사연수가 필수입니다. 우리 학교는 수업관점 변화를 위한 연수와 수업의 질을 높이기 위한 수업방법 연수를 1년 과정으로 진행하고 있습니다."

혁신학교의 의미는 무엇입니까?

"혁신학교는 학교의 재구조화, 교육과정 중심으로의 재구조화가 핵심입니다. 지금까지 학교는 교과부, 시도교육청, 지역교육청 다음의 최하 말단기관처럼 수직적 구조로 편제되어 있었습니다. 행정적으로 업무지시나 내리고 보고받고, 교장·교감도 관리자예요. 단위 학교를 관리하는 거지 경영자가 아니었어요. 중앙집권적 한국 교육의 문제점이죠. 그런데 저는 생각을 달리해요. 학교는 하나의 자율성을 가진 독립된 기관이자 교육공동체로서 각자 굴러가야 된다고 생각합니다. 학교를 교육청의 수직적인 위계 구조 속에서 빼내야 된다고 생각해요. 사립학교는 그게 되잖아요. 사립학교는 구조적으로,

제도적으로 보장되기 때문에 나름대로 학교역할을 하고 있는 거예요. 학교가 그걸 빨리 탈피해야 된다는 것이 저의 소신이고, 수직적인 구조의 학교를 수평적 문화로 바꿔야 한다고 생각합니다. 그리고 학교문화 변혁운동이 필요합니다. 아이들이 행복한 학교, 선생들이 신바람 나는 학교문화가 중요합니다.

혁신학교는 교육 변화의 선도적 역할을 해야 합니다. 우리 학교뿐 아니라 지역의 교육 변화를 같이 이끌어내야 해요. 매달 한 차례씩 열리는 '월례 학부모 배움강좌' 같은 경우 우리 학교 교사, 학부모들만 참여하는 것이 아니라 고양시 관내에 모두 공개해서 고정적으로 외부에서만 30~40명 정도 오세요. 그분들이 다른 학교에서 핵심 역량이 될 수 있거든요. 교육문화를 바꾸는 인력을 생산해 내는 거죠."

혁신학교를 하기 위해서는 무엇을 준비해야 합니까?

"수평적 학교문화를 만들어야 합니다. 교사 위에 교장·교감이 있는 수직적 구조가 아닌 수평적 구조로 바꾸어야 합니다. 혁신학교가 연착륙하려면 리더인 교장이 혁신학교를 만들려는 의지와 의식이 있어야 합니다. 교장은 교사들로부터 대접받는 것을 포기해야 돼요. 혁신학교는 선생님들에게 돌려줘야 하거든요. 학교를 교장이 주인이 아니라 교사가 주인인 학교로 만들어야 합니다. 선생님들에게 교육과정 운영이라든지 모든 결정권을 돌려줘야 하거든요. 우리는 모든 것이 교장이 결정하지 않으면 안 돌아가게끔 구조가 되어 있어요. 그런 구조 속에서 교사들에게 돌려줘야 한다는 것이죠. 그러려면 교장으로서 누려야 할 모든 것을 포기해야 합니다. 그래서 교장은 경영적 리더십과 섬김의 리더십 마인드가 있어야 되요. 다음에 교사들도 교장·교감 눈치 보지 말고 자기가 옳다고 생각하는 것은 옳다고 주장해야 합니다. 우리 학교 교사토론회 시간에는 저도 단지 교사의 한 명일 뿐입니다. 그런 것을 받아들이지 못하는 교장 리더십으로는 혁신학교가 안 됩니다. 또 혁신학교는 버리는 것부터 해야합니다. 무의식적으로 가져왔던 관습과 관성을 버려야 합니다. 그리고 결국은 수업으로 승부를 하는 겁니다. 수백 가지나 되는 기존의 관행과 관습은 다 쓰레기통에 버리고 제로 베이스에서 시작해야 합니다. 기존의 것을 모두 다 안고 가려면 마음이 무겁습니다. 교장과 교사가 합의하는 전제 아래 버리는 것부터 시작해야 합니다. 그리고 남는 여력은 수업에 전력해야 합니다."

학부모들 참여가 높은데요?

"혁신학교가 성공하려면 학부모 교육도 필요합니다. 사교육에 찌들어 있는 학부모 마음을 풀어드려야 하잖아요. 우리 학교는 학부모 모임과 교육이 활성화 되어 있어요. 그 업무는 제가 담당합니다.

강사 섭외부터 제가 다 하거든요. 매월 한 차례씩 월례 학부모 배움 강좌를 열고 있습니다. 학부모 강좌를 하면 보통 100여 분 정도 오세요. 학부모 강좌는 직장 맘들은 저녁이 괜찮아서 야간에 하고, 전업주부들은 오전을 선호해요. 그래서 오전에도 하고 저녁에도 하는 등 두 번씩 하고 있죠. 어떤 강좌는 교사들도 함께 강의를 듣기도 하죠. 이밖에 직장에 다니는 학부모들이 참여할 수 있도록 '달빛학부형 총회'와 '학부모 야간모임'도 하고 있습니다. 또 생태교육 및 독서교육 도우미, 하부모 디모임, 아버지교실 운영 등을 통해 학부모의 학교 참여를 활성화하고 있습니다. 무엇보다도 다음 카페 '서정초 준비모임'이 활성화돼 저와 교사들과 학부모들이 소통하고 있습니다."

혁신학교의 고민은 없습니까?

"6학년 학부모들이 걱정을 합니다. 내년에 중학교를 보내야 하는데…. 우리 학교에서 짧지만 1년 동안 열린교육, 개방교육을 받았는데 혁신학교가 아닌 중학교에 가서 잘 적응할 수 있을까 고민하죠. 그래서 혁신학교도 초·중·고교가 연계되는 벨트화가 필요합니다. 초등학교 졸업하고 중학교 올라가면서 같은 분위기 속에서 적응하고 고등학교 가서도 그러고…. 그래야 아이들이 창의성을 가질 수 있고 자기주도적 학습을 할 수 있는 거죠."

광주 남한산초등학교

여름 · 가을계절학교, 숲속학교가 있는 남한산초등학교

"저는 이번에 '아니라고 하지만'이라는 10분짜리 단편영화 제작에 참여했어요. '친구2'로 출연하는데 이번 기회에 아예 영화배우로 전직할까봐요."

"저는 '아름다운 세상 만들기'라는 15분짜리 단편연극에 출연해요."

"텔레비전에서 '남자의 자격' 합창단 보셨잖아요. 저도 우리 학교 중창단으로 플룻도 불고 '쌍투스 캐논'과 '동화 속으로'라는 중창을 불러요."

아직 가을 단풍이 무르익기 전 남한산성에 있는 광주 남한산초등학교는 시끌벅적했다.

한쪽에서는 학교 리모델링 공사가 한창이었고, 다른 한쪽에서는 아이들이 이 교실, 저 교실로 옮겨 다니며 '가을계절학교' 발표회 준비에 바빴다.

한쪽 교실에서는 예쁜 한복과 포졸 옷, 마당쇠 옷을 입은 3학년 산마을 아이들이 전통 마당극 '우리 마을 장승 이야기' 연습을 하느라 장구와 북, 꽹과리를 두드리고 있다. 다른 교실에서는 4~6학년 아이들로 구성된 라틴댄스팀이 몸에 착 달라붙는 댄스복을 입고 흥겨운 라틴음악에 맞춰 교실을 빙글빙글 돌고 있었다.

교실 밖 운동장에서도 1학년 꽃마을 아이들과 선생님의 율동에 따라 국악 동요를 열심히 따라 불렀다. 또 다른 쪽에서는 2학년 나무마을 아이들이 금 모자를 쓰고 포크댄스 연습에 열심이었다.

5학년 채윤이는 "영화는요. 외톨이가 강아지를 사랑했는데 강아지가 없어졌어요. 그래서 강아지를 찾으러 다니면서 친구들과 친해지는 내용이에요."라고 말한다. 옆에 있던 서정이는 "저도 친구3으로 출연하는데요. 영화 찍는 게 이렇게 힘든 줄 처음 알았어요. 채윤이는 영화배우가 좋다고 하는데 저는 별로예요."라고 말했다.

합창단 단복을 입고 있던 힌·성이는 "저는 '남자의 자격' 합창단을 보고 '하모니'를 배우기 위해 중창단에 지원했어요. 친구들은 합창단은 여자들이나 하는 것이라고 하는데 저는 재미있어요."라고 자랑한다.

옆에서 구경하던 같은 학년 준성이도 나선다.

"우리는요. 4~6학년 10명이 연극을 준비했어요. 내용은요. 준현이라는 주인공이 애들을 무시하는데요. 준현이가 깡패하고 싸움을 하게 됐거든요. 그런데 저를 비롯한 친구들이 준현이를 도와서 깡패하고 싸우다가 피를 흘려요. 그랬더니 준현이가 감동해서 친구들하고 친해지는 내용이에요. 재밌죠?"

"학교가 좋으냐?"고 묻자 준성이가 거침없이 대답한다.

"우선 우리 학교는요. 시험이 많지 않아서 좋고요. 선생님이 우리들 개성을 살려서 수업을 하니까 좋아요. 다른 학교에 다니는 친구들은 선생님이 때리고 시험도 많다고 하는데 우리는 자유로워서 좋아요."

● 남한산초등학교 가을계절학교 모습

남한산초등학교는 가을에 일주일 동안 '가을계절학교'를 운영한다.

가을계절학교는 학생들이 음악과 춤, 극 등을 선택해 다양한 예술 장르를 체험할 수 있도록 하는 시간이다. 이것은 일주일 동안 무학 년제 주기 집중형 체험학습으로 운영된다. 학생들은 일주일 동안 배 운 것을 '남한산 어린이 예술제' 시간에 발표한다.

평소에는 해볼 기회가 별로 없었던 다양한 예술활동을 남한산초

등학교의 아이들은 가을계절학교라는 기회를 통해 나름대로 긴 시
간을 몰입해서 멋지게 해낸다. 연극을 할 때 아이들은 극작가부터
배우, 무대감독이 된다. 단순히 교과서에 나온 대본만을 줄줄이 읽
어만 보고 끝내는 것이 아니라 그들만의 힘으로 실체적인 무대를 구
현해 낸다. 이 과정을 통해 아이들이 생산해 낸 것은 예술제에서 누
군가에게 보여주는 발표물만이 아니다. 일주일간의 이런 과정들은

아이들에게 예술적·심적 환희와 성취의 경험을 선사한다. 그들은 '작은 예술가'가 된다.

이와 함께 '남한산성 문화제'에 학생들이 참여해 수공예와 천연염색, 목공예, 와당, 탁본, 매듭 목걸이 등 전통문화를 체험하는 시간도 갖는다.

이 학교 최웅집 교장은 "가을계절학교는 아이들의 보다 온전한 예술적 체험을 중시하는 공연예술 중심의 학습공간"이라며 "아이들은 예술적 체험을 통해 심미적 감수성을 키우고, 상호 이해와 배움을 통한 예술적 성과를 거둔다."고 말했다.

여름방학을 일주일 앞두고는 '여름계절학교'가 일주일 동안 진행된다. 여름계절학교는 도예, 목공, 수공예, 요리, 인형 만들기, 전통공예, 퀼트, 종이접기, 과학탐구 영역 등을 중심으로 학생 선택형 테마 캠프로 운영한다. 그리고 방학식과 전시회를 겸해 발표회를 연다.

'목공반'에서는 목공구 다루기, 나무인형 만들기 목재를 이용한 소품과 생활용품 만들기 등을 배운다. '도예반'에서는 여러 가지 흙놀이, 도예실습을 하고, 소조작품을 제작하고, '인형반'에서는 바느질 배우기와 여러 가지 인형 만들기를 한다.

'퀼트반'에서는 바느질 배우기와 퀼트 작품 만들기를 하고, '음식반'에서는 아이들이 직접 간식과 퓨전요리 등을 만들어 시식한다.

이밖에 '과학 공작반'에서는 로켓의 원리와 물로켓 만들기, 부력과 간이 잠수함, 동력과 선풍기, 기체의 팽창 등을 배운다.

3학년 산마을 황영동 교사는 "계절학교는 아이들에게 학습의 선택권을 주고, 무학년제로 운영되며, 소재를 단순화시키는 것이 특징"이라고 말했다.

"학습에 대한 선택권은 아이들이 학습에 대한 흥미를 높이고 책임감 있게 활동할 수 있는 마음 자세를 줄 수 있으며, 아이들은 자기가 선택한 것에 대해서는 책임감을 갖고 몰입하는 주기주도적 학습을 합니다. 또 '무학년제' 운영은 학생들이 다른 학년과 섞여서 다양한 수준을 직간접적으로 경험하고, 서로 협력할 수 있는 계기가 됩니다. 여름 계절학교에서는 흙, 나무, 종이, 실, 천과 같은 기초 소재를 사용해 학습을 진행하는데 기초 소재는 단순하지만 다양하게 변형이 가능해 아이들이 재미있어 합니다."

최웅집 교장은 "여름계절학교 자연 소재로 손끝으로 만나는 문화체험, 가을계절학교는 몸으로 만나는 예술체험"이라고 정의했다.

이밖에 남한산초등학교에서는 여름이 시작되는 6월 초에는 전교생이 야영활동을 하는 '여름숲속학교'를 연다. 이 프로그램은 자연에 대한 체험을 통하여 자연친화적, 생태적 사고를 기르기 위한 프로그램이다.

남한산초등학교는 몸의 체험을 굉장히 중시하는 학교다. 이 행사에서뿐만 아니라 평소에도 아이들에게 생태적인 태도를 길러주기 위해 노력한다. 이런 학교의 뜻을 더욱 강하게 보여주는 것이 바로 여름 숲속학교다.

여름숲속학교는 전교생과 전체 교사, 전체 학부모가 함께 모여 학교 운동장에서 진행한다. 야영을 통한 심신 단련, 남한산 교육공동체의 건강한 소통, 자연에 대한 친화와 환경의식 고취를 목적으로 진행되는 이 프로그램은 어린이들이 가장 기다리고 즐거워하는 날 중 하나로 주로 특별활동 시간을 통합하여 운영한다.

울창한 솔숲 속에 자리 잡은 학교 운동장에서 아이들은 텐트치고 직접 밥을 해먹는다. 이날은 아이들에게 단순한 야영의 설렘만을 전해 주지 않는다. 아이들은 풀벌레들 소리를 들으며 잠이 들고 바로 아래의 흙냄새를 맡는다. 온몸의 감각을 통해 자연과 교감하는 기쁨을 얻는다. 자연은 그 누구도 강요하는 것이 아니며 느끼라고 강제해서 느낄 수 있는 것도 아니다. 여름숲속학교를 통해 아이들은 자연이라는 경이로운 세계를 배우고 느낀다.

숲 속 산책으로 아침을 여는 학교

경기도립공원인 남한산성 안에 있는 남한산초등학교 아이들은 아침에 학교 숲 속을 산책하는 것으로 하루를 시작한다.

아이들은 노송이 우거진 숲 속을 오르내리며 꽃을 살펴보기도 하고, 눈을 감고 앉아 숲에서 나는 소리에 귀를 기울이기도 한다. 아

● 청명한 하늘 남한산성 걷기 순례, 아빠랑

이들은 이것에 매우 익숙하다. 누군가 하라고 해서 하는 행위가 아니고 그들의 일상에 자연스럽게 자리 잡은 기쁨이다. 아이들은 1년 동안 하루가 다르게, 시시각각 변화하고 있는 주변 자연을 감각적으로 인식한다. 이것은 도시에서 학교를 다니는 아이들은 절대로 배울 수 없는 것이다.

학교가 있는 남한산성은 온갖 동식물이 서식하고 있는 천혜의 아름다운 자연환경을 지니고 있으며, 수많은 유물과 유적들이 곳곳에 산재한 문화의 보고다. 학교안에도 400년 된 아름드리 느티나무 두 그루가 우뚝 서 있다. 아이들은 자연스럽게 나무와 꽃과 어우러진다.

이런 남한산초등학교의 주변환경은 아이들의 교육에 더할 나위 없는 축복이다. 학교라는 곳은 아이들이 살아가는 공간이다. 이 공간에서 하루의 대부분을 보낸다. 아이들이 웃고 떠들고 배우고 느낄 수 있기에는 자연에 둘러싸인 남한산초등학교만 한 곳이 없다.

산에서 20여 분간 뛰어놀다 내려오면 녹차를 마시며 얘기꽃을 피운다. 녹차는 6학년생들이 지리산에서 직접 따왔다. 도심 학교의 아이들이 자습으로 시작하는 아침을 남한산초등학교 아이들은 자연과 함께 연다.

학생들은 각 학년별로 숲 속 산책, 자유학습, 자유놀이, 사육동물 돌보기, 차 마시기, 시 낭송하기 등의 프로그램을 학년 특성과 시기 등을 고려하여 진행한다.

학교는 숲 속 놀이터를 만들고, 운동장에 복합 놀이터와 모래놀이장을 만들었다. 또 야외 정자와 벤치, 원두막, 움집 등도 설치해 학생들의 학습 및 놀이 공간으로 활용하고 있다.

이밖에 학교 자투리 땅을 이용해 채소를 가꾸고, 들꽃 관찰원을 만들기도 했다. 또 학교에서 700m 떨어진 곳에 주차장으로 쓰이던 학교 땅 1,000㎡(300여 평)을 학교 농장과 텃밭으로 일구어 학생들이 농사를 짓고 있다.

최웅집 교장은 "아이들의 자기주도적 체험의 좋은 방식은 식물의 씨앗을 심고, 재배하며 수확하는 기쁨을 맛보는 것"이라며 "이 과정에서 땀 흘리는 것이 중요하다는 것을 깨닫도록 농사 등 노작활동을 하고 있다."고 소개했다.

사실 자기주도적 체험학습만큼 아이들에게 중요한 교육방침도 찾아보기 힘들다. 사람은 누구나 자기주도적으로 무엇인가를 해보고 끝내 성취해 낼 때 자신감을 얻는다. 이 작은 자신감의 시작은 앞으로 아이들 삶의 모든 영역에서 작용하게 된다. 자기주도적인 시도와 결과까지 그 모든 과정에서 스스로 얻어내는 인내와 노력의 기억은 값지다. 남한산초등학교는 아이들에게 이런 경험을 주고자 한다.

실제로 남한산초등학교의 아이들은 다른 학교에 비해 교과서에 매달리는 시간이 훨씬 적다. 다른 도시의 아이들이 학교에 다니고 학원을 갈 동안 아이들은 숲에서 뜀박질을 한다. 그런 만큼 당장 눈에 보이는 학업적인 성취는 차이가 있다.

남한산초등학교 아이들이 중학교에 들어가서 얻는 시험 성적은 중하위권이다. 그런데 재미있는 사실은 이 아이들이 중학교 3학년 정도 되었을 때는 대부분 성적이 상위권으로 올라간다는 것이다. 이는 아이들의 자기주도적인 마인드 때문이다. 남한산초등학교 아이들은 책에 매달려 주입식으로 교육을 받는데 익숙하지 않다. 대신 스스로 무언가에 의문을 품고 고민을 담아내고 적극적으로 해결해 보려는 자세를 배웠다. 세상을 바라보고 대하는 자기주도적인 태도는 학업에서도 마찬가지의 결과를 내는 것이다.

남한산초등학교의 아이들은 수업시간에 시장에 가서 직접 물건을 사는 체험을 한다. 아이들은 자신이 가진 정해진 돈으로 사야 할 물건을 고르고 흥정까지 해본다. 그리고 이런 현장체험을 바탕으로 아이들은 수학시간에 분수의 원리를 공부한다.

"3,000원으로 오이를 샀는데 5분의 3을 썼다. 얼마가 남을까?" 아이들은 얼마를 내서 얼마가 남았는지를 창의적인 방법으로 고민하고 풀어낸 다음 그 과정을 다른 친구들에게 설명해 준다.

남한산초등학교의 아이들은 이렇듯 자신이 문제를 스스로 만들어가고 해결하는 과정을 배운다. 이 과정을 통해 아이들은 공부에 대한 자발성을 키운다. 아이들이 자기주도적으로 문제를 만들고 해결하는 과정을 체험하게 되면 자연스럽게 공부에 흥미를 가질 수밖에 없다는 것이 남한산초등학교의 교육지론이다.

남한산초등학교에 입학하면 6년 동안 꾸준하게 해야 할 것이 있다.

아침 산책과 행복한 글쓰기, 또 매년 100권씩 6년간 600권을 읽어야 하는 책읽기수첩, 수학공책 등이다.

이 학교는 또 운동장 조회, 주번제도가 없다. 대신 작은학교의 장점을 살려 다모임 등을 실시하고 있다. 다모임은 전체 조회 등 일방적 소통방식 대신 주 1회 전체 학생과 선생님 모두가 모여 학교 전체의 문제를 토론하고 결정하는 직접 민주주의를 실현하는 시간이다. 매주 훈화, 동아리 발표, 이야기마당, 자치회의 등이 특별활동 시간으로 운영하고 있다. 학교에서 살아가는 규칙을 학생들 자치적으로 해결한다.

이밖에 경쟁 중심, 선발 중심의 각종 대회와 시상제도도 없고, 반

복훈련형 단순 지식 중심의 숙제도 없다.

또 이 학교는 시험이 없다. 최웅집 교장은 "시험이 창의성이나 인성에 도움이 안 되기 때문입니다. 시험이라는 것은 결과의 측정인데 다시 교육의 자료, 정보로 활용되어야 하는데 그렇지 않고 결과로만 쓰이게 됩니다. 초등학교 교육이 기초교육인데 아이들끼리 비교해서 무엇을 할 것인가, 결국 시험이 아이들의 관계를, 교사가 아이를 바라보는 시각을 왜곡시키는 것입니다. 시험을 없앴더니 아이들이 자기 능동적으로, 자기주도적으로 다양한 방식으로 학습을 합니다. 교우관계도 수평적으로 이뤄지고, 교사도 아이를 편협한 방식으로 바라보지 않고 아이가 변하는 모습을 바라볼 수 있게 됩니다."라고 말했다.

토요체험활동 살짝 엿보기

몸으로 배우는 공부

김영주 (1학년 꽃마을 담임선생님)

아이들은 몸으로 움직일 때 가장 살아 있다. 우리 학교는 보통 때 수업에서도 체험이 바탕에 깔리지만 특히 계절학교, 토요체험, 숲속학교는 몸으로 배우는 공부 그 자체라고 해도 지나친 말이 아니다. (……) 이는 교과를 통합해서 수업하는 것이기 때문에 단순한 활동만으로 가능하지 않다. 사전에 교과와 연계성을 맺고 통합된 활동을 배치해야 했다. 그 뒤 자연스럽게 두 주로 줄면서 지금까지 유지하고 있다.

사실 체험(몸으로 겪고 드러내기)은 우리 학교 교육의 고갱이다. 올해 교육과정에 체험이 얼마나 중요한지를 나름대로 탐구하여 실었다. 참삶 가꾸기-배움(몸으로 겪고 드러내기, 스스로, 함께, 깨닫기)-나눔(경청, 배려, 소통, 공공활동, 봉사)의 졸가리를 잡았다. 이 가운데 시작은 체험이다. 몸으로 하면 생각과 느낌이 자연스럽게 드러나고 이를 바탕으로 토론하고 글로 정리한다. 보통수업, 계절학교, 토요체험, 숲속학교 등은 모두 이를 강화하기 위해 기획되었다.

토요체험활동은 각 교사가 6개 학년을 돌아가면서 들어가는 순환수업, 전체를 대상으로 같은 주제로 진행하는 전문가수업, 담임이 주제를 잡아 진행하는 담임수업으로 나눌 수 있다.

지난 주는 '연극의 날'이란 주제로 진행하였다. 전체형 전문가수업에 해당한다. 1·2·3학년은 학교에서 한 반을 두 조로 나누어 여섯 반으로 진행하였다. 강사 여섯 분이 오셔서 12~13명 정도의 아이들을 데리고 연극활동을 하고 체험학습관에서 전체가 모여 발표를 하였다. 이 시간에 4·5·6학년은 연극 관람을 했다. 대부분 오후에 하기 때문에 오후 1시에 출발하여 늦게 돌아왔다.

오늘은 순환형 토요체험활동의 날이다. 교사 한 명이 같은 주제로 6개 반을 모두 가르친다. 김영주는 그림책과 체험적 글쓰기, 심유미는 놀이수학, 황영동은 역사체험, 박용주는 생태전래놀이, 윤승용은 그림자극, 박미경은 명화읽기, 이윤진은 영화로 보는 과학을 맡았다. 교사 7명이 6개 반을 들어가기 때문에 순환수업 하는 날은 한 명은 수업에 들어가지 않고 공문을 처리하거나 다른 사람의 수업을 엿보게 된다.

난 특별히 형식을 만들어 공개수업을 하지 않아도 얼마든지 보려고 하면 볼 수 있다고 생각한다. 사실 기존 학교에서 옆 반 수업을 보려면 공개수업이란 형식이 아니면 거의 불가능했다. 우리 학교는 동료끼리 보려고 한다면 얼마든지 볼 수 있다. 또 교장, 교감 선생님을 비롯하여 외부에서 온 분들(학교의 동의가 있어야 하지만)도 모든 수업을 볼 수 있다. 한 수업을 내리 보면서 배울 점도 있지만 네 시간 동안 여러 반을 돌아다니며 잠깐씩 보는 것도 도움이 많이 된다.

난 1학년이기 때문에 다른 반 선생님이 들어왔을 때 어떻게 할까 참 궁금하다. 또 놀이수학은 어떻게 진행할까 궁금했다. 1학년 수업을 네 시간 진행하고 나면 거의 진이 빠진다. 피곤한 날은 머리가 핑 돌 때도 있다. 일단 그칠 줄 모르는 아이들의 에너지를 감당하기 쉽지 않다. 또한 묻고 또 묻는 탐구심과 빨리 알아듣지 못해 같은 질문을 최소 다섯 번을 되풀이해서 받아야 하는 교사로서는 쉬운 일이 아니다. 그래서 다른 반 선생님이 들어오는 것 자체

가 난 참으로 고맙다. 내가 주지 못하는 배움을 다른 선생
님에게 배울 수 있는 기회이다. 모양 놀잇감으로 새로운
작품 만들기, 풍선 가지고 놀며 수, 길이 따위 배우기를
하는 것 같았다. 아이들은 놀면서 수학을 배우는 것이다.
사전에 수학놀이 도구를 신청하여 구입하기, 풍선 구입하
기, 풍선 넣은 기계 가져오기 등 남다른 준비가 있어야 가
능한 수업이다. 더불어 교사가 고민한 수업내용을 지원
할 예산을 학교는 확보하고 있어야 한다.

2학년 나무마을은 황영동 선생님과 암사동 선사유적지
견학을 떠났다. 나중에 돌아온 재회에게 재미있었냐고
물었더니 움집 본 이야기를 했다. 3학년은 박용주 선생님
과 전래놀이를 했다. 내가 갔을 때는 교실에서 아이들과

● 순환형 토요체험활동의 연극놀이와 명화감상 시간

닭싸움을 하고 있었다. 둘째 블록 때는 밖에서 땅놀이를 했다. 4학년은 윤승용 선생님과 그림자극을 꾸며 발표했다. 윤샘은 어제부터 옷걸이 자르기, 시범 보일 작품 만들기를 했는데 그림 소질이 없어 6학년 선생님이 도와주긴 했다. 그 전 학교에서 환등기 빌려오기, 아침에 막 설치하기 등을 했다 .옆에서 보기에 좋았다.

5학년은 박미경 선생님과 명화 읽기 수업을 했다. 유화를 그릴 작은 캔버스(이름이 맞나 모르겠다), 아크릴 물감 등이 와 있었고, 수업을 하기 위해 복사해 놓은 이중섭, 고호 등의 그림이 있었다. 실제 수업에 가보니 그림을 그대로 따라 그리기도 하고 약간 바꾸어 그리기도 했다. 새로운 재료와 도구를 사용하는 경험도 큰 공부라는 생각이 들었다. 몰입하는 아이와 장소를 바꾸어 밖에서 하는 모습도 인상적이었다.

6학년은 심폐소생술에 대한 배움이 있었다. 광주소방서와 연계지어 심폐소생술, 사탕 등으로 기도가 막혔을 때, 지진이 났을 때 등의 상황을 교육했다. 인형에 하는 장면이었지만 사람의 숨이 멈췄을 때 하는 것이라 보는 나도 긴장이 되었다. 아이들이 한 명씩 나가서 실제처럼 119에 신고하기, 두드려서 의식 확인하기, 숨 쉬는지 확인하기, 코를 막고 두 번 숨 불어넣기, 30회 심장 눌러주고 다시 두 번 숨 넣어주기 등을 할 때 나도 같이 긴장이 되었다. 소방대의 설명을 듣고 이윤진 선생님이 직접 시범을 보이고 아이들이 따라서 했다. 참 좋은 공부였다.

9시부터 12시까지 수업을 살짝 엿보면서 여러 가지 생각이 들었다. 무엇보다 나도 열심히 해야겠다는 생각이 들었다. 나이가 들수록 고집이 세지고, 하던 것만을 하려고 한다. 새로운 것, 나를 성찰하고 되돌아보며 성장하지 않으면 아이들에게 새로운 것을 가르칠 수 없다. 동료 교사들의 수업에서 열정, 감동, 아이들의 몰입을 배웠다. 나도 저렇게 할 수 있을까? 더 준비해야 한다. 무엇보다 나를 되돌아 볼 기회를 가져서 참 좋았다. 수업으로 함께한 아이들과 선생님들에게 고맙고 또 고맙다.

▶ 아이들에게만 읽고 쓰라고 할 것이 아니다. 우리가 싦을 읽고 써야 한다. 교육과정, 수학공책, 글쓰기공책, 독서수첩이 그러했듯이 앞으로 알림장, 주간학습안내, 공책정리, 평가, 나눔 프로그램도 우리가 실천하고 읽고 써야 한다고 생각한다.

아이들은 무엇으로 행복한가

박용주 (4학년 들마을 담임선생님)

올해 초 들마을 첫 반 모임을 할 때 말문을 트면서 했던 이야기다.
어른들은 무엇으로 행복할까. 참 다양한 대답이 나올 것 같다. 그럼 난? 막상 대답하려니 잘 생각이 안 난다.
그럼 아이들은 무엇으로 행복할까. 맛있는 음식 많이 먹으면? 좋은 옷, 좋은 장난감 많이 사주면? 컴퓨터 게임 실컷 하면? 놀이동산 자주 다니면? 물론 행복하다. 신난다.
하지만 혼자라면? 친구가 없다면? 그 행복은 오래가지 못
할 것 같다. 맛있는 음식도 친구와 함께 먹으면, 장난감도
친구와 함께 놀면, 놀이동산도 친구들과 함께 간다면, 정
말정말 더 신날 것이다.

딸아이를 학교에 보내면서 언제 아이의 얼굴이 가장 밝은
가를 살펴보았다. 바로 친구들과 신나게 놀 때였다. 어쩌
다 친구들이 다 가버려 놀 친구가 없을 때는 표정이 어둡
다. 놀아도 노는 것 같지 않다. 친구와 실컷 놀고, 집에 가
면 반갑게 맞아주는 부모가 있으면, 그 아이는 정말 행복
할 것이라는 생각이 든다. 맛있는 음식, 장난감은 그다음
이다.

남한산초등학교에 처음 왔을 때 이 학교 운동장과 뒷산에
서는 하루 종일 아이들이 뛰어다니는 모습을 많이 볼 수
있을 거라 생각했다. 그러나 생각만큼 많이 보이지는 않
았다. 수업이 끝나면 방과후 활동으로 몰려가거나 바로
집으로 가는 아이들이 대부분이었고 남아서 노는 아이들
은 그리 많지 않았다. 그래도 비율로 따져보면 다른 학교
아이들보다는 많은 편이지만…..

놀이의 모습도 그리 다양하지는 않았다. 남자아이들은
축구 아니면 야구. 여자아이들은 놀이터에서 놀거나 수
다떨기. 가끔씩 깡통차기나 고무줄, 사방치기(원래 이름
은 망줍기) 하는 모습을 보면 왜 그리 반가운지.

작년에 비하면 올해는 놀이의 유형이 많이 다양해진 편
이다. 게다가 지난주부터는 우리 학교 최고 학년인 6학년

아이들이 방학 때까지 축구를 하지 않겠다는 폭탄(?) 선언을 했다. 자기네들도 축구만 하는 놀이문화에 문제의식을 느낀 듯하다. 덕분에 아래 학년들도 조금씩 축구를 자제하는 모습이 보이고 그만큼 다른 놀이 활동이 많아지고 있다. 고학년들이 깡통차기나 술래잡기를 하러 이리저리 뛰어다니고 숨고 하는 모습을 보면 참 귀엽고 예쁘다. 얼굴이 해맑다. 축구라는 놀이 자체가 나쁜 것은 아니라고 생각한다. 다만 축구만 하고 논다는 것에 문제가 있다고 본다.

어렸을 적 생각이 난다. 물론 나도 축구를 좋아했었다. 아침 일찍 학교에 가서 축구하고 점심시간에 축구하고 학교 끝나고 축구하고. 축구라면 자다가도 벌떡 일어날 정도였으니…..

그런데 축구 말고도 참 다양한 놀이를 했던 기억이 난다. 구슬치기, 딱지치기, 비석치기, 개뼉다귀, 사다리, 오징어, 다방구(진치기) 등등. 한번 시작하면 해지는 줄 모르고 하다가 엄마에게 혼이 나던 기억도 난다. 그땐 그런 놀이가 왜 그리 재밌었는지. 길이 잘 들여진 구슬과 딱지는 재산 목록 1호였고, 잘 넘어지지 않는 비석을 찾으려고 온 동네를 돌아다니고 길가에서 개뼈다귀를 하다 트럭에 치일 뻔했던 기억도 난다.

그런데 언제부터인가 이런 놀이가 사라지기(줄어들기) 시작했다. 아마 90년대부터였을 거라는 생각이 든다. 학원과 컴퓨터와 미디어문화가 일반화되기 시작했을 무렵일 것이다. 학교 끝나면 학원으로 돌아다니고 집에 가면 컴퓨터 게임과 TV에 빠져 헤어나지 못하고. 그나마 시간이 있어 놀아보려고 하면 놀아줄 친구가 없고.

주당 3시간씩 있는 체육시간 중 한 시간은 꼭 전래놀이를 한다. 작년부터 해오고 있는 일이다. 그리고 토요순환수업을 이용해 전래놀이 수업을 하고 있다. 수업시간에 놀이를 하다니. 교과부 장관이 들으면 큰일 날 일이지만 놀이도 공부다. 정말 중요한 공부다. 특히 또래와의 자발적인 놀이는 성장의 중요한 요소다. 놀이를 하면서 알게 모르게 크는 것이다. 관계를 맺고, 규칙을 만들고, 새롭게 다듬고, 끼고 빠지고…. 바로 사회성, 창의성, 자발성, 능동성의 요소가 다 들어있는 것이다. 그런 의미에서 본다면 수업시간에 전래놀이를 하라고 하는 것 자체가 놀이의 자발성 요소에 위배된다. 스스로 좋아서 해야 하는데…. 그럼에도 수업시간에까지 놀이를 가르쳐야 하는 이유는 뭘까? 이런 현실이 슬프다(놀이를 가르쳐주는 학원도 있단다.).

남한산 아이들도 전래놀이를 많이 알지는 못한다. 그래도 꾸준히들 한다. 아직도 체육시간 전래놀이 시간만 되면 '딴 거 하면 안 돼요?', '축구해요, 피구해요.' 등등의 소리가 나오지만 마당 펼쳐주고 라인 그어주고 하면 그래도 재밌어라 한다. 작년 강마을의 경우는 사다리(삼팔선), 동서남북, 개뼈다귀, 고백신(고구려 백제 신라), 깡통차기 등을 좋아했고, 이번 들마을은 비석치기, 달팽이, 망차기 등을 좋아한다.

지난주부터 6학년 덕분에 아이들이 깡통차기를 많이 하

고 있다. 중간놀이, 점심시간에 이리 뛰고 저리 뛰고, 여기 숨고 저기 숨고 하는 모습을 많이 본다. 모두들 진지하고 밝은 표정들이다. 이번 토요일 꽃마을 아이들과 전래놀이를 한다. 비가 오지 말아야 할 텐데…..'

폐교 위기에서 작은학교 대표학교로

경기도 혁신학교인 '광주 남한산초등학교'는 '작은학교운동'의 원조로 더 잘 알려진 학교다.

남한산초등학교는 2000년도만 해도 전교생이 3학급 26명의 자그마한 시골 학교로 폐교 위기에 처했었다.

1912년 개교 이래 해공 신익희 선생이 재학하고, 전 축구 국가대표 서정원 선수가 졸업한, 100년 가까운 전통의 학교지만 주민 수가 줄어들면서 학생 수도 자연히 감소한 것이다.

2000년 7월 20~21일 성남 은행골 마을도서관과 동화 읽는 어른 모임이 남한산초등학교를 빌려 '남한산성 역사이야기 캠프'를 열었다. 그렇게 새 역사는 시작됐다. 이 자리에 참석한 회원들은 "이렇게 아름다운 학교가 없어진다는 것은 말도 안 된다. 우리 아이 몇을 보내면 폐교를 막을 수 있지 않을까." 하는 얘기들을 나누었다. 다음 달 학교를 살리고자 하는 마을 주민대표, 성남 지역 학부모 등이 모여 '전입학추진위원회'를 결성했다.

● 파주 어린이 책잔치에서, 아이들이 스스로 디자인한 학교 모

● 눈 내린 학교 풍경. 아이들이 등교하는 모습

같은 해 9월 성남 은행골 마을도서관에서 추진위 1차 모임이 시작되었다. 이듬해 3월 10일 학교운영위가 발족되어 추진위 조직을 해산하기까지 매주 목요일마다 총 20회 모임을 가지며 구성원들은 새로운 학교 만들기의 온 과정을 토론하고 협의 후 결정하였다.

그리고 그해 겨울 1차로 37명의 학생이 집단 전입했다. 이어 다음 해 2월 16명이 추가로 전입하고, 3월 1학년 신입생 20명이 입학하면서 전교생 103명의 6학급이 완성됐다.

당시 초임시도 부임한 정연탁 교장은 '학교를 살려보자'는 막연한 오기가 발동했고 외국의 대안교육에 관심이 많았던 안순억 교사 등과 의기투합해 교육 시스템을 새롭게 하는 '작은 혁명'을 일궈나갔다. 현재는 전교생 155명으로 여기서 18명을 제외한 137명이 모두 외지에서 전학을 온 학생들이다.

이후 10년의 시간이 지나면서 남한산초등학교는 대한민국 '작은학교'의 대표적인 모델로 거듭났다. 남한산초등학교의 작은학교운동은 '작은학교 지키기'를 넘어 '새로운 학교 만들기' 운동으로 진화했고, 농어촌 학교의 한계를 희망으로 바꾸어냈다. 작은학교운동은 지역 주민과 학부모, 교사들이 연대한 새로운 학교 만들기 운동이다.

열정적인 교사와 배움이 살아 있는 학교, 아이들이 행복한 학교를 추구하는 작은학교운동은 참삶을 가꾸는 교육, 행복한 학교, 공동체 교육을 목표로 하고 있다.

남한산초등학교는 2009년 9월 교육과학기술부로부터 '전원학교'로 지정되면서 자율학교가 됐다. 단순히 하나의 전원학교가 아니고 인근 광지원·분원·번천 초등학교와 함께 '협력형 자율학교'로 지정됐다.

나머지 학교들도 남한산초등학교와 마찬가지로 한 학년에 한 학급씩 모두 여섯 학급만 있는 학교로 모두 통폐합 위기에 처했다가 살아난 작은학교들이다. 이들 4개의 초등학교는 '지역 에듀벨트'를 형성하고 학교 프로그램과 시설, 정보는 물론 세미나, 연수 등을 함께 공유하고 있다.

학교 간 거리가 30분 이내로 부정기적이긴 하지만 각 학교 교장선생님들은 순환 근무를 한다. 학생들에게 훈화도 하고 수업도 참관하며 직원 연수도 하는 등 모든 것을 공유하고 있다. 앞으로는 교감 선생님과 일반 선생님들도 순환 근무를 할 계획이다.

최웅집 교장은 "전국적으로 10여 개의 '작은학교연대학교'들이 있습니다. 매년 전국 단위의 작은학교 모임이 있지만 지역사회부터, 가까운 지역부터 같은 교육환경을 만들어 나가는 것이 중요합니다. 그래서 4개 학교가 에듀벨트를 형성해 모든 자료와 정보를 공유하고 있습니다."라고 말했다.

광지원·분원·번천 초등학교도 2011년 초 경기도 혁신학교 지정 신청을 할 예정이다.

학교들이 만드는 이런 지역 에듀벨트는 과열 현상을 해소시키는 데 도움을 준다. 아직도 이 땅의 부모들은 세계에서도 손에 꼽힐 만큼 높은 교육열을 갖고 있다. 학교에 입학하기도 전에 학원에 보내고

영어 발음을 위해 혀 수술을 하는 부모들의 왜곡된 교육열이 이제
는 좋은 학교, 참된 학교에 보내기 위한 형태로 변화한 것은 몹시 환
영할 만한 일이다.

　그럼에도 불구하고 아무리 좋은 것일지라도 과한 것은 늘 부작용
을 가져오기 마련이다. 아이들의 입학을 위해 무리해서 이사를 하면
서 벌어지는 부동산, 기존 수업환경 문제들은 몹시 심각하다. 이런
상황을 함께 풀어나가기 위한 여러 작은학교들의 에듀벨트화는 몹
시 긍정적이며 기대가 되는 현상이다.

제발 전학 오지 마세요!

　'남한산초등학교의 학생 전·입학에 관하여 안내드립니다.
남한산초등학교는 2009년 9월 1일자로 학교장이 학생 선
발권을 가지고 있는 자율학교입니다. 학교의 결원이 생
겼을 때 학교장은 학구에 관계없이 학생을 선발할 수 있
는 권한이 있습니다. 그러나 현재 남한산초등학교는 더
이상 학생을 받아들일 수 없을 정도로 협소합니다. 20명
이 공부할 수 있어 미니 교실에 27명의 학생이 학습하고
있어 더 이상 책상을 놓을 수 없을 정도로 공간이 부족한
실정입니다.
남한산초등학교로 전·입학을 결정하시기 전에 학교의
이러한 상황을 충분히 고려하시기 바랍니다. 또한 한 학

년에 1반밖에 없는 관계로 생기는 여러 가지 교우관계의
문제가 발생하고 그로 인해 학생들이 겪는 어려움들이 많
습니다.
이러한 학교 상황을 모른 채 일부 학부모님들이 학구 내
에 집을 구하는 문의로 인해 지역의 전월세 가격이 많이
오르고 있으며 그 부담은 현재 학부모님과 장차 학부모님
들이 될 분들의 몫이 되고 있습니다. 따라서 전·입학을
결정하기 전 반드시 학교장과의 상담을 통해 학교의 상황
을 충분히 숙지하시기 바랍니다.

최웅집 교장은 남한산초등학교 주변의 실정을 말해 주었다.

"학부모들이 학교 주변 음식점 지하방 곳곳에 이사 와서 살고 있
습니다. 서울 강남에서 살다가 다 쓰러져가는 빈집에 방 한 칸을 얻
어 화장실도 없이 요강을 쓰며 사는 분도 있지요. 천장에서 빗물이
새는 곳도 있고요. 그런데도 전세값은 일년에 5000만 원씩 올라 지
금은 방 두 칸에 2억 5000만 원선입니다. 학부모들이 감당할 수 있
는 정도를 넘었습니다. 학부모가 전월세를 감당할 수 없어 다른 학
교로 전학을 가야 할 상황을 만들고 있습니다. 이것은 교육적 입장
에서 바람직한 현상이 아닙니다. 이런 상황에서 학교는 일정한 역할
을 해주어야 합니다. 그래서 주민등록만 옮겨놓은 것은 소용이 없
고, 전 가족이 이곳에 살아야 학교를 다닐 수 있도록 했고, 더 이상
학교를 외부에 공개하는 것을 중단하고 있습니다."

과장된 말 같지만 사실이다.

남한산초등학교가 있는 남한산성은 문화재보호구역이라 건물의 신축이나 증축이 제한돼 있다. 때문에 외지에서 이곳으로 이사 오는 사람들은 집이 없어 힘들더라도 기존 식당의 민박집 한 칸이나 반지하 집에서 살고 있다.

그런데도 이 학교에 전학을 오지 못해 난리들이다. 도심과 떨어진 산골에 방 두 칸을 2억 5000만 원 주고도 전세로 들어와 기어이 남한산초등학교를 보내고 싶어하는 학부모들의 교육열은 무엇 때문일까.

학부모들이 학교 홈페이지에 올린 글에 그들이 남한산에 올 수밖에 없는 이유가 고스란히 묻어난다.

결혼 후 몇 번의 이사를 다녔지만 남한산성으로의 이사는 내 인생에서 잊지 못할 추억으로 남게 될 것이다. 이사 하던 첫 해에는 한창 장마 때여서 천장에서 비가 뚝뚝 떨어지는 거였다. 세숫대야와 양동이를 받쳐놓고 그 주변을 수건을 깔아놓은 채 어이없는 웃음만 지을 수밖에 없었다. 한편으로는 재밌기도 했다. 겪어보지 않은 신기한 일이라도 겪는 듯, 자랑삼아 혹은 불평삼아 사람들한테 집이야기를 늘어놓았다.

허술한 집이 표시라도 나는지 이사한 후 얼마 뒤에는 쥐가 드나들기 시작했다. 처음에 쥐를 보고 기겁할 듯 했고 잠깐 소리라도 나면 나가보질 못했다. 사람 사는 집에 쥐가 나오리라고는 상상도 하지 못했다. 무식하면 용감해진다더니 집의 형편을 살피지 않고 이사를 온 우리 부부가 너무 몰랐던 것이다.

남한산초등학교에 입학을 하려면 국공립인지라 거주자에게 우선 입학 자격이 주어진다. 아라가 7세 때부터 집을 알아봤지만 식당뿐 살림집은 아예 없었다. 그 후로 어떤 학부모로부터 이 집을 소개받았을 때는 집의 불편 따위는 아무 문제가 되지 않았다. 그저 이사 와서 살 수 있으면 되었으니까.

사실 남편이나 나는 도시에서만 살아온 셈이다. 자라오면서 불편함 또는 힘든 시절을 거의 보내지 않고 성인이 된 경우이니 집이 허술한 것이며 불편한 것은 아무 문제가 되지 않았다. 오히려 낭만적으로 생각했다. 마당이 있으니 꽃밭을 꾸밀 수 있고 텃밭을 가꿀 수 있다. 아침이면 새소리에, 밤이면 개구리 소리에, 그리고 달 밝은 밤에는 좋은 사람과 술 한잔을 마실 수 있는 집.

그러나 달랐다. 그 쥐라는 놈은 사람을 너무 놀라게 하고 불쾌하게 하고 짜증나게 했다. 몇 번 쥐덫을 놓아 쥐를 잡기도 했다. 그리고 알게 된 놀라운 사실. 쥐는 보통 때는 찍찍 소리를 내지 않는다. 위급한 상황일 때 찍찍 소리를 낸다. 남한산성, 이 불편한 집에서 살면서 별걸 다 알아버렸다. 쥐 이야기로만 3일 밤 동안 이야기를 나눌 수 있을 정도로 사연이 많다.

가끔 방에 있으면 천장 위로 누군가가 걸어가는 발자국 소리가 들린다. 쥐일까? 족제비일까? 고양인가? 처음 이 소리를 들었을 때는 천장이 내려앉으면서 발자국 소리를

내며 걷는 그 짐승이 떨어질까봐 조마조마했다. 이제 남
한산성에서 4년째인 올해, 짐승의 발자국 소리가 들려도
이제는 아무렇지 않다. 아, 애네들이 지금 노는구나, 하는
생각이 든다.

이제 금요일이면 이 남한산성을 떠나 성남이라는 작은 도
시의 한 아파트로 이사를 하게 된다. 집주인이 새로 집을
고친 후 들어와서 식당을 한다고 한다. 집이 불편해도 조
금 더 참아가면서 살아볼까 했는데 산성 안에는 마땅한
집이 없다. 학교에 입학하려고 하는 사람들이 많아지면
서 산성 안의 집주인들이 터무니없는 집값을 요구하고 있
으니 말이다.

우리에게는 마당의 들꽃이 꽃으로 보였지만 집주인 할아
버지에게는 잡초로 보여 야단을 맞았던 일도 있다. 마당
의 풀도 뽑지 않고 살 수 있냐며 올 때마다 한마디씩 하는
주인이 너무 미운 적도 있었다. 은행을 함부로 따가면서
소란을 피울 때는 더 밉기도 했다.

많은 불편한 일들이 이제는 돌아보면 그리운 일들이 되
어버렸다. 남한산성에서의 생활이 이렇게 아쉬울 수 있
을까.

불편하고 힘든 일만큼 아름답고 귀한 일도 많았다. 며칠
뒤면 이 남한산성을 떠나 도시의 아파트로 간다.

(2007.5.2 정미경)

산성생활 5년이라~. 세월 정말 빠르죠. 산성에 처음 올
라올 때 일이 생각나네요. 택시를 타고 꼬불꼬불한 길을

올라오며 남편과 휴대전화로 울면서 통화하던 일이 얼마 안된 것 같은데. 9년 만에 장만한 아파트 입주를 몇 개월 남겨놓고 남한산으로 이사한다며 60년대 판자촌을 방불케하는 집을 얻어 전입신고한다고 면사무소로 가던 중 남편의 전화를 받았다. 이혼 도장 찍고 남한산으로 가라는……

첫 집 장만의 행복을 맛보고 싶은 건 나도 마찬가지다. 하지만 아파트 입주를 뿌리치고 남한산으로 향한 나의 마음은 이랬다.

1. 추억도 없이 죽어라 공부해야 하는 초등 시절을 아이들에게 전해 주고 싶지 않았다. 공부는 동기 부여만 되면 중학교에 가서도 늦지 않기 때문이다. 초등 시절만큼은 자연을 벗 삼아 뛰어놀아도 좋다고 생각했다. 또 낮은 건물의 아담한 남한산 학교가 좋았고, 아이들을 사랑으로 대하는 선생님의 마인드에 반했다.(……) 사교육에 의지하지 않고 공교육만으로 잘 키우고 싶어서였다.

2. 서울 토박이인 나는 시골생활이 그리웠다. 높은 건물, 자동차 시동 소리가 싫어졌고 이곳저곳에 학원 보내는 것에 휩쓸리고 싶지도 않았다. 내가 좋아서 오게 된 게 가족에게는 미안하다.

5년간의 산성생활은 그리 만만하지 않았다. 재래식 화장실의 허물어가는 집에서 4개월 동안 살았다. 그러다 4개월 만에 방 3칸짜리 집을 구했다. 온 동네 문 두드리며 다녀 얻은 집이다. 정식으로 이사하고 살았는데 장맛비가 오자 이게 어찌된 일인지 방에서 샘솟듯 물이 새는 것이다. 며칠 밤을 새워 물을 퍼냈다. 그렇게 3년 동안 여름만 되면 물을 퍼야만 했다. 집주인은 알면서도 집을 고치지 않고 세를 놓은 것이다. 정말 화가 났다. 하지만 주인은 무조건 이사가라 한다. 학교 교육 때문에 온 것을 알고, 또 주변에 집을 얻기 힘든 것을 알고…..

하지만 돈 주고 살 수 없는 추억을 만들었다. 물 새는 집에서의 고생은 이것으로 용서된다. 도시에서 느낄 수 없었던 등굣길에 냇물 흐르는 소리 들으며 학교 갈 수 있었고, 텃밭을 일구며 지렁이와 친구가 될 수도 있었고, 닭을 키우며 12마리의 새 생명이 탄생하는 모습도 맛보았고, 어미 닭이 병아리를 키우는 모습에 반했다. 병아리들이 엄마의 행동만 따라 하는 것을 보며 자식 키우는 것은 똑같구나 생각했다. 청둥오리를 냇가에 방목하여 키웠는데 주인을 알아보는 것에 행복했고 청둥오리가 털갈이를 할 때 그 빛나던 초록빛의 황홀함과 순한 눈빛에 반했다.

텃밭에서 생명의 양식을 얻으며 내가 준 손길보다 땅이 더 너그럽게 인간에게 준다는 것을 느꼈다. 아삭아삭 씹히는 어디에서 맛볼 수 없는 상큼한 오이의 싱그러움에 행복했다.(……)

남한산에서의 5년이란 세월 아이들이 성장했을 때 힘들고 지칠 때 쉼표가 될 수 있는 힘이 될 거라 생각한다. 고생이라면 고생이지만 무엇이든 그냥 얻어지는 것이 없다는 인생의 철학을 배웠다.

무엇이든 댓가를 치러야만 행복의 맛을 볼 수 있다는 것을…..

● 가을의 남한산초등학교 모습

● 아이들이 이름을 지은 할아버지 나무에서 백일장을 하고 있는 모습

하나를 얻기 위해서는 세 개를 포기해야 한다는 인생의
철학을…..

삶은 눈앞에 있는 것만이 아닌 먼 앞날을 보며 살아야 한
다는 것을 남한산을 보며 배웠다.

5년이란 긴 세월 이곳에 다 담지 못했지만 정말 힘들었지
만 그만큼 행복했고 후회 없는 삶이라 자부한다.

이제 큰아이인 준호가 졸업해서 이곳을 떠나 아파트로 이
사를 간다. 가슴이 답답하지만, 살면서 가슴이 답답하고 힘
들 때 쉼표가 될 수 있는 남한산이 있기에 웃으며 떠난다.

역사적인 치욕의 땅이 아닌 현대인들이 참삶을 깨우치고
쉼표가 될 수 있는 남한산이여 안녕!

(2008.1.31.변숙희)

당신이 있어 행복합니다.

남한산 자락으로 아직 찬바람이 불어대던 어느 날 우리들
은 처음 당신을 만났습니다. 그리고 6년의 세월이 흘렀습
니다.

남한산의 정기를 먹은 아이들의 여린 몸은 남한산을 닮아
산처럼 듬직하게 성장하였습니다. 당신의 사랑으로 가
난했던 아이들의 영혼은 눈부신 햇살처럼 빛나고 있습니
다.(……)

당신이 있어 그동안 우리는 행복했습니다.

교육이 무너지고 학교가 아이들에게 등을 돌리는 이 시대
에 당신은 우리 아이들을 사랑의 마음으로 꼭 보듬어주었

습니다. 그래서 당신의 아이들은 행복했고 당신과 떨어져 지내야 하는 일요일이 싫고 방학이 싫다고 합니다.

우리 아이들은 당신과 함께한 지난 6년간 아침 산책을 하면서 남한산에게서 자연의 넉넉함을 배웠고, 계절학교를 하면서 손이 주는 지혜를 배웠습니다. 그리고 당신의 따스한 마음으로부터 사랑을 배웠습니다. 그래서 당신이 품어온 우리 아이들은 하나같이 자연과 이웃을 사랑하는 따뜻한 마음으로 충만하고 몸과 손을 놀려 일하는 기쁨을 아는 지혜로운 아이로 성장하였습니다.

당신으로 인해 우리 어머니 아버지도 행복했습니다.

당신을 통해 무럭무럭 몸과 마음이 크는 아이들을 보는 것이 행복했습니다. 촌지 걱정 없고 학교 폭력이 없어 행복했습니다. 배움의 내용과 방향이 일치해서 행복했습니다. 당신과 함께해 온 기간 동안 기억해 보면 많은 일들을 함께하면서 우리 학부모들이 친 형제자매처럼 서로를 알고 지내게 되어서 행복했습니다.

생각해 보면 당신은 무너져가는 이 나라 교육현실의 작은 희망이고 기쁨이었습니다.

만남이 있으면 반드시 헤어짐도 있는 것이겠지요.

당신이 6년 동안 사랑으로 품어온 우리들이 당신을 떠날 시간이 가까워옵니다. 당신으로 인해 행복했던 많은 기억들을 접고 우리 아이들은 낯선 환경에서 새로운 생활을 해야 합니다. 두렵고 불안한 마음이 있는 것이 사실입니다. 그렇지만 당신과 함께해 오면서 우리 아이들이 키워온 사랑의 마음과 지혜가 있기에 어느 환경에 부딪히더라

도 우리 아이들은 다 잘해 낼 것입니다. 당신과 함께 하면
서 행복했던 기억은 힘든 삶을 살아가는 우리 어머니, 아
버지들의 지친 영혼에 많은 위안을 줄 것입니다. 그리고
당신처럼 많은 사람들에게 행복을 줄 수 있는 사람으로
살고자 하는 지혜와 용기를 줄 것입니다.

6년이라는 오랜 기간 사랑으로 우리를 품어주신 당신의
이름은 남한산초등학교입니다.(……)

당신이 있어 행복했던 우리는 당신을 잊지 못할 것입니
다. 이제 100세가 되어가는 당신, 오래오래 살아서 많은
사람에게 행복을 주십시오. 남한산초등학교, 당신을 사
랑합니다.

(2006. 12. 하늘마을 선구 · 현구 엄마 문영임)

최웅집 교장 인터뷰

최웅집 교장은 2008년 3월 내부형 교장공모제 교장으로 부임했다.

최웅집 교장은 남한산초등학교가 새로운 학교로 거듭나기 위해 고생할 때 3년간 교감으로 근무했기 때문에 누구보다도 학교의 철학을 잘 알았고 이에 학교 교사들과 학부형들이 강제로 모셔오다시피 해서 다시 남한산초등학교로 오게 됐다.

이 학교는 다시 돌아온 선생님들이 많다. 2001년 이 학교에 부임했다가 다른 곳으로 전근 가셨던 김영주 선생님도 지난해 다시 돌아왔다. 2003년 부임한 황영동 선생님은 4년의 근무가 끝났으나, 다시 초빙교사로 7년째 남한산초등학교에서 근무하고 있다.

혁신학교 원조격인 남한산초등학교가 뒤늦게 혁신학교로 지정된 이유가 궁금합니다.

"우리 학교가 초기에 혁신학교를 신청하지 않은 이유는 이미 우리 학교는 2001년부터 새로운 학교를 꿈꾸며 가꿔왔기 때문입니다. 그래서 신청할 이유가 없었습니다. 그럼에도 불구하고 혁신학교를 늦게 신청한 이유는 우리와 뜻을 같이하는 새로운 학교들이 생겨나고 있는 가운데 우리도 함께 동참해 이들 학교들과 정보도 나누고 공유하는 것이 필요하다고 생각했기 때문입니다."

남한산초등학교에서 교육을 받은 6학년 졸업예정자들이 어느
학교로 진학합니까?

"아무래도 아이들과 학부모들이 가장 고민하는 부분입니다. 우리
학교에서 6년 동안 자유로운 분위기에서 인성과 창의성 중심의 자기
주도적 학습을 한 아이들이 일반 중학교에 가서 잘 적응할까 하는
것이 가장 큰 고민입니다. 지난 여름 입학전형을 끝낸 성남 이우중
학교에 우리 학교 6학년 26명 가운데 8명이 지원했는데 한 명만 합
격했습니다. 이우중학교에서는 기회의 균등을 고려한 듯 싶습니다.
우리 학부모사회에서도 우리 학교와 성격을 같이하는 중학교가 있
으면 좋겠다는 필요성을 느끼고 대안을 모색하고 있습니다. 기존의
작은 중학교를 인수하거나 학교를 신설해 함께 갈 수 있는 중학교를
만드는 작업을 시작할 예정입니다."

남한산초등학교가 새로운 방식을 시작하고 자리 잡은 지 10년이
됐습니다. 그동안 나름의 성과를 거뒀는데 이 학교는 앞으로 다시
무슨 꿈을 새롭게 꾸고 있을까요?

"우리가 새롭게 학교를 가꿔온 지 10년이 됐습니다. 이제 새롭게
도전하는 2기를 시작할 예정입니다. 지금까지 10년은 기존 공립학교
에 대한 대안 마련이었습니다. 이제는 교육과정의 본질적 대안을 마
련할 생각입니다. 교육과정을 우리 학교가 생각하고 있는 것을 일관

성 있고 논리적으로 정리해 내용적으로 좀 더 채워나갈 계획입니다. 현재 그러한 교육과정 형식을 만들고 있습니다."

남한산초등학교는 올해 교육과정을 '묻다', '짜다', '보태다', '되돌아보다'라는 형식으로 구성했습니다. 이런 새로운 방식의 교육과정은 무엇을 뜻합니까?

"교육의 본질을 찾아 실천하는 학교입니다. 지금까지의 경험을 돌아볼 때 블럭수업이나 모둠학습, 체험학습 등의 프로그램 자체가 중요한 것은 아닙니다. 결국은 그러한 프로그램들이 어떻게 어떤 목적을 가지고 운영되느냐가 중요합니다. 우리는 교육의 뿌리를 학생들의 삶을 가꾸는 것이라고 봅니다. 학생들의 삶을 가꾸는 것은 '배움'과 '나눔'입니다. 두 축이 학교 교육활동 속에서 일어나야 합니다. 특별한 프로그램 아닌 상시적으로 모든 교과, 모든 프로그램 속에서 일어나야 합니다. 왜냐하면 배움과 나눔이라는 교육적 가치가 반복 순환하면서 창의성이나 인성이 길러지기 때문입니다. 결국 배움과 나눔의 방법, 방식으로서 체험학습이 필요합니다. 배움과 나눔은 아이들이 지식을 다른 친구들과 나누었을 때, 반복적으로 순환하며 나누었을 때 자기 안에서 새로운 지식이 만들어집니다. 그것이 창의성입니다. 인성은 아이들이 가진 지식을 나누면서 만나는 갈등과 이해, 조정 능력이 인성입니다. 이것이 우리 학교의 교육목표입니다. 일반 학교와 대비되는 점은 좀 더 근본적으로 본질적으로 들여다봐야 한다고 생각하고 현재 그 작업이 진행되는 과정입니다."

"배움이란 몸으로 겪고 드러내는 것입니다. 감수성이 예민한 아이들의 지식이나 창조는 머리보다는 몸으로 하는 체험활동이 훨씬 창조적입니다. 그동안 우리가 추구해 온 교육적 방법으로 그 방식이 가장 유효하게 적용되어 왔습니다. 아이들의 배움과 창의성을 기르는 가장 좋은 방식은 체험학습을 통해 아이들 스스로 몸으로 겪고 드러내는 것입니다."

"결국은 어떤 학교였던 간에 그 학교가 갖고 있는 자연과 지역 인문환경, 교직원 환경에 따라 그 환경에 맞는 교육을 추진해야 합니다. 남한산은 남한산의 환경이었기 때문에 10년을 올 수 있었습니다. 작은학교든 혁신학교든 그 학교 나름의 특성을 살려내지 않으면 이미 혁신학교도, 작은학교도 아닙니다. 우리도 마찬가지입니다. 우리 학교 나름의 환경에 맞춰 모든 것을 추진하고 있습니다. 학교 특성을 살려내는 것이 가장 중요한 기본적 전제입니다. 남의 것을 흉

내 내는 것은 때로는 필요하나 그것이 왜 필요한지, 왜 있어야 하는지에 대한 철저한 고민이 있어야 합니다. 다른 학교 프로그램을 가져 왔으면 그 프로그램이 어떤 의도를 담고 있고, 예상 결과는 무엇이고, 접목시켰을 때 교육적으로 잘 적용될지 등에 대한 철저한 분석과 고민을 하고 적용해야 합니다."

최웅집 교장은 혁신학교가 가지고 있는 기본적인 교육철학과 교육의 취지에 적극적으로 동감한다. 남한산초등학교는 10년이라는 시간 동안 남다른 교육이념으로 혁신을 이뤄냈다. 그러나 최웅집 교장은 이것이 실제적이고 행정적인 시스템 안에서 충돌하는 지점들을 항상 염두에 두고 우려한다. 아이들에게 참된 교육을 전해 주고 싶어 하는 뜻있는 교사들의 움직임이 언제나 뜻대로 가는 것만은 아니기 때문이다. 최웅집 교장은 이점을 명확하게 인지하고 있었다.

"혁신학교들이 자신들의 생각을 정리하지 않고, 자기 학교화하지 않고 도입했을 때 효율성만 생각하고 다른 학교 형식을 갖다가 빨리 적용시키고 혁신학교를 어떻게 하면 빨리 변화시킬까만 생각하면 실패합니다. 자기 교육적 고민이나 시간 투자 없이 그것의 형식과 효율성만 중요시하다 보면 혁신학교가 실패할 확률이 높습니다."

최웅집 교장은 마지막으로 "우리 학교를 졸업하고 상급학교에 진학하는 아이들은 다른 환경에 적응하지 못할까 걱정하지 않는다."고 자신 있게 말했다.

"우리 학교에 다니는 학부모들 가운데 90%의 학부모들은 교육에 대해 올인할 수 있는 기본성향을 갖고 있는 분들입니다. 가정에 기본적인 환경이 갖춰져 있다는 것이죠. 또 우리 학교 아이들은 아이들 스스로 공부하는 자기주도성을 6년 동안 배웁니다. 그러한 환경을 학교와 가정에서 배웁니다. 자기주도성 학습을 할 때 아무리 교육 환경이 바뀌어도 스스로 공부할 수 있는 토대가 마련됩니다. 둘째로 우리 학교는 학교에서 기초 기본학력을 책임집니다. 그래서 공부에 대한 부담이나 갈등을 줄여주는 것입니다. 공부는 즐거운 것, 재미있는 것, 평생 사회를 살아갈 때 배운다는 것에 대한 힘을 얻는 것입니다."

시흥 장곡중학교

시범학교야? 점수는 얼마야?

박현숙(장곡중학교 교육혁신부장)

우리 학교가 '혁신학교'라고 소개하면 다른 학교 동료 교
사들이 묻는 질문이 있다.
"시범학교야? 점수는 얼마야?"
그래서 "시범학교도 아니고 승진 점수도 없다."고 하면
"그런데 왜 해?"라는 물음이 돌아온다.
이것이 의미하는 것은 학교 현장에 있는 교사들은 그동
안 김영삼 정부의 5·31 교육개혁을 시작으로 열린교육,
새학교 문화창조, 지금의 혁신학교와 단어 순서만 뒤바뀐
학교혁신, 명품교육에다 얼마 전에는 개정교육과정까지
많은 정책들이 늘 학교에 쏟아졌기 때문이다. 그러나 이
러한 정책을 수립, 시행하면서 교사들의 의견은 단 한 번
도 물어보지 않았다. 오히려 그 정책들 때문에 교사들은
불필요한 잡무와 공문, 전시성 행사에 내몰려야 했다. 그
러니 수업은 언제나 뒷전일 수밖에 없었고, 학생들과 공
감하고 소통하는 시간은 더욱 줄어들어만 갔다.
잘못된 교육정책의 결과는 고스란히 교사들의 몫으로 남
는다. 그렇기에 잘못된 교육정책의 피해자는 학생이면서
동시에 교사들인 것이다.
아무리 좋은 정책이라도 교사들을 움직이지 못한다면 그
것은 실패할 수밖에 없다. 교사가 움직여야 수업이 바뀌
고, 수업이 바뀌어야 학교가 바뀌고, 학교가 바뀌어야 교

육이 변한다. 교사를 움직이기 위해서는 교사들이 무엇을 가장 원하고, 절실하게 생각하는지를 알아야 한다. 지금껏 교사들이 가정 절실하게 요구했던 것은 학급당 인원 수 감축, 불필요한 잡무 없애기, 민주적인 학교 운영과 교육과정의 자율이었다.

지난해 김상곤 경기도교육감의 '혁신학교'를 보는 순간 '바로 이거다.' 하는 생각이 들었다. 그동안 교사들이 줄기차게 요구해 왔던 정책들이 혁신학교에 다 들어 있었다.

교직 생활 20년의 나는 요즘에서야 교사로서 보람도 느끼고 행복하다. 교직 20년이면 학교에서 못하는 일이 거의 없다. 웃으면서, 매 한 번 들지 않고도 학생들을 수업 시간에 조용히 시켜 수업을 순조롭게 진행할 수 있다. 생활지도, 학부모 상담, 하다못해 가정통신문도 30분이면 뚝딱 만들어낼 수 있다. 또 무슨 무슨 계획이라는 제목이 붙은 5~6쪽짜리 문서도 2시간 정도면 만들어낼 수 있는 것이 교직 20년의 경력이고 노하우다. 이쯤 되면 지금의 학교 체계가 가장 편하고 익숙해져 있어 변화가 그리 반갑지만은 않다.

그러나 나는 요즘 혁신학교 교사로서 행복하다. 학급당 30명이다 보니 수업시간에 잘 모르는 학생이 있으면 개별적으로 지도가 가능하다. 교실 안에 있는 학생들의 움직임이 한눈에 들어오고, 뭐가 필요한지, 내가 무엇을 해줘야 하는지를 다 알 수 있을 뿐 아니라 다 해줄 수 있다. 40명이던 시절에 꿈도 못 꾸던 일들이다. 그러다 보니 학생들과의 관계도 더 좋아졌고, 소통도 잘 된다. 아무리 수업 기술이 좋아도 학생이 엎드려 자면 교육은 끝이다. 그러나 선생님이 좋아서 듣는 수업은 학생에게 그 과목을 더 열심히 공부해야지 하는 의욕을 불러일으킨다.

우리가 혁신학교를 하는 것은 교사가 편하게 지내기 위해서가 아니다. 승진을 위한 점수를 얻기 위해서는 더더욱 아니다. 교사로서 교사답게 교사의 보람을 수업에서 얻기 위해서이다. 혁신학교를 하기 전이나 혁신학교를 하고 나서나 바쁘기는 마찬가지다. 그러나 잡무를 하면서 바쁜 것보다, 교사연수를 하고 수업연구회를 하면서 바쁜 것은 교사로서 자긍심이 서고 행복한 일이다.

올해 초 우리 학교가 혁신학교로 지정됐을 때 중학교 3학년인 내 딸을 우리 학교로 전학시키고 싶었다. 그러나 우리 학교가 있는 동네의 집값이 우리 동네보다 비싸 이사 올 엄두가 나지 않았다. 그뿐 아니라 우리 학교 3학년은 현재 정원 초과라 교육감의 자식이라도 전학 올 수 없는 형편이다. 매일 학교에 가는 딸을 볼 때마다 빨리 혁신학교가 확산돼 하나밖에 없는 내 딸이 30명 이하의 학급에서 선생님의 세심한 보살핌 속에 수업을 받았으면 좋겠다고 생각한다.

친구 · 교사 사랑의 날

오전 8시 30분 장곡중학교 운동장이 갑자기 시끌벅적해졌다. 아침이라 조용하던 운동장은 어느새 각 교실에서 뛰어나온 학생들로

● 친구·교사 사랑의 날 행사

가득 찼다. 군데군데 선생님들도 보였다. 학생들과 담임선생님은 서로 먼저 학급 단체사진을 찍기 위해 좋은 자리를 찾느라 분주했다. 한쪽에서는 학생들이 교복을 매만지고 여학생들은 거울을 보며 머리 다듬기에 바빴다.

마치 졸업식이 끝난 뒤 선생님과 가족, 친구들과 사진을 찍는 풍경 같다. 그러나 졸업식은 아직 멀었다. 오늘은 올해 들어 세 번째 맞이하는 '친구 사랑의 날'이다.

장곡중학교가 학생들이 친구들과 색다른 추억을 만들 수 있도록 개최하는 행사다.

매번 내용을 달리하는 '친구 사랑의 날', 오늘은 '학급 단체사진 촬영행사'로 치러졌다. 학생들과 선생님들은 학급의 명예를 걸고 서로 힘을 합쳐 단체사진 찍기에 바빴다.

아침부터 학생들과 선생님들이 열성을 다해 학급 단체사진을 찍으려는 이유는 심사를 통해 푸짐한 상품이 주어지기 때문이다. 상품은 학급 모든 학생이 같이 나눠 먹을 수 있는 케이크, 슈크림, 과자, 음료수 등 맛있는 간식거리다.

담임선생님을 비롯한 학급 전체가 가장 빨리 모인 반부터 사진촬영을 한다고 했더니 어느 반은 8시가 되기 전부터 모든 학생이 다모여 사진사를 기다리는 진풍경이 벌어졌다.

특히 이번에는 '교사 사랑의 날'도 같이 열렸다. 행사 때마다 학생들이 다정하게 사진 찍고, 서로 빵을 먹여주는 모습을 옆에서 부러운 표정으로 지켜보던 선생님들은 "우리도 끼워달라"며 애원해 학생들은 선생님들을 특별히 이날 행사에 끼워주었다.

"같은 부서 선생님들이 함께 단합하여 일찍 와서 사진 찍으면 맛있는 케이크를 드린다."고 했더니 아침 수업 종이 치기 전에 간신히 출근하던 선생님들이 오늘은 평소보다 1시간 일찍 나오는 열성을 보였다.

오픈 행사로 치러진 '교사 사랑의 날' 행사는 가장 많은 부서원들이 있는 '교무기획부'(교감선생님 포함 11명)가 영예의 1등을 차지해 맛있는 케이크를 받았다.

학생부 선생님들은 사복 대신 학생 교복을 입고 행사를 진행했으며, 체육부 선생님들도 학생 체육복을 입고 아이들에게 웃음을 선사해 주셨다.

이날 행사에서는 1학년 1등은 5반(노현진 선생님), 2등은 6반(김명순 선생님), 2학년 1등은 4반(심미애 선생님), 2등은 6반(이미선 선생님), 3학년 1등은 6반(이재은 선생님), 2등은 9반(전희선 선생님)이 차지해 푸짐한 간식거리를 챙겨갔다.

아쉽게 순위 안에는 못 들었지만, 행복한 모습으로 촬영을 한 반에는 특별히 '오예스'가 학생당 1개씩 상품으로 주어졌다.

두 차례 실시된 '친구 사랑의 날' 행사에서는 '단짝 친구끼리 등교하여 같이 다정한 포즈로 사진을 찍으면 달콤한 슈크림빵을 1개씩 주는 것'으로 정해 실시했다.

그러자 미리 준비한 상품인 200여 개의 빵이 금세 바닥이 났다. 그리고 다정한 포즈를 취한 '포토제닉상' 후보로는 10여 개 팀이 선정이 되었으나, 학생부 선생님들이 만장일치로 1학년 '김강산, 한지훈, 황대선' 단짝팀을 선정하여 맛있는 케이크를 부상으로 주었다.

장곡중학교는 1년에 총 4번의 '친구 사랑의 날' 행사를 치르고 있다.

등굣길이 즐거운 학교 – 하이파이브와 스트레스 해소용 오뚜기

'랄랄라, 학교 가자! 등굣길이 신나요!'

우리가 생각하는 등굣길 풍경은 교문 양쪽에 선도부 학생들이 서 있고, 그 뒤에 학생부장 선생님이 손에 회초리를 쥔 채 뒷짐을 지고 등교하는 학생들의 머리와 교복 상태를 살펴보는 것이 일반적인 모습이다. 무사히 이 검열(?)을 통과한 학생들은 "휴!" 하고 한숨을 길게 내쉬며 빠른 걸음으로 교실로 향한다.

그런데 장곡중학교의 아침 등굣길은 다르다. 물론 이 학교도 교문에 선생님이 서 있는 것은 마찬가지다. 그러나 학생부장인 백원석 선생님은 교문에서 등교하는 학생들을 향해 일일이 90도로 허리를 굽혀 인사를 한다.

"어서 와라", "좋은 아침", "오늘도 좋은 하루"

학생 한 명 한 명에게 인사를 하며 하이파이브까지 하는 모습이 낯설기조차 하다. 그러나 장곡중학교는 서로를 격려하는 힘찬 느낌을 주는 하이파이브와 나름대로 연관이 깊다. 장곡중학교는 무더웠던 여름방학이 끝나고 개학날 등교하는 학생들을 위해 등굣길에 선생님과 학생들이 하이파이브를 하며 긍정의 메시지를 전달하는 행사를 열었다. 개학날 축 처진 무거운 발걸음으로 교문을 들어서던 학생들은 미리 기다리고 있던 선생님들이 갑자기 하이파이브를 하며 "오늘 너 참 멋져 보인다.", "오늘 행복하게 보내렴.", "사랑한다, 선

● 등굣길 하이파이브 행사

생님은 너를 믿는다."며 등을 토닥이자 어리둥절한 표정들이었다. 그러나 이내 환하게 웃으며 큰 소리로 "고맙습니다!"를 연신 외쳐댔다.

등굣길에 아이들을 반겨주는 선생님. 처음에는 어리둥절하고 어색해 하던 학생들도 이제는 자연스럽게 이 풍경을 즐긴다.

그렇다고 선생님 인사만 받고 모른 체 교문을 통과하는 무례한(?) 학생은 없다. 학생들도 이제는 익숙해진 모습으로 선생님과 눈이 마주치기 전에 먼저 90도로 숙여 인사를 한다.

학교 교문 앞에는 '만나면 인사를! 가슴엔 사랑을! 얼굴엔 미소를!'이라는 조그만 입간판이 서 있다. 이어 뒤편에는 '니코프리스쿨'이란 팻말도 붙어 있다. 니코프리스쿨이란 성장기 청소년들의 건강을 위해 흡연 예방 및 금연을 실시해 담배 연기 없는 학교라는 뜻이다.

학기 초에는 '등굣길 안아주기' 행사가 열렸다.

진로인성부의 학생복지 프로그램에서 마련한 안아주기 행사는 사회복지사 선생님과 봉사천사(자원봉사 지원자)들이 인형탈을 쓰고 등교하는 학생들을 안아주는 프로그램이다.

처음에는 정문을 들어오던 학생들이 봉사천사가 다가오면 깜짝 놀라며 달아나기에 바빴다. 또 어떤 학생은 주춤거리며 꽁무니를 빼 봉사천사들을 어색하게 만들기도 했다. 그러나 시간이 흐르면서 이제는 많은 학생들이 인형 봉사천사에게 달려가 먼저 포옹하는 등 다정한 장면을 연출한다.

장곡중학교 학생 박모군(13세·1학년)은 "다른 학교는 아침에 교문에서 무서운 체육 샘이 복장, 두발 검사하고 혼내는데 우린 초콜릿도 주고 안아줘서 정말 좋아요. 우리 학교로 배정받은 건 정말 행운이에요."라고 말한다.

중간고사 기간 일주일 전부터 장곡중학교 교문에는 '오뚜기' 2개가 등장했다. 그 오뚜기의 상단에는 학생부 지창규 선생님의 앙증맞은 표정이 프린트로 출력되어 붙어 있었다.

학생들이 시험기간에 스트레스를 받고 풀 데가 없을까봐 학생부에서 마련한 스트레스 해소용 펀치였다.

등교하던 학생들은 선생님의 인사를 받고 교문을 들어선 뒤 갑자기 등장한 오뚜기를 보고 "ㅋㅋ" 웃으면서 교실로 향했다.

● 등굣길 스트레스 해소용 오뚜기

어떤 학생은 시험 삼아 '툭툭' 쳐보고 지나가고 어떤 남학생은 '이 때다' 싶어서 온 힘을 모아 "퍽" 하고 한 방 날리고 학생부장 선생님이 볼까봐 냅다 뛰어가기도 했다.

백원석 학생부장 선생님은 교사들에게 메시지를 보냈다.

'다음 주부터는 시험기간이라 아이들이 스트레스를 많이 받을 것 같아서 생각해 본 것인데 좋은 효과를 발휘할지 모르겠습니다. 참고로, 오뚜기가 넘어진 뒤 3초 내로 일어나지 않으면 학생부장 사비 털어서 5000원 문화상품권 지급한다고 했습니다. 아이들에게 홍보 많이 해주세요. 선생님들도 해당되니 자신 있으신 분 도전해 보세요.ㅎㅎ'

그리고 추신으로 '지창규 선생님 얼굴이 나온 종이를 펀치에 붙여 놓았는데 2분을 못 가고 너덜너덜해졌습니다. 다음엔 제 얼굴도 붙여 볼랍니다. 제발 2분은 넘겼으면 하는 바람으로…. 혹시 교장, 교감 선생님도 함께 해주실런지요? ㅋㅋ.'라고 써서 전 교사들에게 돌렸다.

이처럼 장곡중학교는 학생들의 등하굣길이 즐겁다. 올해 혁신학교로 지정되고 나서 장곡중학교는, 새로운 학교문화를 만들기 위해 등굣길에서 하굣길까지 즐거운 학교 만들기 캠페인을 벌이고 있다. 김학태 교장은 학생부장 선생님이 아침에 교문에 서서 등교하는 모든 학생들에게 먼저 '안녕하십니까?'라고 인사하면 처음에는 쭈뼛쭈뼛하며 어쩔 줄 몰라 하던 아이들도 이제는 익숙해져서 선생님이 보이면 먼저 "안녕하세요.", "선생님 즐거운 아침입니다." 하고 인사하고 또 어떤 학생들은 "선생님, 어젯밤 술 드셨나봐요"라며 농담을 하며 지나간다고 이야기했다.

'ㄷ'자형 책상 배열 예찬론

"품사에는 무엇 무엇이 있지요?"

"저요! 저요!"

아이들은 저마다 손을 들고 서로 답변을 하겠다고 나선다.

교실 뒤편 모둠에 앉아 있던 준수가 벌떡 일어나 큰소리로 "품사에는 수사, 조사, 명사, 동사, 부사, 대명사, 형용사, 감탄사, 관형사가 있습니다."라고 말하고는 어깨를 으쓱하며 자리에 앉는다.

"준수, 잘했어요. 요즘 쉬지 않고 열심히 공부했나봐?"

장곡중학교 1학년 8반 국어 수업시간 풍경이다.

1학년 8반 교실은 3~4명의 학생들이 마주보는 ㄷ자형 책상 배열로 모두 10개의 모둠으로 나눠져 있다. 각 모둠에는 남학생 1~2명, 여학생 2명이 서로 앞과 옆에 마주 보고 앉아 수업을 한다.

일반 학교에서는 칠판과 교탁을 중심으로 4분단으로 나눠 일렬로 배치된 형태의 수업을 한다. 그러나 장곡중학교는 새 학기가 시작되면서 아예 책상 배열까지 ㄷ자형으로 바꿔버렸다. 이른바 일본 사토 마나부 교수의 배움의 공동체식 책상 배열이다. 칠판과 교탁을 중심

으로 일렬로 배치되어 있는 책상과 의자라는 기존 교실의 4분단 형
태에 혁명을 일으킨 것이다.

기존 교실 형태는 교사는 수업을 할 테니 학생들은 가만히 앉
아 듣거나 적기만 하라는 것이다. 그런데 ㄷ자 형태에서 교사가
칠판에 적는 수업만 하게 되면 아이들은 목이 돌아가고, 허리가
틀어진다.

그렇기에 교사는 수업을 학생들 활동 중심의 수업으로 구성할 수
밖에 없다. 이 배치는 한마디로 '수업을 학생 중심으로 하겠다.'는 실
천적 선언이다.

국어 교사인 박현숙 선생님은 이날 이 모둠, 저 모둠을 돌아다니
며 4명의 모둠 전체에게, 혹은 이해를 못 하는 한 아이에게 '품사'에
대해 설명했다. 나머지 모둠 아이들은 모둠별로 서로의 의견을 말하
며 각 단어의 품사 형태를 논의했다.

일본의 '배움의 공동체' 학교개혁운동

일본 도쿄대 사토 마나부 교수에 의해 주창된 학교개혁의 핵심 원리다.
학교는 한 명도 빠짐없이 모든 아이들에게 질 높은 수준의 배움을 보장해야
한다. 이를 위해 일상의 수업을 통해 교실이 진정한 '배움의 공동체'가 되도
록 수업 연구와 연수를 중심으로 학교를 재구조화하자는 자발적 학교개혁
운동이다. 이 같은 사토 마나부 교수의 학교개혁 철학에 동조하여 자발적으
로 참여하는 학교가 현재는 초등 2,000여 개 학교, 중등 1,000여 개 학교에
이를 정도로 일본 전역에 빠르게 확산되고 있다.

"아! '조용하다'가 어떻게 형용사냐? 동사지."

모둠에서 공부를 제법 하는 수빈이가 같은 모둠 친구에게 말했다.

이에 영준이는 "그런가" 하며 다시 한 번 사전을 찾아본다.

수빈이는 "초등학교 때는 칠판을 쳐다보고 앉아 수업을 했는데 중학교에 와서는 이렇게 ㄷ자형으로 앉아 새로운 형태로 공부하니까 재미있어요."라고 말한다.

옆 짝궁인 준수도 "친구들끼리 의견도 나누고 협동하면서 문제도 물어보고, 가르쳐주면서 공부하니까 좋아요. 그리고 생각도 더 많이 하게 돼요."라고 말했다.

같은 반 모둠인 수경이도 역시 "초등학교 때는 선생님 얼굴만 쳐다보고 수업을 했는데 여기서는 선생님이 모둠별로 돌아다니시며 모르는 문제도 풀어주고 가르쳐주어서 집중이 잘돼요."라고 거들었다.

모둠 학생들은 한 달에 한 번 자리를 바꾼다.

박현숙 교사는 "ㄷ자형으로 교실 형태를 바꾸었더니 수업도 바뀌더라."고 소개했다. 그동안은 혼자 일방적으로 떠들고, 아이들이 무얼 하는지 몰랐는데 ㄷ자형으로 바꾸었더니 아이들의 활동이 늘어 수업하기가 훨씬 편하다고 말했다. 또 수업내용을 따라오지 못해서 어쩔 줄 몰라 했던 아이들도 앞, 옆 친구와 함께 공부하니까 딴짓을 하거나 멍하게 그냥 있는 아이들이 없어졌다고 설명했다. 설령 딴짓하는 아이가 있더라도 얼른 가서 도와줄 수 있어서 정말 좋다고 덧붙였다.

특히 선생님이 가운데서 왔다 갔다 하기에 항상 아이들 속에서 수업을 하게 되고, 조금만 옆으로 움직이면 구석구석 아이들 속으로 파고 들 수 있다고 귀띔했다.

박현숙 교사는 "ㄷ자형으로 책상을 배열한 후 1단원 '자기 소개하기'를 활동하며 친구 이름 적기 빙고놀이를 했는데 4분단의 구조보다 아이들이 움직이기 훨씬 편했어요. 그리고 아이들이 교실 가운데 공간에서 활동할 수 있다는 것도 참 좋았고요. 또한 놀이수업을 하기 위해 다용도실로 교실을 옮기지 않고 책상을 뒤로만 조금 밀어도 가운데 커다란 공간이 금방 만들어지니까 효율적이에요."라고 말했다.

2학년 수학을 맡고 있는 안선영 교사의 고백은 더욱 충격적이다.

"올해 ㄷ자형 수업을 하면서 '저 아이가 지난해에는 내 말을 못 알아듣고 앉아 있었겠구나!'라는 생각이 들었어요. 우리 학교는 지난해까지 상·중·하 수준별로 학급을 나눠 수업을 했거든요. 상반 수

● ㄷ자형 수업을 통한 배움의 공동체 수업 실현

업에 들어갈 때는 '잘하는 애들이니까…' 했고, 하반 수업에 들어갈 때는 '이 정도 수준은 어차피 설명해도 못 알아들으니까…' 솔직히 이런 마음으로 수업을 했어요. 그러면서 40여 명의 학생들 앞에서 1시간 내내 나 혼자 떠들고 나오면서, 열심히 수업했다는 뿌듯함으로 교무실로 돌아오곤 했지요. 학생들이 날 쳐다보고 있으면 수업을 듣고 있는 거라고 착각했고, 질문이 없으면 다 알아들어서 질문이 없다고 착각했습니다."

안 교사는 지난해 가르쳤던 학생들을 올해 그대로 가르치게 되었다. 그런데 ㄷ자형 수업을 하면서 지난해 수업시간마다 '알고 있다.', '수업을 듣고 있다.'고 생각했던 것이 착각이었음을 깨닫게 되었다.

배움의 공동체 수업을 하면서 아이들 옆에서 가르치게 되자 아이 한 명 한 명이 눈에 들어오면서 '이 아이가 이 정도까지 기초가 안 되어 있었구나!' 하는 것을 깨달았기 때문이다. 그리고 지난해 수학

시간마다 알아듣지도 못하는 내용을 설명하는 선생님 앞에서 귀 닫고, 마음 닫고 견뎌야 했을 학생의 마음을 생각하며 반성을 많이 했다.

올해 혁신학교로 지정되면서 학급별 학생 수가 30명으로 줄었다. 물론 지난해보다 인원이 줄어든 것은 맞지만, 만약에 지난해처럼 일제식 수업을 했다면 올해도 역시 학생들 하나하나가 눈에 들어오지 않았을 것이고, 모두들 알고 있을 것이라고 착각했을 것이다.

또한 수업시간에 각 반마다 지적당하는 학생들은 1년 내내 지적을 당했을 것이고, 아이들과 선생님 사이에 수업 이외의 수많은 신경전이 있었을 것이다. 그리고 그것이 당연하다고 생각했을 것이다.

안 교사는 요즘 학생들한테 미안하고 안타까운 마음으로 학생 옆에 허리를 낮추고 무릎을 꿇고 앉아 수학 문제 푸는 걸 지켜보고 도와준다. 안 교사는 "배움의 공동체 수업을 하면서 지난해 수업을 힘들게 만들었던 아이들이 변하고 있어요. 1시간 내내 돌아다니고, 종이를 찢어 동그랗게 말아서 몰래 몰래 던지고, 엎드리고, 앞 친구 등을 쿡쿡 찌르며 수업을 방해하던 아이가 공책에 문제를 풀고, 수학 문제에 대한 질문을 해요. 문제가 풀리지 않아 고민하고, 친구들에게 묻고, 해결하려고 노력해요. 그런 아이들의 변화를 보노라면 기쁨을 넘어 감동마저 느껴져요."라고 말했다.

'원래 한 반에 한두 명쯤은 수업을 방해하는 애들이 있는 법이

지….'

'어떻게 수학을 학생들이 다 알아듣길 바래? 각 반마다 말귀 못
알아듣는 애들이 있는 게 당연하지…. 알아듣는 애들이나 열심히
가르치는 거지….'

"혁신학교를 계기로 수업 형태를 바꾸지 않았다면 타성에 젖어 이
런 감동을 느껴보지 못한 채 선생 노릇하면서 난 열심히 수업을 했
다고 말했을 거예요. 자기만족이었을 뿐이라는 것도 모르고…. 어제
도 수업을 마치고 교실을 나서는데 한 아이의 입에서 혼잣말로 하
는 "재밌다"는 소리를 들었어요. 그 아이는 정수의 덧셈 뺄셈도 잘
안 돼 연립방정식 한 문제를 푸는 데 1시간을 다 쓰는 학생이었거든
요. 비록 1시간 동안 1문제일지라도 본인의 노력으로 문제를 해결한
성취감을 느끼며 드디어 수학시간에 자신이 동참하고 있다는 사실
이 기쁘고 재미있는 것이죠."

"수업이 변하니 아이들과의 관계도 변하고 있어요. 서로에 대한 신
뢰가 느껴져요. 물론 혁신학교를 시작하고 수업혁신에 대한 연수로
학교 일과가 꽉 조여진 불편함은 있어요. 등교하자마자 숨 돌릴 틈
도 없이 수업을 시작하고, 교사연수를 하는 수요일 오후 시간 확보
를 위해 수업을 몰아서 해야 하는 요일엔 몸이 많이 지치기도 해요.
하지만 수업 속에서 아이들과 내가 변해가는 모습을 느끼기에 충분
히 감수할 수 있어요. 더불어 같이 가야 한다는 사실을 배워가는 혁
신학교에서 근무할 수 있는 기회가 내게 주어진 것에 감사하며 아이

들의 입에서 학교에 오고 싶다는 말이 나오는 날을 기대해 봅니다."

ㄷ자형 수업에 대한 학생들의 반응도 좋다. 1학년 10반 정연수 군(13세)은 처음에는 친구들이 없어 쓸쓸했던 학교가 이제는 재미있다고 말한다.

"입학식 첫날 담임선생님께서 ㄷ자 모양으로 책상과 의자를 바꾸라고 하셨어요. 이상해서 담임선생님께 책상 배치를 바꾸는 이유를 물었더니 선생님께서 '중학생이 됐으니 새로운 분위기와 새로운 방법으로 공부하자.'고 하셨어요.

초등학교와는 다른 전혀 새로운 방식의 공부방법이라 새로웠고 그걸 보니 더욱 중학교에 대해 호기심이 생기게 됐어요. 처음에는

● ㄷ자형 수업을 통하여 친구가 친구를 가르쳐주는 협동학습이 가능하다

저도 그렇고 다른 아이들도 그렇고 조금 낯설었지만 점차 적응하면서 수업을 하니 ㄷ자 수업방식이 이해가 되고 적응이 되었어요.

무엇보다 좋은 것은 선생님이 ㄷ자 가운데로 다니시면서 주변 아이들의 질문도 받아주시고, 같이 활동도 하신다는 거예요. 그러나 수업이 전혀 지루하지 않았어요. 그리고 모둠 활동이 많아서 친구들과 함께 협동적으로 일을 해결할 수 있었어요."

정 군은 초등학교처럼 선생님이 칠판에서 줄줄 설명하는 것보다 훨씬 더 좋았다고 말한다. 집중도 더 잘된다고 덧붙였다.

"다른 학교 다니는 친구들과 이야기를 하다 보면 우리 학교가 좋다는 생각이 들어요. 제 이야기를 들은 친구들은 '우리 학교도 그렇게 공부하면 좋겠다'고 부러워해요. 왠지 뿌듯하고 제가 공부를 더 잘해야겠다는 생각이 들어요."

교사들이 나선 혁신학교 신청

"지난해 9월 교장으로 부임했는데 학교 상황이 너무 열악했어요. 지난해 30학급이었는데 인근에 새로운 학교가 생기면서 6~7학급 정도의 학생들이 빠져나갔죠. 그래서 올해는 당초 학급당 40여 명씩 24학급만 운영될 예정이었죠. 그런데 경기도교육청에서 '혁신학교'를 모집한다고 해요. 열악한 학교 상황을 변화시키기 위해 교사들과 학교운영위원회 학부모들의 전폭적인 지원으로 혁신학교에 응모했고, 지정이 됐습니다."

혁신학교 지정 경쟁은 치열했다. 장곡중학교는 5대 1의 경쟁을 뚫고 '혁신학교'로 지정됐다.

김학태 교장은 경기도교육청에서 진행된 학교 교장들을 대상으로 한 면접에서 "혁신학교는 농촌이나 소외 지역 작은학교에만 필요한 것이 아니라 도시의 거대 학교에서도 실시할 필요가 있다."며 "우리 학교는 교육수업 모델을 바꾸겠다."고 약속했다.

장곡중학교는 혁신학교를 신청하기 전에 교사와 학교운영위원회의 뜻을 물었다. 교사들은 1차에는 반대하는 교사들도 있었지만 나중에는 99%가 찬성했다. 학교운영위원회 위원들 역시 100% 찬성해 혁신학교를 신청했다.

박현숙 교사는 혁신학교를 응모할 당시의 분위기를 이렇게 설명했다.

"다른 학교에서는 교장선생님이 '혁신학교'를 하자며 교사들의 뜻을 물었는데 50% 이상이 반대해서 신청조차 못 했대요. 우리 학교에서도 처음에 반대했던 교사들은 '혁신학교'를 또 다른 제도이자 굴레로 생각했죠. 교육과학기술부나 경기도교육청에서 무슨 학교, 무슨 시범학교 신청을 하면 행정보고서만 늘어나고 전시성 행사만 하다가 나중에는 흐지부지됐거든요. 그런데 혁신학교 취지를 이해하고 나서는 '한번 해보자'며 다들 의욕을 보였어요."

장은미 교사는 혁신학교 전에 장곡중학교 교사들의 노력을 이렇게 말했다.

"나름대로 몇몇 교사들끼리 딱히 '혁신학교'는 아니지만 수업개혁을 위해 준비해 왔어요. 시흥 '새학교 만들기 모임'을 통해 협동학습, 교과통합학습, 부진아 개별학습 등에 대한 공부를 했지요. 그리고 교사들끼리 토론을 하며 '어떤 교육을 채워낼 것인가'에 대해 노력했습니다."

혁신학교로 지정되면서 당초 40명씩 24학급만 운영될 예정이던 올해 계획은 10명의 교사가 추가 지원되면서 30명씩 30학급 운영이 가능하게 됐다.

장곡중학교는 혁신학교로 지정되자마자 바빠졌다. 교사, 학생, 학부모 연수를 시작으로 3월 한 달 동안 바쁜 일정을 보냈다.

'경기도 혁신학교 직무연수'에 김학태 교장과 교감, 교무부장, 혁신부원(장은미 교사)과 친목회장(안선영 교사)이 참가해 혁신학교 추진계획을 짰다. 그리고 전입하는 교사를 포함한 52명 전체 교사가 참여한 가운데 경인교대 손우정 교수(하자센터 배움공방 대표)를 초청, 일본 사토 마나부 교수가 주창한 '배움의 공동체'를 모델로 한 교사연수를 실시, 모든 준비를 끝냈다.

새 학기 첫날부터 책상 배치와 수업 형태를 바꿔 교실을 'ㄷ'형으로 재배치하고, 전교생을 대상으로 앞으로 어떻게 수업과 공부를 할 것인가에 대한 안내를 실시했다. 그리고 학부모 총회 때 학부모들을 대상으로 혁신학교의 의미와 배움의 공동체 수업에 대해 설명했다. 학부모들에게는 교사들의 수업 비디오를 상영한 이후에 학교를 공개했다. 덕분에 학부모들은 '혁신학교'에 대해 믿음과 신뢰를 갖게 됐고, 이들은 현재 학부모회와 학부모 봉사단을 중심으로 창의적 재량활동의 보조 교사로 적극 참여하고 있다.

학교 재량휴업일에는 전 교직원이 경기도 혁신학교인 성남 이우학교를 방문, 그동안 이론으로 배웠던 수업공개와 수업연구회에 대한 실질적인 경험을 쌓았다.

그리고 한 달쯤 지난 뒤 2학년 기술과 1학년 국어에 대해 첫 수업공개를 했다. 수업 장면은 비디오로 촬영해 전 교사들이 비디오를 보며 수업연구회를 진행했다.

● 학기 초 '배움의 공동체' 수업 만들기 사전 안내

장곡중학교는 매주 수요일 교사연수의 날을 실시하고 있다.

혁신학교가 가져온 풍경 – 잠자는 아이들이 없으니 자연히 회초리가 없어졌어요

장곡중학교는 혁신학교로 지정되면서 가히 변혁이라 할 정도로 지난해와는 모든 것이 달라졌다. 학교 연중 행사도 달라졌고, 교사와 학생들도 전혀 다른 사람들로 변했다.

박용국 교감은 "혁신학교를 실시한 이후 교사들의 교권도 스스로 찾게 됐습니다. 자존감도 많이 찾았어요. 전에는 수업시간에 잠자는 학생들을 깨우면 아이들이 화를 내고 그러다 보면 선생님과 학생 모두 감정이 상했죠. 그런데 올해는 잠자고 말썽 피우는 아이들이 사라지면서 교사들도 매를 안 들게 되니까 아이들하고 다투거나 갈등할 필요도 없어져서 교사들도 편해졌어요. 교사들이 매를 들지 않게 되면서 스스로 교권이 찾아지고 그런 게 참 좋은 것 같아요. 그래서 혁신학교가 더 많이 생겨야 한다고 생각합니다. 올해는 교사와 아이들 간 다툼이 한 건도 없습니다."라고 자랑했다.

박현숙 교사도 혁신학교의 변화를 말해 주었다.

"혁신학교를 시작한 지 5개월밖에 안 됐지만 많이 변했습니다.

학생들이 수업에 임하는 태도가 많이 달라졌습니다. 그전에는 교사들이 어떻게 수업하느냐가 관건이었는데 이제는 학생들이 어떻게 수업을 받고 있느냐가 중요합니다. 교사들도 그전에는 주입식으로 아이들에게 지식을 집어넣었지만, 이제는 아이들 스스로 머릿속에서 끌어낼 수 있도록 참아주는 것이 참교육입니다. 그전에는 수업시간에 아이들 다 끌고 가는 것이 목표였기 때문에 자는 애들 깨우러 갈 시간도 없었습니다. 그냥 '저놈을 때릴까 말까?' 고민만 했죠. 그러나 ㄷ자형 수업은 교사가 수시로 돌아다니며 수업하는 것이기 때문에 교사들 손에서 매가 사라졌어요. 교사들이 왔다 갔다 하니까 조는 아이들도 없어졌고, 매의 필요성도 없어졌어요."

고교입시를 앞둔 중학교 3학년을 가르치는 선생님들의 고민도 물어났다. 3학년 국사를 가르치고 있는 김현정 교사는 "저는 3학년을 맡고 있는데 1~2학년에 비해 3학년은 사실 좀 어렵고 고민이 많았어요. 왜냐하면 3학년은 고교입시를 앞두고 있는 데다 시흥은 비평준화지역이어서 수원 등 평준화지역보다 아이들이 공부도 더 하고 민감하거든요. 게다가 1~2학년 때는 일제식 수업을 받아왔는데 갑자기 ㄷ자 수업을 하려니 아이들이 혼란스러웠을 거예요. 그래서 학기 초에 교사들끼리 학년회의를 열어 '우리가 지금 이렇게 가도 되는가. 3학년은 혁신학교 본격 대상이 아니니까 기존 일제식 수업을 하자.'는 고민도 했어요. 그러나 교사들끼리 '한번 해보자.'며 1~2학년과 함께 가기로 했죠. 그래서 적응하느라 힘들었는데 5개월 정도 ㄷ자 수업을 진행했더니 아이들도 좋아하더라고요."라고 평가했다.

연구부장이자 3학년 국어 담당 교사인 이경숙 교사도 "사실 3학년 담임들은 두려움 속에 새 학기를 맞았어요. '아이들이 잘 적응할까?' 하며 고민고민하고 긴장했는데 막상 시작해 보니 아이들이 생각했던 것보다 잘 적응해 다행이다 싶었어요. 아이들이 우리도 진작 지난해부터 시작했으면 더 좋았을거라며 오히려 아쉬워하더라고요. 아이들이 적응도 잘하고 자기주도적 학습능력도 많이 키웠어요. 공부도 스스로 해본 아이들이 자기 능력을 뛰어넘어요. 학원에 익숙한 아이들, 스스로 혼자 공부할 줄 모르는 아이들은 아무리 공부를 열심히 해도 한계를 넘기가 힘들 거든요."라고 덧붙였다.

교육과정부장이면서 역시 3학년 국어 담당인 이정민 교사는 "교사가 일방적으로 떠들던 일제식 수업에서 벗어나 수업시간에 토론, 발표 등 아이들의 활동시간을 늘리니까 아이들의 표현력도 좋아졌어요. 그러다 보니 진도가 늦어져 6월에는 진도를 맞추느라고 아이들 활동시간을 줄였더니 아이들이 활동을 왜 안 하냐고 오히려 따져요. 저는 1학년 선생들이 부럽습니다. 1학년은 비교적 자유롭게 수업을 만들어나가는데 3학년은 성취도평가까지 시험 범위가 정해져 있어 진도도 나가야 하고 입시 준비도 해야 해서 틀에 박힌 수업을 할 수밖에 없는 현실이 안타까울 뿐이죠."라고 설명했다.

● '배움의 공동체' 실현을 위한 수업공개와 수업연구회 모습

박용국 교감은 "혁신학교를 실시한 후 아이들 성적이 그래도 올랐어요. 중간고사와 기말고사 모두 지난해와 비교해 보니까 평균 5점 정도 올랐어요."라고 거들었다.

장곡중학교는 혁신학교와 수업혁신을 정착시키기 위한 '교사 수업 공개와 수업연구회' 진행을 위해 수업시간을 바꿨다. 지난해에는 오전 9시에 수업을 시작했으나 올해는 아침 8시 30분에 수업을 시작한다. 또 매주 월요일 아침에 열리던 조회도 없앴다.

이와 함께 수요일에는 5교시 수업이라 오후 1시 20분이면 모든 수업이 끝난다. 학생들은 집에 가도 되지만, 교사들은 집에 못 간다. 이 시간부터 교사연수와 연구회를 해야 하기 때문이다. 대신 월·금요일은 6교시까지, 화·목요일은 7교시까지 수업을 한다. 수요일에 일찍 끝난 만큼 보충해야 하기 때문이다. 이렇게 해서 올해에만 모두 15차례에 걸쳐 수업공개 및 수업연구회, 학부모 수업공개, 제안수업 등을 실시했다.

혁신학교의 교사들로서 그들은 무엇보다도 학생들의 배움을 중심에 두고 아이들을 한 명 한 명 이해하고 바라봐야 했다. 아이들의 학습능력을 구분 짓고 그냥 어쩔 수 없는 것은 안고 넘어가려 했던 지난날의 낡은 태도가 아니라 어떻게 하면 아이들과 함께 나아갈 수 있을지를 고민하고 방법을 찾아내기 위해 계속적으로 수업연구회를 진행했다. 일주일에 한 번씩 서로의 의견을 주고받고 다른 훌륭한 교육사례들을 공부하고 배워나갔다. 교사업무 외에 시간을 투자해 공부를 하는 것은 정신적으로나 육체적으로나 쉬운 일이 아니었다. 또한 서로 간에 특별한 노하우가 없는 상황에서 맞부딪치는 여러 가지 어려움에도 불구하고 수업혁신을 위한 장곡중학교 교사들의 열정과 노력은 모두에게 긍정적인 효과를 가져왔다.

"교사들의 자세가 많이 달라졌어요. 처음에는 혁신학교 자체에 대한 부담과 자기 수업을 다른 교사들에게 공개한다는 것에 대해 부담을 가졌어요. 그러나 요즘은 자연스럽게 받아들이고 있어요. 교사들의 목표가 '어떻게 하면 아이들을 더 잘 가르칠 수 있을까?' 하는 것인데 동료 교사들과 논의하고 연구하며 수업개방을 하니까 아무래도 교사들도 공부를 하게 됐어요."

교육혁신부장인 박현숙 교사의 말이다.

1학년 영어를 가르치는 장은미 교사는 공개수업을 통해 자신이 얻은 이점을 이야기해주었다.

"저는 3년차 교사인데요. 그동안 수업공개 기회가 없다가 올해 처음 해봤어요. 특히 제가 맡고 있는 영어 과목은 다른 과목과 달리 아이들에게 어떻게 의미있고 재미있게 전달해야 하나 고민해야 하거든요. 영어는 어쩌면 배움공동체와 상치돼요. 왜냐하면 영어는 반복을 많이 하며 외우고, 발음을 연습해야 하는 등 다른 과목과 달리 특수성이 있어요. 그래서 수업을 공개하면서 정말로 생각과 고민을 많이 했어요. 그런데 5번 정도 하니까 '아! 이렇게 하면 되는구나. 다른 선생님들은 이런 방법으로 수업을 하네.' 하며 많이 배웠어요. 수업공개 하나하나가 소중했어요. 예전 학교에서는 이런 수업공개라는 것 자체가 없었거든요. 이제는 자연스럽게 받아들여요. 수업공개는 협동학습이 일어나고 도움을 필요로 하는 학생들에게 더 많은 도움을 줄 수 있는 부분들도 많아졌어요."

수학 담당인 이재완 교사는 이전의 연구수업과 혁신학교 공개수업의 차이점에 대해 설명한다.

"수업공개는 예전의 연구수업이라고 할 수 있습니다. 그러나 연구수업하고 다른 것은 혁신학교 수업지도안은 간략하다는 것입니다. 즉 교사가 어떻게 가르치느냐가 중요한 것이 아니라 학생이 어떻게 받아들이냐가 중요합니다. 예전의 연구수업은 쇼였고, 수업지도안도 10페이지 분량이나 됐습니다. 그러나 혁신학교 수업공개는 간단한 수업내용과 학생좌석표만 있는 1쪽짜리 지도안이라 실용적입니다. 동료 교사들한테 수업을 공개하면 그분들이 도와줍니다."

장은미 교사는 "교사 개개인의 수업을 보는 것은 자신의 수업을 성장시키는 데 더없는 자극을 줍니다. 동료 교사의 수업참관 역시 수업하는 사람의 성장과 성찰을 위한 좋은 촉매제 역할을 합니다. 이런 과정을 통해 같은 교과끼리, 같은 학년끼리 수업을 공유하고 수업자료를 공유하며, 수업에 대한 논의를 함께하는 연구적 학교 분위기가 조성됩니다. 또 교과끼리, 학년끼리의 교사연대는 더욱 깊어지며 생활지도도 함께 고민하게 돼 그 결과는 고스란히 학생들에게 좋은 방향으로 돌아갑니다."라고 말했다.

학생들도 달라졌다

"일주일간의 추석 연휴가 끝나고 맞는 첫 수업인데도 아이들 표정이 밝아요. 교실에 들어가는 순간 아이들이 큰 소리로 '안녕하세요!'라고 인사를 하는데 저도 환하게 웃었어요. 아이들이 수업이 재미있대요. 오늘은 중간고사에 대비해 프린트물 위주로 수업을 했는데 저는 열 마디 정도밖에 하지 않고 아이들끼리 수업을 하다시피 했어요. 그런데도 아이들은 수업이 끝날 때 '오늘 수업 재미있었어요.'라고 이구동성으로 말해요."

안선영 교사는 요즘 학교와 아이들 표정이 너무 밝다고 말한다. 지난해까지만 해도 일주일 정도 쉬었다가 수업을 하면 조는 아이, 하품하는 아이, 창밖 먼 산을 쳐다보고 있는 아이들이 많았는데 요즘은 다들 적극적으로 수업에 열심이라고 설명했다.

수학 담당인 안 교사는 수업이 시작되면 문제를 제시하고 아이들이 20분 정도 각자 혼자서 문제를 풀도록 한다. 이어 모둠 아이들끼리 웅성웅성하면서 답을 맞춰보고, 이내 모둠의 벽이 깨지고 아이들이 교실 사방을 돌아다니며 문제를 묻고 풀어주고 시끌법석이라고 한다.

답을 모르는 아이는 문제를 푼 아이에게 "찾아가는 서비스를 부탁해~용"이라고 구원 요청을 한다. 그러면 문제를 푼 아이는 어깨를 으쓱하며 "그것도 모르냐."고 하면서도 구원 요청을 한 아이에게 달려가 문제 푸는 요령을 가르쳐준다. 기존 교실에서는 볼 수 없는 풍경이다.

3~4명의 학생이 한 모둠이 되는 ㄷ자형 수업을 넘어 모둠과 모둠 간 벽이 허물어지고 모든 학생들이 서로 돕고 서로 감사해하며 수업에 집중하는 풍경이다. 답을 모르는 아이들은 친구가 가르쳐주어서 확실하게 그 문제를 풀 수 있게 된다. 또 가르쳐주는 친구는 친구들이 자신을 필요로 한다는 생각에 자기 존재감과 만족감, 수학 시간만은 우상이 되는 뿌듯함을 느낀다. 또 예전에는 자기 혼자만 문제를 풀어 나머지 시간이 지루했으나 친구들을 가르쳐주면서 다시 한 번 그 문제를 확실하게 자기 것으로 만들기도 한다.

안 교사는 아이들끼리 이리 가고 저리 옮겨가면서 의논을 해서 문제를 푸는 이런 모습을 통해 비록 교실은 시끄러워도 아이들이 살아 있고, 생동감 있는 것을 느낀다. 그는 혁신학교를 하면서 아이들이 편안해하고 밝은 표정으로 바뀌었다는 것을 알고 있다. 따라서 학교 전체가 밝아졌고 교사와 학생 간 벽이 없어졌고, 아이들 간의 벽도 없어졌다. 이것을 '혁신학교가 바꾸어놓은 소중한 결실이고 실체'라고 생각한다.

박현숙 교사도 아이들이 변하는 모습을 보며 무엇보다도 크게 보람을 느낀다.

"예전에는 수업시간에 질문을 하면 공부 잘하는, 학원에 다니는 아이가 '학원식 정답'을 말하고 다른 아이들은 침묵을 지켰지요. 그런데 요즘에는 4인 1조의 협동학습을 하면서 학원식 정답을 말하는 조, 매력적인 오답을 말하는 조, 엉뚱한 오답을 말하는 조 등 답변이 다양해졌어요. 결국 아이들끼리 상호 토론을 하면서 학원식 정답이 아닌 상황에 따라 여러 정답이 있는 자기주도적 정답이 있다는 것을 알게 됐죠."

장은미 교사는 "지금까지 수업의 주인공은 교사였습니다. 학생들은 교사가 펼치는 버라이어티쇼의 관객에 불과했죠. 학생들은 배움의 즐거움보다는 주입하는 지식을 받아 적기에 급급했죠. 주인공이 아닌 관객은 그 공연판에서 신나고 재미있기 힘듭니다."라며 "올해부터 학생들이 수업의 주인공이 돼 아이들끼리 서로 토의하고 협력하며 발표하게 되니까 표현력이 많이 향상되었어요."라고 덧붙였다.

김학태 교장 역시 다른 선생님들처럼 아이들의 변화에 대한 자랑스러움이 넘쳐난다.

"아이들도 많이 달라졌어요. 지난해만 해도 학생들이 교장선생을 봐도 인사도 안 하고 멀뚱멀뚱했는데 요즘에는 멀리서 뛰어와서 인사를 해요. 확실히 전보다는 아이들의 모습에서 활기가 느껴집니다."

행정업무 및 공문은 교장 · 교감선생님 전담이에요

장곡중학교가 ㄷ자형 배움의 공동체 수업을 하는 등 모든 환경을 바꾸며 혁신학교를 추진해도 교사들의 업무 부담은 걸림돌로 작용했다. 교사들은 수업을 준비하는 시간이 충분히 확보되지 않은 채 여전히 처리해야 하는 공문들은 넘쳐났고, 당장 조사해서 보고해야 하는 공문, 담임교사로서, 업무 담당교사로서, 교과 담당교사로서 감당해야 하는 업무는 산더미처럼 많았다. 공문 기한을 넘기는 것은 다반사였고, 단순 공문 중에 '해당 없음' 보고만 하루 내에 수십 건을 처리해야 하는 상황도 벌어졌다.

이에 교사들은 구조적으로 공문 처리에 어려움이 있음을 공감하고 해결책 찾기에 나섰다.

교사들이 내린 결론은 공문으로 내려오는 행정사무 간소화, 결재라인의 단순화, 전결규정 확대 등이었고 더불어 행정업무 전담 직원을 별도로 채용했다.

공문 전담 직원은 단순 보고공문서 처리, 각종 홍보공문서 발송, 전출입 학생 처리, 담임 업무 중 단순 업무 지원 등을 처리한다. 비로소 교사들은 업무에서 해방됐고, 수업에서 아이들을 어떻게 하면 더 잘 가르칠까 하는 문제에 오롯이 전념할 수 있게 되었다.

장곡중학교가 3월 새 학기부터 8월까지 접수한 공문은 모두 3508건으로 하루 19건에 이른다. 이 가운데 공문 전담 직원이 처리한 공문은 전체의 97%인 3409건이고, 교사들이 처리한 공문은 2.8%인 99건에 불과하다.

박용국 교감은 "공문 전담 직원을 통한 학교업무의 혁신으로 교사들의 교수·학습 지원을 위한 행정업무 경감 시스템을 갖췄다."며 다른 학교도 현재 교무업무 지원 임시직을 채용하거나 공익근무 요원의 도움을 받고 있는 만큼 조금만 시스템을 바꾸면 행정업무 경감 시스템이 가능하다는 사실을 설명했다.

장곡중학교는 또 사회복지사 선생님도 한 분 채용했다. 사회복지사는 상담을 통해 그 아이의 환경 개선을 위해 인근 동사무소나 사회복지관 등과 연결시켜 문제를 끝까지 해결하려고 노력한다. 이른바 적극적 돌봄의 시스템이다. 사회복지사는 어버이날 '아이들이 부모님에게 보내는 도시락과 편지 보내기' 프로그램 등을 통해 부모님들을 감동시키기도 했다. 또 학생들이 학생들의 고민을 들어주고, 함께 풀어가는 제도인 '또래 상담사제'를 운영해 좋은 반응을 얻고 있다.

박현숙 교사는 "또래 상담사인 한 아이는 평소 남의 말을 듣는 것을 좋아하는데 자신이 또래 상담사가 된 이후에 학교생활이 너무 행복하고 즐겁다고 부모님한테 말했대요. 그리고 자신도 앞으로 사회복지사나 상담사 공부를 하고 싶다고 했대요. 이렇게 다양한 교육과정을 통해 특기적성 교육과 진로직업 교육까지 병행되고 있습니다."라고 거들었다.

이 학교는 방과후학교 프로그램으로 축구, 야구, 배드민턴 등 3개 프로그램을 운영하고 있는데 지난해까지는 강사료 등의 문제로 수익자(학생) 부담으로 운영했다. 그러나 이용 학생 대부분은 생활이 어려운 아이들로 시청에서 발급하는 '무료 자유수강권'을 이용했다. 이에 학교 측은 아이들이 눈치 보지 않고 마음껏 운동할 수 있도록 스포츠클럽 자체를 무료로 운영하고 있다.

김학태 교장은 장곡중학교의 변화에 기뻐하고 있다.

"혁신학교를 진행히면서 교사나 학생 모두 열심이에요. 교사들은 '교사 중심의 수업'에서 '학생 중심의 수업'으로 탈바꿈하느라 교재연구도 하고 토론도 하며 열심히 공부합니다. 학생들도 처음에는 자기가 아는 것을 다른 친구들에게 가르쳐 주는 것에 손해 본다는 생각이었지만, 지금은 친구들에게 가르쳐주면서 자기도 배운다는 것을 알게 됐어요. 이렇게 바뀌어가는 과정이 혁신학교의 참뜻이라고 생각합니다."

위대한 꿈을 꾸는 학교 – 혁신교육지구 추진

요즘 이 학교는 원대한 꿈을 꾸고 있다. 이 학교 박현숙 교사는 시흥시를 '혁신교육지구'로 만들기 위해 동분서주하고 있다. 혁신교육지구란 자치단체와 교육청이 함께 '지역교육공동체'를 만들어가는 것으로, 지역교육청의 혁신교육사업과 자치단체의 교육특성화사업이 융합된 새로운 교육협력모델이다.

경기도교육청은 전국에서 처음으로 '혁신교육지구'를 지정, 내년부터 운영하겠다고 발표했다. 도교육청은 경기도 내 31개 자치단체로부터 혁신교육지구 신청을 받아 경기도 내 4곳에 혁신교육지구를 지정할 예정이다.

혁신교육지구에서는 경기도교육청이 실시하고 있는 혁신학교사업과 위기학생지원센터 등 공교육 혁신을 위한 프로그램이 진행될 예정이다. 또 교육과정 특성화와 다양한 방과후학교 지원 등 지역의 미래 인재육성사업도 함께 추진된다.

이와 함께 무상급식과 초등돌봄교실 등 보편적 교육복지사업도 자치단체의 교육특성화사업과 연계해 진행된다.

경기도교육청은 혁신교육지구의 원활한 운영을 위해 우수 교원을 우선 배치하고, 교원 행정업무 경감을 위한 교무 보조교사 지원, 학습 보조교사 지원, 교직원 특별해외연수, 비정규직 교직원에 대한 각종 복지혜택과 함께 학교 기본시설비도 우선 지원할 방침이다.

박현숙 교사는 "혁신교육지구는 우리 학교를 비롯한 몇몇 혁신학교만의 혁신이 아닌 지역인 시흥시 전체 학교, 나아가 경기도 내 전체 학교 및 우리나라 모든 학교의 혁신학교화가 이뤄질 수 있는 토대가 될 것"이라고 확신하고 있다.

박 교사는 "시흥시가 혁신교육지구로 지정되면 시흥시 연성지구를 혁신학교 벨트로 연결하여 한 지역 안에서 교육이 다 되는 시스템을 만드는 꿈이 실현될 것"이라고 전망했다.

고양 덕양중학교

멘토와 멘티가 만나는 날

화요일 덕양중학교 수업이 끝나자 일부 학생들은 귀가를 서둘렀지만 절반 이상의 학생들은 멘토링을 준비하느라 바빴다.

오후 4시 30분이 되자 학교 2층 동아리교실이 시끌벅적했다. 대학생 형, 누나, 언니, 오빠들과 학생들이 몰려들면서 서로 인사도 나누고 하이파이브도 하며 출석부에 체크를 했다.

대학생 한 명과 2~3명의 학생으로 이루어진 멘토그룹은 배정받은 교실로 들어가 잠시 이야기꽃을 피운 뒤 영어, 수학 수업을 시작했다. 이야기를 더 나누고 싶었지만 다음 주가 중간고사라 우선 시험공부가 더 급했기 때문이다.

"언니 선생님, 수학문제가 너무 어려워요. 이 문제 좀 풀어주세요."

"응, 이 문제는 응용문제구나. 이렇게 풀면 되지 않을까."

"아~항! 그렇구나, 그렇게 푸는 거구나."

"선생님 형, 영어 지문 독해 좀 해주세요."

"야! 이 문제는 지난번에도 설명해 줬잖아. 또 해달라고?"

대학생 형이 제자이자 아우에게 꿀밤을 먹인다. 평소 같으면 수업이 끝나 조용한 교실에 활기가 넘쳐났다.

멘토링그룹은 모두 30개. 교실이 모자라 한 교실에서 두 그룹의 멘토링이 진행됐다. 그렇게 2시간이 훌쩍 지나고, 멘토 대학생들과 멘티 학생들은 어느덧 어둑어둑해진 학교 교문을 나선다.

● 항공대 학생들과 연계된 멘토링 프로그램

　　서울과 일산 신도시 사이에 있는 고양 덕양중학교는 학년당 2학
급씩 6학급 138명만 있는 작은 중학교다. 한때 학생 수가 넘쳐 18학
급까지 편성되기도 했으나 지금은 소규모 학교로 명맥을 유지하고
있다.

　　학교가 있는 화전동은 인근에 군부대가 있어서 그런지 개발이 정
체된 채 70년대 마을풍을 유지하고 있다. 대부분의 주민들은 90년
대 초 일산 신도시가 개발되면서 신도시로 떠나갔다. 일부 주민은
아이들 교육 때문에 인접한 서울 수색으로 이사를 갔다. 이곳에는
자연히 떠나지 못하는 사람들만 남았다.

　　덕양중학교에는 한부모·조손가정·맞벌이가정 등 가정형편이 열악하고 경제적 어려움을 겪고 있는 학생들이 60%에 이른다. 그래서 이 학교 일부 학생들에게 과외나 학원 등 사교육은 오히려 사치 일 수도 있다. 어쩌면 학교 다니는 것, 졸업하는 자체만으로도 감사한 아이들인지도 모른다.

이런 아이들에게 작은 불꽃이 되고, 희망과 꿈을 심어준 것은 '멘토링'이다. 인근 항공대 학생 30명의 멘토들이 매주 화요일과 금요일 오후 2시간씩 학교를 찾아온다. 어려운 수학과 영어를 가르쳐주기도 하고, 때로는 형, 누나, 오빠, 언니가 되어 사춘기에 접어든 민감한 아이들에게 인생상담을 해준다.

멘토링을 받는 멘티들은 전교생 138명 가운데 76명. 절반이 넘는 학생들이 멘토 대학생들에게 공부도 배우고, 마음속에 있는 이야기도 하며 의지한다.

중학교 3학년 여학생 3명을 가르치고 있는 멘토 조은지 씨(항공대 3학년)는 2년 동안 고등학교 과외를 하다가 올해 초 학교 친구의 소개로 멘토링을 하게 되었다. 봉사활동을 한다는 것도 좋았고 취업할 때 스펙(대입준비생이나 취업준비생들 사이에서 쓰이는 용어로 직장을 구할 때나 입시를 치를 때 요구되는 학력·학점·토익 점수 등의 평가요소) 자료에 활용될 수 있다고 생각했기 때문에 시작한 것이다.

"1학기 때는 두 명의 멘티를 가르쳤는데 학교 선생님보다는 아무래도 편하고 혼내지 않아서 그런지 아이들이 말도 잘하고 잘 따르는 것 같아요. 가정형편이 어려운 아이들이라 그런지 '선생님 꿈은 뭐에요? 고등학교 때는 어떻게 공부했어요? 대학생활은 재미있어요?'라고 많이 묻고 궁금해해요. 아이들을 가르치면서 제 중학교 때 생활이 떠오르고, 이 아이들한테 더 잘해 주고, 아이들의 말을 잘 들어주어야겠다고 다짐하죠. 친구들 말처럼 처음에는 스펙을 위해 멘토링을 시작했다가 보람으로 끝나는 것 같아요."라고 말한다.

● 멘토링 프로그램 워크샵

멘토링 프로그램을 하면서 보람을 느끼는 것은 이윤석 씨(24세·3학년)도 마찬가지다.

"제가 군대에서 조교로 훈련병을 가르쳤는데 복학하고 나서 중학생 동생들을 멘토링하면서 또 다른 보람을 느낍니다. 1학기 때는 3학년 여학생들을 가르쳤는데 아이들이 자신감이 있고 활발했어요. 지금은 1학년 남학생들을 가르치는데 아직 어려서 그런지 소극적이지만 열심히 합니다. 1학기 때 가르쳤던 여학생들은 붙임성이 좋아서 지금도 가끔 연락이 오고, 학교에서 만나면 멀리서도 달려와서 반갑게 인사를 해요. 때 묻지 않은 모습이 좋고 사랑스러워요. 그래서 그런지 멘토링을 하는 날은 몸이 아무리 힘들고 피곤해도 '아이들이 기다리고 있다.'는 생각에 벌떡 일어나서 달려오게 돼요."

　아이들을 가르치면서 그들도 세상을 배워간다.

　멘토 대학생들은 하루에 2시간씩 일주일에 2번, 학기당 총 40여 시간을 덕양중학교에서 보낸다. 시간당 1만원 씩 한 학기에 40여 만 원을 받고 있다. 그러나 돈의 대부분은 수업이 끝나고 아이들과 함께 주전부리를 하는데 사용된다. 40만 원의 절반 정도 혹은 멘토링의 급여보다 더 많은 돈을 아이들에게 쓴다. 그렇지만 그들은 아깝지 않고 즐겁다고 말했다. 결국에는 돈보다 마음이 나누어진다며 이 씨는 웃었다.

　조 씨는 "일반 과외의 경우 학생 집에서 1 대 1로 공부를 하니까 학생들이 집중을 합니다. 반면 멘토링의 경우 저 혼자 두세 명의 학생들을 앞에 놓고 공부를 하니까 학생들이 집중을 잘 안 해요. 또 같은 교실 한쪽에서 또 다른 멘토링이 진행되어서 그런지 시선이 분산되기도 하고요. 그리고 아이들한테 공부도 가르치고, 인생상담을 해주는 인성교육도 해야 해서 바쁘고요. 공부를 체계적으로 가르치고 싶어도 커리큘럼상 중간고사와 기말시험이 닥쳐 시험공부하기도 바빠요. 또 아이들 하고 마음을 터놓고 이야기하고 싶어도 시간이 부족해요."라고 평소 멘토링을 하면서 아쉬웠던 부분들을 쏟아낸다.

"멘토링은 좋은 프로그램인데 아이들과 더 가까워지기 위해서는 방학 때나 주말에 집중적으로 하거나 주중 시간을 더 늘렸으면 합니다."

"조금만 더 시간을 쓰고, 노력하면 아이들이 변화하는 모습을 볼 것 같은데 금방 한 학기가 끝나요."

이들에게는 아이들에게 진정으로 마음을 쓰는 교육자다운 모습이 엿보였다.

멘토링을 하게 되면서 즐거운 것은 스승뿐만이 아니다. 중1 때부터 멘토링을 하고 있는 멘티 혜빈이(3학년)는 "학교가 끝나고 집에 가면 컴퓨터만 하는데, 학교에서 대학생 오빠, 언니들이 모자라는 공부를 가르쳐주어서 좋아요."라고 말한다. 멘토링 덕에 성적도 많이 올랐고, 특히 대학생 언니가 가르쳐주는 수업을 받으면서 어려웠던 영어·수학이 재미있고 자신 있는 과목이 되었다.

2학년 때부터 멘티가 된 한솔이(3학년)는 "1학년 때 종합학원을 다녔는데 학원에서는 수강생도 많고 문제를 몰라도 그냥 넘어갔는데, 멘토 오빠는 개별적으로 가르쳐주어서 학원 다닐 때보다 좋아요."라고 거들었다. 같은 그룹인 슬기(3학년)도 "집에서 제가 첫째인데 멘토 대학생 언니가 친언니였으면 좋겠다는 생각을 해요. 또 제 말도 잘 들어주고, 이해도 해주고 때로는 걱정도 해줘요."라며 대학생 언니에게 고마워했다.

또 다른 그룹의 멘티 가영이(3학년)는 멘토링을 받기 전에는 사실 대학에 갈 생각조차 없었던 아이다. 그러나 "대학생 선생님이 고민을 들어주고 대학의 필요성 등을 이야기해 줘 많은 도움을 받았어

요. 성적도 평균 10점 이상 향상돼 고맙게 생각하고 있어요."라며 멘토링을 통해 얻은 변화에 감사해하고 있었다.

공부할 땐 선생님, 놀 때는 형 누나

사실 대학생 멘토 학생들에게도 이 자리는 일종의 실험대였을지 모른다. 멘토들 역시 어른으로서의 책임감을 배워가는 과정이기 때문이다. 처음에는 공부만 가르치면 될 줄 알았다. 하지만 아이들에게 정작 필요한 건 다른 데 있었다.

이윤석 씨(24세·3학년)의 말이다.

"처음에는 성적을 올려주고 싶었어요. 그런데 자꾸 엇박자가 나는 거예요. 수학시간에 아예 한 아이가 엎드려 자더라고요. 안 그래도 매일 꾸중 많이 들었던 아이들이라고 생각하니, 내 맘대로 혼낼 수도 없었어요. 그러다가 한 아이가 학교에서 담배를 피우다가 걸렸는데, 그게 멋이라고 생각하고 있다는 걸 알았어요. 심지어 다른 친구들을 때리는 것까지 멋이라고 생각하는 아이들도 있었고요. 뭘 어떻게 해야 할지 정말 힘들었습니다. 그래서 어느 날, 곰곰이 생각하다가 마음을 바꿨습니다. 공부보다 먼저 기초적이고 기본적인 생활을 가르쳐야겠다고 생각했어요. 수학 선생님에서 '도덕 선생님'이 된 거죠."

들판의 망아지처럼 좌충우돌 뛰어다니는 아이들과 눈높이를 맞추기란 쉽지 않은 일이었다. 마음의 문을 열기가 가장 힘들었다.

"제일 먼저 느낀 건 경계심이었습니다. 사실 저 같아도 그랬을 거예요. 상호신뢰는 어릴 때부터 배워가는 겁니다. 저 사람이 진짜 나를 생각해 주고 믿어줄 거라는 마음이 갑자기 생겨나는 게 오히려 이상한 거죠."

그러나 다행히도 아이들은 가슴과 머리, 그리고 손발의 거리가 어른보다 짧다. 진심을 느끼면 마음을 여는 속도도 훨씬 더 빠르다.

3학년 정석이(가명)는 작은 목소리로 "처음에는 솔직히 대학생 형을 못 믿었어요."라고 말했다.

"저렇게 선생티만 내다가 끝낼 거잖아, 하고 생각했어요. 그런데 자꾸 괴롭히는데도 싫지 않았어요. 누가 나를 걱정하고 신경 써주는 거잖아요. 자꾸 말 걸고, 머리 쓰다듬어주고, 나에 대해 묻는 거요. 옛날에는 누가 뭐라고 하면 짜증만 났는데 형이 그러는 건 하나도 안 싫었어요. 그리고 저도 정말로 그걸 고쳐야지 생각했어요. 진짜 친형이 내가 걱정돼서 야단치는 것처럼 좋았어요."

정석이는 처음에 멘티 학생을 모집한다고 할 때는 처다보지도 않았다고 한다. 그런데 친구가 멘티 신청을 한 다음 공부에 재미를 붙이고 얼굴도 밝아진 걸 보고 이상해하다가 멘토 형 이야기를 듣게 되었고, 결국 시작하게 되었다.

학원을 다니거나 과외를 할 형편이 안 되는 아이들일수록, 그래서 누군가가 필요한 아이들일수록 더더욱 관심과 도움이 필요하다. 열심히 공부하고 싶었는데 가정형편 때문에 집에 말도 못 꺼냈던 아이들이 많았고, 그 아이들은 대학생 멘토들의 도움으로 학교수업 외 추가적인 공부 기회를 가질 수 있게 되었다.

멘토링 전담 교사인 김은숙 선생님은 "덕양중학교와 항공대는 화전역을 사이에 두고 15~ 20분 거리여서 멘토링을 하기에 적합한 조건을 갖췄다."며 "멘토인 항공대 학생들의 경우 멘토 지원자가 100여 명이 넘고, 멘티 학생들도 지난해 59명, 지난 학기 64명, 이번 학기 76명 등 갈수록 늘고 있다"고 말했다. 그러면서 "우리 학교 학생들의 경우 가정형편이 어려운 데다 학교 끝나고 집에 가도 보호해 줄 사람이 없는데 멘토인 항공대 학생들이 형이나 언니처럼 친절하게 대해 주어서 아이들의 성적도 많이 오르고 정서적으로도 안정되는 등 많이 바뀌었다."며 "꿈조차 없었던 아이들이 꿈을 꿀 수 있고, 꿈을 가지게 된 것만으로도 행복"이라고 덧붙였다.

2008년 3월 내부형 교장공모제●를 통해 김삼진 교장이 부임하면서 덕양중학교가 가장 먼저 시도한 사업이 바로 '대학생 멘토링'이다.

학교가 끝난 뒤 마땅히 할 일이 없는 아이들은 어디로 갈까? 그 대부분의 아이들이 무엇을 할까? 어쩌면 거리를 배회하거나 아니면

● 교장공모제는 응모자격 기준에 따라 내부형(교육경력 15년 이상인 교육공무원 또는 사립교원), 개방형(당해 학교 교육과정과 관련한 분야에서 3년 이상 종사한 자), 초빙교장형(교장자격증 소지자)으로 구분한다.

불량한 친구나 형들을 따라 다니게 될지도 모른다. 만약 그렇다면 이것을 과연 아이들만의 잘못이라고 할 수 있을까? 공부를 하고 싶어도 가정형편이 어려워 과외나 학원은 꿈도 못 꾼다면? 부모님도 없는 컴컴한 방 안에 항상 혼자 있어야 하는 아이라면?

김삼진 교장은 고민을 거듭하던 끝에 대학생 형, 누나들에게 공부와 인생을 배우는 건 어떨까 하는 기본적인 생각을 떠올리게 되었다. 청소년기 아이들에게 가장 중요한 것은 주변환경이다. 일찍부터 가난과 가정불화를 겪으면서 상처를 입은 아이들에게 필요한 건 실질적인 이해다. 그러니 교사의 말보다 주변 선배의 모습들이 더 큰 도움이 될 수밖에 없다. 그게 때로는 싸움꾼 형이라도 어쩔 수 없다. '그 아이들'은 '그 아이들'의 처지를 말하지 않아도 이해하기 때문이다. 꿈과 희망이 없던 아이들에게 곁에서 자신을 드러내 보여주는 대학생 형과 언니들 또한, '나도 저렇게 될 수 있다.'는 새로운 경험과 충격이 될 수 있다. 이것은 아이들을 자신의 꿈으로 이끄는 동력이 될 것이다. 아이들은 눈으로 보는 것을 곧이곧대로 믿는 시기에 있기 때문이다.

그렇게 2008년 4월 대학생 멘토링의 첫 문이 열렸다. 처음에는 성균관대 봉사동아리인 '푸른사과팀' 운영진에게 아이들 멘토를 부탁했지만 이들은 벌써 서울의 다른 중학교를 돕고 있었다. 그래서 성균관대와 성신여대 봉사동아리 학생 10여 명을 초청했지만 거리가 먼 문제 등이 발생했다.

2008년 2학기, 김삼진 교장은 이번에는 인근 한국항공대 학생들을 만났다. 그는 대학생들에게 사회봉사 및 교육실습 기회를 줌으로써 우수 멘토링 자원을 이끌었다. 2009년 1학기에는 항공대생 멘토가 43명으로 늘었고, 멘티도 49명이 되었다. 2학기 때는 멘토가 55명에 멘티는 61명으로 급증했다.

소문이 날개를 타고 퍼져나가면서 수많은 학생들이 참여하겠다고 나선 것은 자연스러운 수순이었다. 2008년에 비해 2009년에는 멘티 신청학생 수가 증가했고, 이들은 1명도 낙오되지 않고 멘티로서 성실하게 참여했다. 멘토 역시 마찬가지로, 2008년에 참가했던 대학생들은 2009년에도 다시 신청하기 시작했다. 현재는 항공대생 30명이 1대 2~3의 관계를 유지하며 매주 화요일과 금요일 오후 4시 30분부터 2시간 동안 영어, 수학 과목의 기본 및 보충학습 공부를 진행하고 있다.

지역 네트워크를 활용하는 덕양중학교

"여러분, 한 학기 동안 씨드스쿨 어땠어요? 여러분들이 연습한 스터디 플래너 작성법, 학습방법들 안 잊었죠? 열심히 공부해서, 아니 공부 말고 다른 무엇을 하더라도 최선을 다해 열심히 해서 여러분의 꿈을 꼭 이루기를 바랄게요. 힘들고 지칠 때, 그리고 신날 때 여기서

즐거웠던 시간들 기억해 주세요. 그리고 T들 얼굴도 잊어버리면 안
돼요. 알겠죠?"(밤비T)

　2009년 2학기부터 덕양중학교는 또 다른 실험에 도입했다. 기독
NGO단체인 '대한민국 교육봉사단'이 진행하는 '씨앗학교'다. 대한민
국 교육봉사단은 2009년 초 기독경영연구원, 기독교윤리실천운동,
좋은교사운동 등 6개 시민사회단체가 발족시킨 무료 멘토링 봉사단
체다. 대학생 교사들은 매주 수요일 덕양중학교를 찾아 오후 5시 30
분부터 학생들과 저녁식사, 창의상상타임, 집단활동(인문학적 소양
형성, 교양 형성), 글쓰기, 귀가지도까지 3시간 동안 덕양중학교 학생
들에게 방과후학교 활동을 진행하고 있다.

씨앗학교에서는 '내가 누구~게?', '나는 나를 얼마나 알고 있을까?' 등 자기정체성 발견, 재능 발견, 셀프 리더십, 학습법, 사회적 리더십 등에 대한 공부를 했다. 또 13주차 마지막 수업은 기차 타고 태백산으로 떠나는 '눈꽃열차여행'을 다녀오기도 했다. 그리고 졸업식이 열렸다. 여기저기 선생님들이 학생들과 어울려 응원하고 악수하고 포옹한다. 아이들은 오늘이 진짜 마지막이라는 걸 실감하는 듯하다.

"어이쿠, 상빈이는 매일 까불어도 씨드스쿨에서는 개근상 받네."

"모해T, 저 개근상 받으니까 맛있는 거 사줘요~ 빨리요!"

1년째 함께하고 있는 상현이와 야수선생님은 이젠 친구처럼 편하다.

"야수T, 말 안 들어서 죄송했어요. 이제는 착하게 잘 지낼게요."

"상현이 너, 앞으로 뺀질거리지 마, 응?"

"넵, 야수T도 꼭 훌륭한 의사 선생님 돼서 다음에 저 아프면 공짜 치료해 주세요, 헤헤."

이번 학기에도 학습진단검사 결과 해석 및 성장목표 세우기, 비전 캠프, 무한도전 공부기술, 꿈을 이루는 습관 형성, 세계시민교육 등 다양한 프로그램이 진행되고 있다.●

2009년 6월에는 덕양중 인근에 자리 잡은 육군 30사단에서 13명의 군인들이 학교를 방문했다. 아이들이 기다리는 교실로 개구리 군

● 대한민국교육봉사단, '씨드스쿨 지식포럼 소셜팀의 2010년 첫 작품, 씨드스쿨 10년, 그 후' 중에서

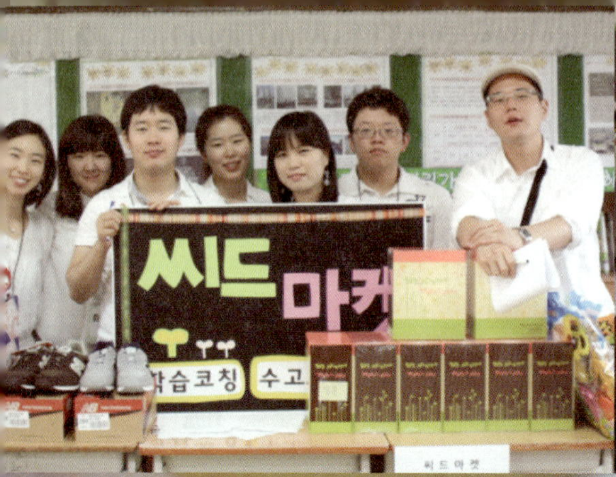
씨드
학습코칭
씨드마켓

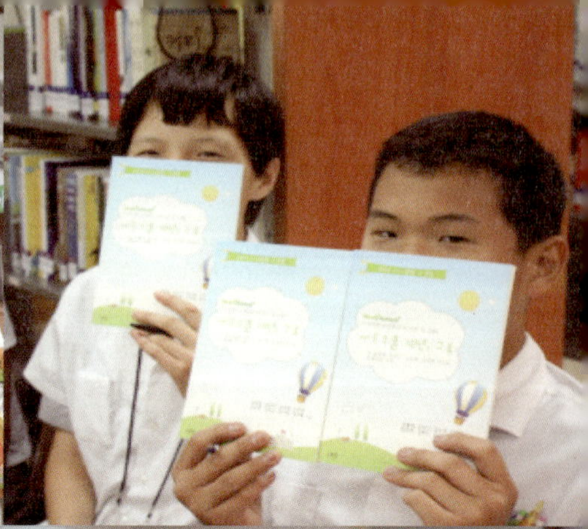

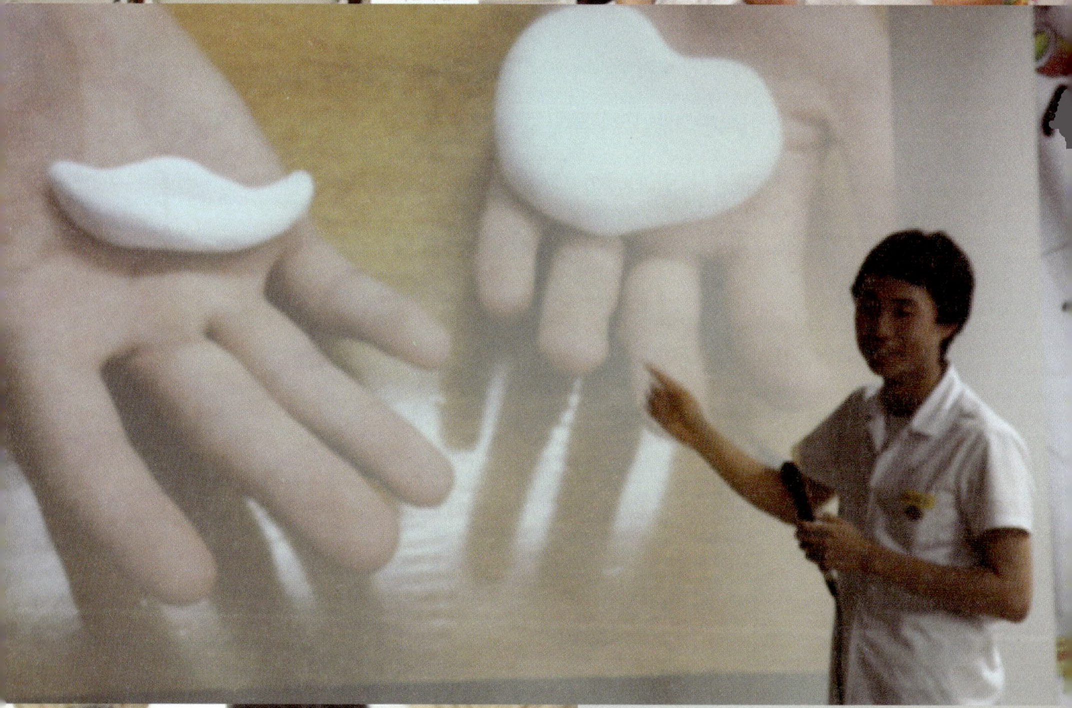

컴퓨터 본체 부품 명칭
플로피 디스크
하드 디스크
시디롬 디스크
중앙 처리 장치

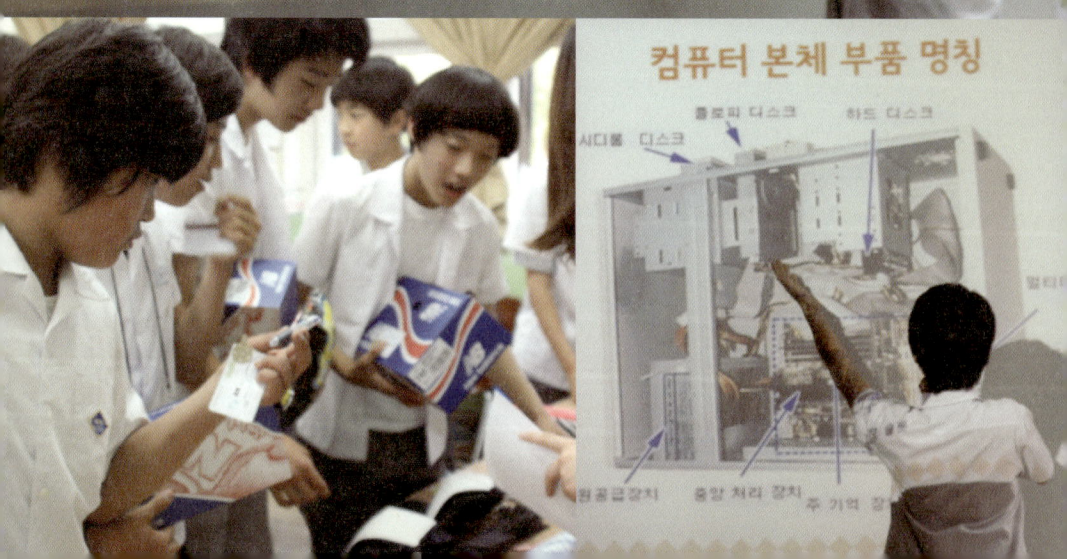

복을 입은 청년들이 줄지어 들어오자 교실 안은 온통 신기한 눈빛, 긴장한 얼굴들이 가득했다. 군인 아저씨들이 인사를 마치자 박수 소리와 함께 질문들이 쏟아졌다.

"진짜로 총 쏴보셨어요?"

"탱크랑 비행기 본 적 있어요?"

'군인 아저씨와 함께하는 토요학교'는 놀토를 제외한 1·3·5주 토요일 오후 1시부터 2시간 동안 열렸다.

'토요영어교실'은 3개 학급 18명을 대상으로 진행되고 '수학사랑 길드'는 2개 학급 7명을 대상으로 한다. 안타깝게도 신종플루가 창궐하면서 군부대의 외출외박 금지조치로 중단된 뒤로 멈추고 말았지만, 근 반년간 이어진 이 수업시간은 '최전선 남자'들과 함께한 덕인지 남다른 활력으로 가득 찼었다. 군인 아저씨들이 더는 학교에 올 수 없다는 이야기를 듣고 많은 아이들이 실망했지만, 군부대와의 연계는 다시 재개될 것이다.

2008년부터 지난해까지 2년 여 동안 한 달에 한 번 학교를 방문해 20여 명의 학생들을 지도했던 사이버외교사절단(VANK) 박기태 단장 역시 반크 10단계 프로그램을 통해 아이들을 훌륭한 사이버외교관으로 길러낸 경험이 있다. 반크 박기태 단장이 가장 먼저 주목한 것은 아이들의 '목적'이었다.

대부분의 아이들은 공부를 좋은 대학이나 고등학교를 가기 위해서, 또는 내신을 잘 받기 위해서 한다. 그러다 보니 꿈과 목적이 없는 아이들은 영어공부에도 시들하다. 처음 시작할 때만 해도 아이들의 영어공부에 대한 의욕은 거의 전무했다. 그저 낯선 나라의 영어, 공부 잘하는 아이들만의 영어였다. 박기태 단장은 여기에다 새로운 공부 목적을 투입했다. 바로 '금발 친구'였다.

"자, 오늘은 토머스가 덕양중학교에서 배우는 역사수업을 궁금해 하는 질문을 던졌지? 지훈이는 뭐라고 대답했어?"

쭈뼛대며 자리에서 일어난 지훈이는 자신이 쓴 답장에 대해 아이들에게 설명하기 시작했다. 정확한 단어를 몰라서 사전 찾아가면서 성의껏 쓴 답장이다. 이처럼 덕양중학교 아이들은 외국 아이들과 교류하면서 스스로 영어공부의 필요성을 깨닫기 시작했다. 외국 아이들이 우리 아이들에게 문화와 교육현장을 물어보는데, 자신이 아는 것이 없으면 답을 못 하기 때문이다.

반크활동을 한 3학년 다인이는 반크활동을 하면서 가장 좋았던 걸 물으니 "외국인 친구들과 펜팔하게 된 거요!"라고 자신 있게 답한다. 영어 문장 하나 구사하는 것도 어려워했던 다인이는 이 수업을 들으면서 캐나다와 독일 친구들과 펜팔을 시작했다. 외국 친구들한테 외국 이야기를 듣고 우리나라에 대해서 소개할 수 있는 기회가 많다 보니 영어실력을 늘려야겠다는 생각을 자연스럽게 하게 되었다. 뿐만 아니라 앞으로 역사공부도 더 열심히 해야 우리나라를 소개할 수 있다는 생각도 들었다. 요즘 다인이는 컴퓨터 앞에 앉으면 게임을 하며 흘려보냈던 시간에 메일과 뉴스 기사를 확인하는 습관이 생겼다. 금발의 친구가 다인이에게 새로운 컴퓨터 사용법을 가르쳐준 셈이다.

이후 어려운 영어자료 수집 등에 어려움을 겪으면서 올해부터는 중단되었지만 덕양중은 반크활동으로 2008년 경기도교육청 '반크활동을 통한 글로벌 시민의식 함양' 명품학교 인증을 받았다. 덕분에 교사들은 장기적인 프로그램을 위해 갖추어야 할 요건들에 대해서 더 깊이 고민하는 시간을 얻었다. 놀이미디어센터와 함께하는 '미디어 바로보기 및 진로교육 프로그램'도 역시 2년 여에 걸쳐 운영했다.•

나아가 1~2학년 창의적 재량활동으로 놀이미디어교육센터 전문강사 2명을 초청해 '미디어 바로보기 교육'을 34시간 운영했다. 지난해 1학년들은 '인터넷 바로보기', 2~3학년은 '진로교육'에 대해 창의적 재량활동을 펼쳤다.

김영식 교사는 "창의적 재량활동을 통해 학생들이 사이버 윤리 정립 및 게임중독을 예방하고, 자아발견, 꿈 찾기, 진로탐색에 대한 구체적인 고민을 했다."고 밝혔다.

과외를 받고, 학원도 가고 싶지만 가정형편이 어려워 포기해야 했던 덕양중학교 학생들은 이처럼 지역사회의 배려와 돌봄 속에 조금씩 밝은 표정으로 변하고 있다.

● 김성천(2009), 「학교혁신의 핵심원리 : 교장공모제를 실시한 덕양중학교를 중심으로」, 『교육사회학연구』, 제19권 제2호 중에서.

제 이야기를 들어줄 선생님이 있어서 좋아요

"위기 학생 몇 명을 상담했는데 다들 가정이 원인이었어요. 부모가 이혼하면서 버려졌다는 생각에 우울증이 걸려 화를 참지 못하고 남에게 해를 끼치려는 아이도 있고, 또 다른 아이는 역으로 다른 사람이 자기를 죽이려 한다는 과대 피해의식에 사로잡혀 있어요."

덕양중학교 상담 선생님이자 사회복지사인 주명희 교사는 "한부모가정 아이들이 많아서인지 상담을 필요로 하는 학생들이 많다."고 말한다.

주 교사는 "한 아이는 부모가 이혼했지만 엄마와 누나가 공장에 다니며 자신을 뒷바라지하는 것을 보고 열심히 살기로 마음먹고 나쁜 친구들과 어울리지 않고, 공부도 더 열심히 해요."라며 "문제는 이처럼 부모가 이혼을 했어도 아이와 함께 사는 엄마나 아빠가 아이를 잘 돌보면 괜찮은데, 엄마나 아빠가 스스로 지쳐 아이를 방치하면 아이가 어린 나이에 충격을 받아 자신을 주체하지 못할 정도로 망가지게 돼요."라고 진단했다.

그는 요즘 학급별로 10명씩 집단상담을 하고 있다. 아이들끼리 마음을 터놓고 이야기하는 프로그램이다. 주 교사 말에 따르면 학생들이 특별한 문제가 있지 않더라도 일단 서로 마음을 터놓고 이야기하다 보면 서로를 더욱 이해하게 되고 그들 간의 벽을 없애는데 도움이 된다고 한다. 친구끼리라도 아이들이 깊숙한 이야기를 잘 하지 못했는데 집단상담을 통해 자기 마음속에 있는 이야기들을 털어놓기 시작했다고 했다.

주 교사는 친구들로부터 이른바 '왕따'를 당하는 한 아이의 이야기를 소개했다. 그 아이는 초등학교 4학년 때 친구들이 집에 놀러왔는데 할머니가 친구들을 혼내고 야단쳤더니 그때부터 친구들이 자신을 멀리하기 시작해 지금은 아무하고도 말도 안 하고 스스로 '왕따'를 당하고 있다고 소개했다. 그 아이는 "지금은 아이들이 내 사정을 다 아니까 고등학교 갈 때까지 말 안 하고 있다가 고등학교에 가서 친구를 사귀겠다."고 털어놨다고 전했다. 초등학교 때 작은 충격이 아이의 마음속에 응어리져 중학생이 되고 나서도 나타나고 있는 것이다.

주 교사는 상담실을 찾는 아이들 문제가 있어서 찾는 것만은 아니고, 진학에 대한 스트레스, 자신의 꿈과 희망 등에 대해서도 많이 고민하고 상담을 원하고 있다고 말해 주었다. 그는 가정에서 아이들의 눈높이에 맞춰 같이 대화하는 것이 필요하고, 맞벌이부부 등 가정형편상 자주 대화하는 것이 어려울 경우 주말 등 날짜를 정해 놓고 정기적으로 대화하는 것이 꼭 필요하다고 설명한다.

덕양중학교는 상담교사인 주 선생님이 오시기 전에는 지역사회기관인 '흰돌사회복지관'과 연계하였었다. 복지관의 상담사들은 매주 화요일과 목요일 학교를 방문해 4시간씩 상주하면서 학생들을 상담했다. 이런 학교와 외부 기관과의 네트워크 활동 강화는 매우 중요한 학생 돌봄의 사례가 된다. 학교는 일과시간 내에서만 아이들이 머무는 공간이다. 시간의 제약으로 인해 아이들에게 선생님이 수행할 수 있는 역할은 어찌 보면 딱 그 안에서만 이루어지기가 쉽다. 이렇듯 학교는 아이들을 방과후까지 돌보기는 힘든 것이다.

이런 현실 속에서 지역의 사회복지관과 학교의 연계는, 아이들과의 상담내용을 기반으로 그들의 객관적 현실을 파악해 낼 수 있도록 했다. 또한 이것은 아이들에게 구체적인 도움을 주는 것을 가능하게 만들었다. 사회복지사들은 필요하면 아이들의 집을 방문해 밑반찬도 갖다주었고, 그들에게 필요한 가정상담도 해줄 수 있었다. 아이들이 쉽게 풀어낼 수 없는 이야기를 듣고 그들에게 실질적인 도움을 주는 것은 중요한 일이다.

배움과 설렘이 있는 창의적 재량활동

푸르름이 무르익어가던 5월 초 덕양중학교 1·2·3학년 전교생과 선생님들은 학교수업 대신 관내에 있는 고봉산 입구에 있는 안곡습지로 생태체험활동을 갔다. '내 고장의 숲 익히기'라는 창의적 재량활동의 하나로 1~3학년 구분 없이 전일제(全日制) 수업을 하는 날이다.

안곡습지는 도심에서는 보기 드문 자연 생태가 잘 갖춰진 습지로서 아파트 부지로 흡수될 위기에 처했다가 6년 여에 걸친 시민운동으로 원형 보존이 결정된 이후 2009년 6월 생태공원으로 옷을 갈아입었다.

오랜만의 야외활동에 한껏 들뜬 학생들은 고양녹색소비자연대 생태해설가 선생님 6명의 안내로 안곡습지를 돌아보며 습지의 역할과 습지식물에 대해 자연공부를 했다. 생태해설가 선생님은 전문가답게 재밌는 질문도 많이 던진다.

"작은 식물과 커다란 식물은 동시에 꽃이 필까요? 아니면 때를 나누어 필까요?"

아이들은 고개를 갸우뚱거리지만 그래도 용기를 내서 아는 대로 신나게 대답한다. 숲이 산소를 만들고 공기를 쾌적하게 해준다는 것도 머리로는 알았지만 이곳에 와보니 더 선명하게 알 것 같다. 다른 쪽에서는 또 한 무리의 아이들이 등산로의 흙과 숲의 흙을 비교해가며 흙냄새를 맡기에 바쁘다.

학생들은 고양시에 살면서도 관내에 이런 자연습지가 있다는 것에 놀랐다. 2학년 영석이는 등산객들이 발로 밟아 상해 버린 등산로의 나무뿌리를 보고는 "앞으로 산에 올 때는 나무뿌리를 생각해야 해요. 샛길을 만들지 말고 큰 길로 다녀야 해요." 하고 단호하게 말한다. 2 시간 여에 걸친 습지와 숲 체험은 아이들에게 작지만 큰 것을 몸소 가르치고 있었다.

1학년 채영이는 손수건에 풀물 들이기를 하면서 풀물이 손수건에 스며드는 모습을 몹시 신기해하였다. 예쁘게 풀물이 든 손수건을 손에 들고 어머니에게 어버이날 선물로 주겠다면서 환하게 웃었다.

집에서 준비해 온 도시락을 먹은 학생들은 고봉산에서 쓰레기 줍기를 했다.

다음 날 역시 '작가와의 만남 행사'로 만화가 박재동 선생님을 초청, '꿈꾸는 세상!'이란 주제로 강연을 들었다. 이날 재량활동은 학생들의 진로교육을 위해 마련됐다.

학생들은 도서관과 미술실, 과학실, 컴퓨터실, 음악실 등 주제별 가고 싶은 교실로 이동해 박재동 선생님과 함께하는 프로그램을 진행했다.

도서관에서는 자신의 미래 직업의 한 모습을 그려보는 '손바닥 아트' 프로그램이 진행됐고, 미술실에서는 내가 꿈꾸는 세상에 대한 그림과 글짓기가 열렸다. 과학실에서는 꿈이나 원하는 직업이 없는 학생들을 중심으로 '직업카드'를 통한 직업찾기 프로그램이 진행됐다. 컴퓨터실에서는 컴퓨터를 통해 자신과 같은 이름을 지닌 사람을 검색해 그 사람들 중에서 자기가 추구하는 삶과 가장 일치하는 사람을 찾아 그 사람의 블로그나 카페에 방명록을 남기고 인증샷을 남기는 행사가 열렸다. 음악실에서는 과거·현재·미래의 인생 곡선 그리기와 30년 후 자신의 신문 기사를 만들어보는 '꿈일보 만들기' 행사가 진행됐다.

학생들은 이날 행사에서 그동안 막연하게 생각해 왔던 자신의 진로와 꿈에 대해 진지하게 생각하고 고민하는 시간을 가졌다.

● '작가와의 만남' 행사시간에 박재동 선생님과 함께

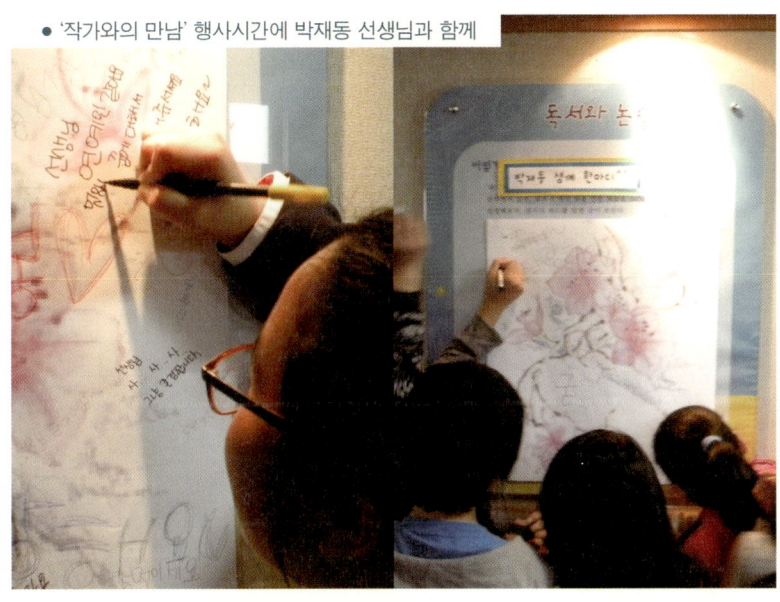

6월에는 전교생이 서울 국립중앙박물관을 찾아 '그리스의 신과 인간'을 관람했고, 9월에는 '강원도의 숨은 매력을 찾아서'라는 주제로 강원도 평창 대관령 삼양목장을 견학했다.

덕양중은 이처럼 다양한 체험을 통한 폭넓은 사고력 함양을 위해 전교생이 함께하는 체험 중심의 창의적 재량활동을 펼치고 있다.

이 모든 비용은 '삼성 고른기회 장학재단'에서 부담한다. 학교 측은 삼성 고른기회 장학재단에 '체험활동을 통한 자기계발 및 홀로서기 프로젝트'를 신청하고 기금을 받았다. 학교 측은 대부분의 체험학습 비용을 이 기금으로 충당하고 있다. 아이들의 견문을 넓히고, 개인적으로 가기 힘든 박물관, 미술관, '난타' 공연, 작가와의 만남 등 아이들에게 온 세상이 배움으로 가득한 공간임을 알려주기 위해서, 학교 차원에서 다양한 창의적 체험활동을 실시하고 있다.

내부형 교장공모제와 혁신학교로의 탈바꿈

2008년 내부형 교장공모제 학교로 전환하기 전 덕양중은 기피학교였고, 문제학교였다. 덕양중학교에 배정되면 '위장전입'을 해서라도 다른 학교로 전학가기 일쑤였다. 자연히 덕양중학교는 학생들의 성적이 떨어지고, 학교운영에 잡음이 끊이지 않았다. 이에 덕양중학교 학교운영위원회와 교사, 학부모들은 위기감을 느끼고 학교를 새로운 학교로 변화시키기로 결정했다.

때마침 경기도교육청은 내부형 교장공모제 학교를 모집했다. 교장공모제는 승진임용제도로 교장을 뽑던 방식과 달리 공개모집을 통해서 교장을 임용하는 제도이다. 교장 지원자격을 완화시키고 민주적이고 투명한 과정을 갖는다는 취지인데, 특히나 교장공모제는 개별학교의 자율성과 특수성을 반영할 수 있다는 장점을 갖고 있다.

이에 고양 지역에서 학교와 교육에 대해 고민하던 일부 교사들은 평교사 출신인 김삼진 현 교장(57세·당시 궁내중 재직)을 내부형 공모 교장으로 추천했다. 김삼진 교장은 '좋은교사운동' 회원이면서, '한국교수학습방법연구회' 회장으로 활동하고 있었다.

김삼진 교장은 좋은교사운동 출신 평교사 10여 명을 중심으로 태스크포스팀을 만들었고, 교장공모제를 준비했다. 이들은 교장공모제 기준에 따라 4년간의 학교운영계획서를 만들었고, 6개 공모학교 중 유일하게 평교사 교장으로 선발됐다.

기존의 낡은 체제를 벗고 새로운 학교를 만들어가려면 우선 교사들의 진취적이고 헌신적인 노력이 필요하다. 여기서 학교의 우두머리격인 교장은 기존의 권위를 벗어던지고 학교를 구성하는 교육 주체들을 적극적으로 모아 함께 이끌어나가는 역량을 갖추어야 함은 두말할 것 없다.

2008년 3월 교장공모제를 통해 김삼진 교장이 부임하면서 덕양중학교는 변화하기 시작했다. 김삼진 교장과 뜻을 같이하는 14명의 교사들은 '교사부터 변해야 한다.'며 일주일에 한 번씩 밤새워 교수기법, 상담기법 등 전문화연수와 협동학습을 했다. 또 가정방문과 상담을 통해 학생들을 이해하려 노력했고, 대학생 멘토를 활용해 학생들에게 꿈과 희망을 심어줬다.

이 학교 교사들은 2009년 7월 교직원회의를 통해 경기도교육청의 '혁신학교'에 응모하기로 결정했다. 경기도교육청이 추진하는 혁신학교는 덕양중학교 선생들이 하고자 하는 일과 맥락이 맞았고 더욱이 이미 실천하고 있는 것이었다. 덕분에 덕양중학교의 전체 교사들이 뜻을 모으는 것은 어렵지 않은 문제였다. 이미 내부형 교장공모제를 시행중인 덕양중학교는 혁신학교로 선정됐고, 혁신학교 중학교 거점학교로 지정됐다.

덕양중학교는 교장을 포함 교사는 15명인데 교무보조, 행정인턴, 멘토링 전담교사, 인턴교사, 과학실 실험보조, 사서지원 등 지원 인력이 10명이나 된다. 일선 학교에서는 볼 수 없는 모습이다. 경기도교육청에서 지원해 주는 혁신학교 예산 일부로 멘토링 전담교사와 과학실 실험보조·사서지원 교사(교과부 50% 지원)를 채용했다. 행정업무 일손을 덜게 된 교사들은 학생들 수업과 지도에만 전념한다. 자연히 '월급쟁이 교사'가 아닌 '스승'이 됐다.

덕양중학교는 이제 도시 변두리의 기피학교·문제학교에서 전학가고 싶은 학교, 공교육 정상화의 모델학교가 됐다.

요즘은 일부러 위장전입을 통해 서울로 전학 가는 학생들은 없다. 또 집 앞 덕양중학교 대신 다른 학교를 다녔던 인근 군부대 자녀들도 이제는 전학 가는 일 없이 덕양중학교를 선호하고 있다.

김삼진 교장은 "우리 학교는 배움의 주인공인 학생들이 마음껏 배울 수 있도록 격려해 주려 노력하고 있다."며 "모든 학생이 배움에서 소외되지 않도록 노력하고 있다."고 말했다.

징계보다 지도, 학부모 코칭

학생지도는 어떻게 달라졌을까? 김 교장이 부임하기 전인 2007년, 덕양중학교의 징계는 30여 건에 달했다. 2008년에는 단 한 차례로 줄었다. 이유는 2008년 학부모와 교사, 학생이 자체토론을 통해 '구성원 협약방식'을 채택했기 때문이다. 구성원 협약이란 학생과 선생님, 부모가 모두 함께 의논해서 자체규율을 만들고 최선을 다해 지켜나가도록 하는 제도다. 예를 들어 사춘기 아이들에게 머리카락 길이와 색깔, 휴대전화 등은 굉장히 예민한 부분이다. 이럴 때 아이들은 선생님과 부모님, 나아가 친구들 사이에서 그에 대한 규율을 만들어낸다. 그렇게 해서 '머리 길이는 자율로 하되 염색·파마는 하지 않는다', '휴대폰은 아침 수업 전 제출한다. 제출하지 않았다가 수업에 방해가 될 경우에는 학교에서 일주일 동안 보관한다.' 같은 항목

● 학부모를 위한 아카데미

이 결정되었다. 권위로 강요하는 대신 함께 규약을 짜다 보니 실천률도 높다. 물론 간혹 협약을 깨고 염색이나 파마를 하는 학생도 있지만 체벌이나 징계 대신 약속한 사항을 지키지 않는 부분에 대해 지도하는 쪽으로 바뀌었다. 강제성을 공동체의 약속으로 바꾸어놓은 구성원 협약은, 특히 2008년 입학한 아이들이 이제 3학년이 되면서 더욱 무르익어 덕양중학교의 하나의 문화로 자리 잡고 있다.

학부모들도 바뀌었다. 평소 낮 시간대 학교방문이 어려운 맞벌이 또는 한부모가정, 저소득가정을 위해 저녁에는 학부모 모임이 진행된다. 저녁 6시 30분부터 밤 10시까지 진행된 '학부모의 밤' 시간에는 많은 학부모들이 참가해 가족의 교육기능 회복, 가족의 변화를 수용하는 새로운 학교·학부모 협력모델 등을 모색했다. 또한 보건복지가족부 후원으로 '함께 여는 교육연구소'가 지원하는 학부모 저녁모임 지원사업에 공모, 대상학교로 선정돼 지금까지 3회에 걸쳐 '학부모 아카데미'도 열렸다. 이 아카데미는 학부모들이 평소에 어려워했던 부분을 잘도 짚어낸다. '자녀와의 소통을 위한 학부모 코칭 대화법', '바람직한 자녀교육을 위한 셀프리더십' 등 모두가 지식과 실천의 연계가 필요한 부분이다. 외부 강사들도 이 부분에 대해 최대한 성의 있게 강의를 진행했다. 심지어 올해는 '부모 노릇 포기하지 않는 11가지 방법'에 대해 학부모 코칭이 진행됐다. 이를 수강한 한 학부모는 어렵게 이야기를 풀어놓았다.

"사실 고등학교 때문에 아이를 서울로 보내려고 했어요. 그런데 아들이 친구들이 많은 곳에 가고 싶어 해서 덕양중학교에 보냈습니다. 지금요? 전혀 후회하지 않습니다. 교장선생님이 공모제로 오셔서 학생들에게 더 많은 걸 주시려 하잖아요. 교장선생님의 의욕에 다른 선생님들도 영향을 받은 것 같습니다. 앞으로 더 좋아질 거라고 믿습니다. 선생님들이 열정적으로 열심히 하니까 아이들도 안 할 수 없죠. 학교가 변하고, 선생님들도 열심이고, 아이들도 눈에 띄게 밝아졌어요."

교사들, 바람을 일으키다

　덕양중은 매주 목요일에는 5교시 수업만 한다. 교사 '전문화연수의 날'이라 선생님들도 오후 2시 30분부터 2시간 동안 공부를 해야 하기 때문이다. 학생들과 학교가 달라지려면 교사들부터 공부하고 변해야 한다는 게 김삼진 교장의 신념이었다.

　"혁신학교는 모두가 즐거운 학교를 만드는 것입니다. 수업혁신으로 모든 아이들을 수업으로 끌어들여야 합니다. 그러려면 교사들이 먼저 바뀌어야 하고, 교사들도 배워야 합니다. 그래야 아이들도 변합니다."

　물론 갈등이 없었던 것은 아니었다. 사실상 상명하달식에 익숙해진 교사조직에서 변화의 필요성을 교사들끼리 공유하고 책임진다는 것은 결코 익숙한 일은 아니었을 것이다. 학교경영에 참여한다는 생각으로 함께 배우는 일은 그 의미는 컸지만, 현실적인 부분에서 손쉽게 이루어지기 힘든 것이 당연했다. 다만 "방식과 속도에 이견은 있어도 지향하는 방향은 같다."는 김영식 교사의 한마디는 내부 갈등이 필연적인 과정이며 이들이 그것을 인지하고 있었음을 보여주고 있다고 해도 과언이 아닐 것이다.

　이렇게 시작한 교사연수는 2009년부터는 주 1회가 아닌 월 2회로 조정되었다. 다만 시간이 지나면서 연수형태도 눈에 띄게 발전했다. 그전에는 외부 강사를 초정해 22회에 걸쳐 교수기법과 프로젝트 학습, 학급경영 새 패러다임, 협동적 학급경영, 심리검사 등의 연수를 했다면, 2009년부터는 자율적이고 단단한 교사협력이 이루어지기 시작했다. 연구동아리 모임도 하고, 수업공개도 하기 시작했다. 무엇보다 교사들을 바짝 긴장하게 하는 건 바로 수업공개일 수밖에 없었다. 교사들은 모두 각자 자신만의 수업 방식을 갖고 있다. 수업공개를 통해 교사들은 서로의 수업방식에서 많은 도움을 얻을 수 있었다. 학생과 마찬가지로 교사들 역시 서로 배워야만 한다. 학교 내 교사들의 배움과 협력의 관계망 형성은 모두에게 긍정적인 자극이 되었다. 자율적이고 열린 소통, 협력의 자세가 없었다면 결코 이루어지지 못했을 일이다.

덕양중학교 교사들은 또한 아이들을 통해 점차 배워간다. 이경탁 교사는 "한번은 컴퓨터 교실에서 수업을 한 적이 있습니다. 그러니까 아이들이 너무 좋아하더라고요. 다음번에는 일반 교실에서 수업을 했더니 아이들이 '컴퓨터 꺼도 좋으니까 컴퓨터실에서 수업하자.'고 해요. 왜 그런가 생각해 보니 아이들이 컴퓨터를 끄더라도 자판이 옆에 있는 것만으로도 흥미와 안도감을 느끼더라고요. 그래서 계속 컴퓨터실에서 수업을 했는데 정말 그 2달간 아이들이 행복해하는 모습을 너무 많이 봤습니다. 그때 저도 아이들 정서가 중요하고 아이들 눈높이수업을 하는 게 중요하구나 하는 것을 느꼈습니다."

그러나 실질적으로 이런 눈높이수업이 몹시 어려움을 김영식 교사는 느낀다. "사실상 지금 같은 사회에서 집안형편이 어려운 아이가 좋은 성적을 내는 것은 어렵습니다. 그래서 우리 아이들, 솔직히 말해 성적이 평균치에서 많이 떨어집니다. 학력향상 중점학교로 지정된 것도 그래서입니다. 그러려면 보충수업을 통해 학습력을 올려야 하는데 단기간에는 힘듭니다. 특히 우리 아이들은 공부를 해야 한다는 동기가 약해서 절반은 학습이 부진합니다. 그런 아이들은 대개 따로 남아서 문제풀이를 하는데 저는 문제풀이식 수업은 아이들 공부를 망치는 교육이라고 느낍니다. 다만 교육과학기술부에서 성적을 올리라고 하니 올해 1학기 동안 보충수업을 했지만, 하면서도 '이건 아니다.'라는 생각이 들었습니다. 현실적으로 졸업해 주는 것만으로도 고마운 아이들이 많은데, 개개인에 대한 상황 이해 없이 이런 아이들한테 '공부까지 잘하라.'고 요구하면 이 아이들은 반드시 튕겨 나갑니다. 이 아이들은 학교를 포기하지 않고 열심히 다니는 것만 해도 기적인 아이들입니다."

아이들 하나하나를 이해하면서 나가는 일은 분명히 어렵다. 참다운 교육의 길은 매우 멀다. 눈에 보이는 점수향상만을 끊임없이 요구하고, 아주 어릴 때부터 서로 간에 경쟁시키고, 다른 이를 밟고 올라갈 것을 아이들에게 강요하는 우리 시대 왜곡된 교육의 이념 때문에 더욱 그렇다. 이런 참담한 현실 속에서도 덕양중학교의 15명 교사들은 진정한 교육의 의미를 지켜나가고자 노력하고 있다.

김삼진 교장 인터뷰

여름인데 교장실이 무척 더웠다. 알고 보니 교장실 에어컨이 꺼져 있었다.

"아이들과 같은 상황에서 근무하려고 노력 중입니다. 지금은 교실 에어컨을 안 켜서 교장실도 에어컨을 안 켰습니다. 조금 덥더라도 이해해 주십시오."

평교사에서 내부형 교장공모제에 응모한 동기가 궁금합니다.

"저는 교직에 늦게 입문해서 교장으로 승진해야겠다는 생각은 하지 않았습니다. 그래서 저는 교장이나 교감이 되는 것보다는 수업 전문가로, 좋은 학급 담임으로 살려고 했습니다. 그렇게 평교사의 삶을 살면서 퇴근 후에 좋은교사운동 소속 지역모임이나 교수학습 방법연구회 등에 참여했습니다. 그 모임에 나가면서 저는 후배들이 학교의 답답한 체제로 인해 울분을 터뜨리고 안타까워하는 모습을 많이 봤습니다. 예를 들어 가정방문을 하겠다고 하거나 학교 내 뒤뜰에서 야영을 하겠다고 하거나 학급MT를 간다고 하면 대부분의 교장·교감선생님들이 막는다는 거죠. 혹시 사고가 날까 두려워하는 겁니다. 그런 후배들의 안타까운 이야기를 들으면서 평교사인 제가 해줄 수 있는 것은 위로밖에 없었습니다. 그런 중에 교장공모제가 있다는 이야기를 들었고, 마침 후배들의 권유를 많이 받았습니다. 그러나 제가 할 수 있는 일인가에 대해 많이 고민했고, 기도했습니다.

결론적으로 교장공모제는 그동안 제가 고민했던 교육에 대한 철학과 비전, 가치, 프로그램을 실현할 수 있는 가능성이 높은 제도라고 판단했습니다. 공모제 교장이 되어서 교사들의 열정과 비전을 담아내고, 동시에 교사들과 아이들, 학부모의 눈물을 닦는 그런 교장이 되겠다고 결심했습니다."

교장 취임 후 제일 먼저 하신 일은?

"저는 소통과 참여를 중시하고 있습니다. 학기 초에 제가 추구하는 방향에 대해서 전 교사를 모아놓고 대토론을 했습니다. 더디게 가더라도 함께 가야겠지요. 과정 하나하나에 대해서 투명하게 공개하고, 도움을 청하고, 선생님들의 마음을 먼저 헤아렸습니다. 사실 매주 연수를 하는 것이 쉬운 일은 아니지요. 선생님들이 연수에 안 와 버려도 뭐 크게 제재를 할 수 없지요. 하지만 우리 학교 선생님들은 다 오시거든요. 어떤 일을 추진할 때 그것이 왜 중요하고 어떤 의미가 있는가에 대해서 충분히 공감대가 형성되는 것이 중요한 것 같습니다. 충분히 토론을 하고 대신 결정된 사안에 대해서는 확실하게 실천하는 것이 중요하다고 생각합니다."

학교를 어떻게 운영하셨습니까?

"학교의 본질은 가르치고 배우는 곳입니다. 이를 위해서 학교는 교육과정 그 자체라 말할 수 있는 교사가 마음껏 가르칠 수 있도록 격려하는 곳이어야 합니다. 또 배움의 주인공이라 할 수 있는 학생들이 마음껏 배울 수 있도록 격려해 주어야 하는 곳입니다. 2년 6개월 동안 우리는 '참여와 소통'을 통해 학교가 교사와 학생, 학부모가 함께 배우며 성장하는 '전문적 학습공동체'로 재미있는 수업, 즐거운 학교가 되도록 노력해 왔습니다."

학생들을 친자식처럼 아끼시는 것 같은데요?

"아이들을 종으로 세우면 1등부터 140등까지 있으나 횡으로 세우면 모두 다 1등입니다. 우리 학교는 모든 학생이 배움에서 소외되지 않도록 최선을 다하고 있습니다. 학생들 마음 바탕에서 배움이 일어나고 있는가, 희망을 갖고 지켜보자, 지켜보는 것이 아닌 도와주자라는 마음으로 최선을 다하고 있습니다. 2008년 11월부터 아이들 특강 시작을 시작하면서 아이들에게 세상에 쉬운 일 없고, 다 쓸모 있다. 너희도 할 수 있다는 것을 일깨워주고 있습니다. 정말 기대하고, 중요하게 생각하는 것은 아이들이 꿈꾸는 것, 나도 공부해야겠다고 마음먹는 것입니다."

성남 이우학교

이우의 사회참여와 봉사활동 교육

한수민 - 해외통합기행을 통해 알게 된 버마의 민주화를 돕는 활동의 연속으로 버마 민중항쟁을 기념하는 8888행사 기자회견에 참여했다. 이 자리에서 나는 성명서를 발표하고 양심수 석방을 위한 서명받기, 난민촌 아이들의 그림전시 등을 도우며 난민에 대한 관심을 더욱 굳건히 다지게 됐다.

김휘진 - 나는 재활전문병원 건립을 목표로 하는 비영리 공익재단인 푸르메재단에서 NGO활동을 했다. 푸르메재단에서는 경기 화성시에 장애인 전문재활병원을 건립할 예정이다. 나는 푸르메재단 요원으로 화성시에서 개최한 포구축제에 참가해 축제 참가자들에게 재활병원 건립 홍보 및 모금 활동을 벌였다. 푸르메재단에서 NGO활동을 하며 장애인 전문재활병원의 필요성과 장애인복지에 대해 다시 한 번 생각해 봤다.

윤수영 - 노동자단체에서 NGO활동을 했다. 이 단체가 주최한 노동영화제에서 영화 상영 및 홍보를 도우며 열악한 조건하에서 일하는 노동자들의 삶과 노동운동의 현실을 알게 됐다. 특히 비정규직 여성 노동자들의 이야기를 담은 영화를 보며 여성 노동자들의 힘겨운 삶에 대해 깊이 생각해 봤다.

최현빈 - '국경없는 교육가회'에서 주최한 '세계 어린이 공부돕기를 위

한 안 쓰는 학용품 모으기 캠페인' 활동을 벌였다. 이번 NGO활동
을 통해 아프리카 등의 교육여건이 열악한 것을 배웠고, 나 자신도
학용품을 아껴써야겠다는 생각을 했다. 앞으로 이들을 위한 학용품
모으기 행사 등에 열심히 참여하고 싶다.

성지윤 – 성남 YMCA에서 진행한 여름방학 프로그램의 진행을 도와
중학생들을 지도하면서 NGO단체에서 진행하는 프로그램의 내용과
진행방식의 문제점, 개선방향에 대해 진지하게 생각해 봤다.

이우 학생들은 3년간 '지역사회와 NGO' 교과를 배운다. 1학년 1학기
는 이론수업을 하고, 2학년 1학기~3학년 1학기엔 체험학습을 한다.
체험학습은 개인 또는 그룹별로 NGO단체를 선정해 활동하고 보고
서를 낸 뒤 모둠별로 NGO단체에서 활동한 내용을 공유한다. 학생
들은 이를 통해 시민사회의 구성과 운영원리를 배운다. 또 공익을
위해 활발한 활동을 벌이는 NGO에 대해 알아가며, 건강한 시민으
로 살아가는 법을 익힌다.

농촌에서 공동체의 삶을 배우다

나는 농사수업을 좋아한다. 우선 바쁘고 지루한 교실에
서 가만히 앉아 수업을 듣는 것보다는 밖에 나가 자연을

느끼며 직접 만지고 몸으로 체험하는, 키우는 활동을 매우 좋아한다. 그래서 농사시간은 나에게 매우 재미있는 과목 중 하나다. 나의 이우학교 선택에는 분명 농사란 과목이 한몫했을 것이다.

일반 학교 아이들은 장래 희망이 농부라고 아무도 말하지 않는다. 혹시 있더라도 비웃음을 살까봐 남에게 얘기하지 않는다. 하지만 이우학교 아이들은 당당하게 말한다. 나는 생명을 키우는 사람, 농부가 되고 싶다고. 그런 친구들을 존경한다. 그리고 나는 농부가 될지는 잘 모르겠지만 여기서 배운 생명과 농사의 소중함만은 가슴속에 항상 지니고 다닐 것이다.

고랑을 파고, 밭을 만들고, 돌을 골라냈다. 재미없을 줄 알았는데 생각보다 재미있었다. 돌이 끊임없이 나오는 게 짜증났지만 그래도 농사는 처음이라 꽤 신기했다. 하지만 그걸 매일 하라면 못 할 것 같다. 우리나라가 왜 농산물을 수입에 의존하는지 알 것 같기도 하다. 농업을 천

● 농사를 통하여 땀과 노력 그리고 몸으로 익힌 지식을 배운다

하게 여기는 우리나라의 풍조를 이해 못 하겠다. 농사를
지으시는 분들이 무척 대단하다는 생각이 들었다.
작물은 정직하다. 자신이 들인 만큼 돌려주는 그런 것 같
다. 작물을 키울 땐 작물도 크지만 내 마음도 같이 크는
것 같다. 인내하고 근면하게 노력하고 그리고 생명이란
것을 키운다는 것이 정말 참다운 공부를 하는 것 같다. 그
리고 생명을 진짜로 키워본다는 게 나에게 진짜로 공부
가 됐다. 생명이란 것이 그냥 생기고 잘 크는 게 아니었
다. 많은 사람들의 노력과 인내기 필요하다는 걸 ㄴ꼈다.
농부 일을 하시는 분들이 매우 존경스러웠다. 지금 내 밥
상에 오는 게 그냥 오는 게 아니라 많은 사람들의 땀과 노
력이 들어가 있는 결과물이라는 것을 머리로 아는 지식이
아니라 몸으로도 알고 있는 지식이 된 것 같다.

정광필, 『이우학교 이야기』 중에서

이우학교는 중학교 1학년부터 고등학교 3학년까지 전교생이 농사
를 짓는다. 정규수업의 하나다.

대한민국 초·중등교육 나는 혁신학교에 간다

다른 학교들은 대학입시를 위해 음악과 미술, 체육 시간에 자율학습을 하지만 이우학교는 오히려 고3 학생들까지 농사를 지어야 한다.

학생들은 좁은 이랑, 평이랑 등 밭을 만들고, 씨앗 파종방법 등을 배운다. 이어 봄 작물로 상추, 갓, 감자, 완두콩 등을 심고 여름에는 옥수수, 고추, 토마토, 콩 등을 심는다. 가을에는 김장 채소를 심는다. 6월에는 논에서 손모내기를 실시하고 10월 말에는 벼 베기 및 탈곡도 직접 하며 자연과 먹을거리의 소중함을 배운다.

이우학교 정광필 교장은 "농사수업은 흙을 만나고 그 속에서 작물이라는 생명을 돌보는 과정을 통해 자연과의 교감을 이루며, 봄에 땅 갈고 씨앗을 뿌려 김매고 거름 주고 잡초를 뽑으면서, 닥쳐오는 홍수와 가뭄에도 좌절하지 않는 농부의 정성과 인내, 자연의 섭리와 삶의 이치를 배웁니다. 또한, 생명을 돌보는 과정을 통해 아이들은 생명에 대한 이해를 얻고 삶에 대한 희망과 경외감, 안정감을 갖습니다. 또 갈수록 심화되는 환경 위기 속에서 안심하고 마실 한 잔의 물과 숨 쉴 수 있는 깨끗한 공기, 안전한 밥상을 마련하는 일의 소중함에 대해 이해하고 더 나아가 전 세계적으로 문제시되고 있는 식량 문제에 대해 진지하게 생각해 봄으로써 농사는 조금은 힘들고 고된 활동이지만, 우리 삶과 지구 생태보전을 위해서 큰 의미가 있음을 체득하게 됩니다."라고 말한다.

이우학교에서는 '21세기의 더불어 사는 삶'이라는 학교 교육목표를 좀 더 의미 있고 조직적으로 실천하고자 '삶의 뿌리를 찾아서'라는 주제로 농촌에 봉사활동도 간다.

개교 초기에는 봄에 1박 2일, 가을에 1박 2일씩 다녔다. 봄에 씨 뿌리고, 가을에 가서 직접 거둬들이는 일을 함께한다는 의미였다. 하지만 농사일정과 학사일정이 잘 맞지 않고, 오고 가는 시간 빼고 실제 활동시간이 적어서 고등학교 1학년, 2학년, 3학년과 중학교 1학 년, 2학년은 가을에 각각 2박 3일로 집중했다.

봉사활동을 하는 곳은 남한강 삼도생활협동조합 조합원들이 몰 려 있는 여섯 마을이다. 삼도생협은 2003년 3월 남한강 유역인 강원 도 원주시 부론면, 충청북도 충주시 소태면, 경기도 여주시 앙성면 등 삼도(三道)가 머리를 맞댄 곳에서 발족됐다. 이곳은 유기농으로 쌀, 밤, 고추, 복숭아 등을 생산하는 협동조합이다.

1학년은 충북 충주시 소태면 복탄리, 2학년은 강원도 원주시 귀래 면 용암리, 3학년은 강원도 원주시 부론면 정산1리 농촌마을을 찾아 가 고추 말뚝박기도 하고 가지도 치며 못자리 상자 나르기, 비닐 씌 우기 등의 봉사활동을 벌인다.

이우학교는 개교와 함께 이 생협과 관계를 맺기 시작해 지금까지 매주 한두 차례 급식실에 쌀과 부식을 제공 받고 있다. 또 이우생협 도 삼도생협을 통해 학부모, 교사를 위한 유기농 농산물을 공동 구 매한다.

학생들은 농촌 봉사활동을 통해 우리나라 농촌현실과 농민의 삶 을 체감할 뿐만 아니라 힘든 노작과 단체생활 속에서 참고 견디는

법을 익히고 있다. 또한 고등학교 1학년 시기에 방문했던 곳을 졸업할 때까지 연달아 3년간 같은 지역을 방문하므로 해당 지역이 어느덧 학생들의 마음속에 고향으로 자리잡아, 몇몇 학생들은 졸업 이후에도 자발적으로 마을을 방문하기도 한다.

해외통합기행 - 새로운 '나'를 만나다

베트남팀 박성은 난생 처음 본 베트남은 더웠고, 매캐한 냄새가 났다. 도로를 가득 메운 오토바이 배기관에서는 석유 버스를 방불케 할 만큼의 거뭇한 매연이 탈탈거리며 쏟아져나오고 있었다. 그 매캐한 공기를 들이마시며, 나는 내 마음속에서 뭔가 뭉클거리며 올라오는 것을 느꼈다. 처음 온 나라에 대한 호기심, 친구들과 함께한다는 들뜬 감정, 외국에 왔다는 상기된 마음. 나는 이 방문을 '해외통합기행'이 아닌 '여행'처럼 느껴가고 있었던 것이다. 제대로 된 해외통합기행의 목적이나 의미를 찾지 못하고 무턱대고 베트남에 온 부작용이었다. (…)

그래서 나는 최대한 웃었다. 최대한 수다를 떨고, 최대한 이곳저곳에 끼고 최대한 장난을 쳤다. 그랬더니 어느 순간, 보이기 시작했던 것이다. 내 옆에서 서툴게 영어로 말을 걸어주고, 수업교류 때 배운 한국어를 쓰면서 웃어주고, 재밌고 쉬운 베트남어를 서로 가르쳐

주려고 하는 베트남 친구들이. 내 짝 네 짝에 상관없이, 그냥 다가와서 서로 장난치고 함께 노래 부르고 말은 잘 안 통하지만 마음으로 다 같이 수다를 떠는 그 모습들이, 드디어 눈에 들어왔던 것이다. 아아. 나는 깨달았다. '사실은 손 뻗으면 닿을 만한 곳에 이 친절하고 활짝 열린 마음들이 가득했었는데, 나 혼자 벽을 치고 눈을 감고 안 보인다고 겁을 내고 있었구나.' (…)

그래서 눈물이 났다. 다른 친구들이 헤어짐의 슬픔과 이별의 아쉬움으로 눈물 흘릴 때, 나는 그 다정한 마음들에 대한 고마움과 미안함과 내 어리석음에 대한 아쉬움에 눈물을 흘렸다. 뼈저린 후회와 크나큰 아쉬움이 내 머리를 꽉 채우고 있었다. 너나 할 것 없는 포옹과, 흐느낌과, 수많은 편지와 선물이 오고 간 다음에 버스가 출발하기 시작했다. 창밖으로 여전히 손을 흔들고 있는 베트남 친구들이 보였다. 그 모습이 보이지 않을 때까지, 우리도 줄곧 손을 흔들었다. 아쉬움과, 고마움이라는 감정이 거대한 돌덩이가 되어 내 손목에 주렁주렁 매달려 있는 것 같았다.

가장 크게 남은 것이 아쉬움이었던, 행복했다기보다는 아프고 속상한 일이 더 많았던 5일이었지만, 나는 이 5일 동안의 기억이 내 일생에서 가장 소중한 기억이라고 단언할 수 있다. 너무나 크고 따뜻한 마음들을 알았고 또 꼭 그만큼의 커다란 깨달음을 얻을 수 있었다. 이우고등학교 1학년에서의 마지막 활동에서, 나는 일생일대의 큰 선물을 얻었다. 이 커다란 선물을 준 베트남 친구들에게, 꼭 말하고

● 해외 통합기행을 통하여 서로 다른 개인이 아닌 우리를 배운다.

싶다. '까먼, 헨 갑 라이!'라고.

중국팀 허준영 중국과 북한의 국경은 내가 생각한 국경과는 딴판이었다. 휴전선과 같은 분위기의 국경일 것이라고 생각한 나에게는 큰 충격이었다. 나를 가장 놀라게 한 것은 중국과 북한 사이의 아무나 건너올 수 있는 깊이와 폭을 가진 강줄기를 국경으로 삼고 있다는 점이었다. 철조망 하나 없는 데다 강은 중국과 북한의 공동소유라서 그 강에서 목욕도 하고 빨래도 하고, 심지어는 물물교환까지 할 수 있다는 말에 놀라움을 감출 수가 없었다. 한 나라의 영토를 나타내는 국경이 이렇게까지 평화로울 수 있다는 것이 놀라울 따름이었다.

필리핀팀 정미나 어느 집과 집 사이의 통로를 가게 되었는데 바닥에

물이 잔뜩 차 있는 거야! 그냥 물도 아니고 색도 이상한 초록색인 오물이었어. 차마 슬리퍼를 신고 지나갈 엄두가 안 나더라. 그래서 우린 장화를 신고 갔잖아. 그 통로의 물에 온갖 쓰레기들이 둥둥 떠 있었는데 바세코 주민들은 맨발로 그냥 그 물을 통해 다니더라구. 이런 쓰레기 물이 가득한 곳에서 어떻게 생활을 할 수 있는 건지 이해가 잘 안 갔었는데, 빗물을 받아서 몸을 씻고 있는 어떤 남자 꼬마 아이를 보고 나서야 깨달았어. 이 사람들한테는 이미 그런 생활이 삶의 일부분이라는 걸.

베트남팀 유채원 가난하다고 해서 불행한 것은 아니라는 것을 정말 몸소 체험하고 돌아왔다. 그 아이들은 너무나도 순수한 마음을 가지고 행복하게 살아가고 있었다. 그 아이들의 순수함이 담긴 그 눈빛과 행동들을 잊을 수가 없다. 나는 그런 아이들이 너무너무 부럽게만 느껴졌다. 편한 환경에서 잠을 자고, 좋은 환경에서 공부를 하는 아이들은 아니었지만 그 아이들은 자신의 삶을 자랑스럽게 생각하고 있었고, 사랑하고 있었다."

메솟팀 이정원 사실 우리는 민주화를 모른다. 직접 겪지도 않았고 들은 경험도 없다. 오직 '민주화'라는 단어를 교과서에서만 보고 외우고 머릿속에 집어넣는다. 우리가 메솟으로 떠나기 2주 전 나는 아는 형과 같이 서울 수유동에 위치한 4·19 국립묘지를 다녀왔다. 들어가자마자 '아…' 하고 나오는 한숨. 영정의 거의 대부분이 교복을

입은 학생들이었기 때문이다. 피비린내 나는 역사를 당시 학생들이 이루어냈던 것이다. 그 힘들었던 역사가 현재 다른 나라에서 다시 되풀이되고 있다. 버마가 그러한 상황이다. 내가 민마호 학교에서 만난 아이들의 눈빛과 깨어 있는 정신을 보고 '4·19 학생들이 이랬지 않았을까?' 하고 생각했다.

메솟팀 박한배 난민촌 안에 살며 외부와는 연락이 잘 닿지 않으며 매일매일 보는 풍경이 똑같은 아이들의 행복한 미소를 보았다. 그 아이들은 정말로 행복한 미소를 우리에게 보여주면서 우리의 편안함을 우선시하면서 엄청난 배려를 해주었다. 또 그 아이들이 잃지 않은 것은 꿈이었다. 꿈. 난민촌 안에 살면서 자신의 주위 사람은 물론 사회적 약자들이 행복해질 수 있는 꿈을 꾸고 있었다.

　이우학교에서는 매년 3박 4일~9박 10일 일정으로 통합기행을 떠난다. 청소년기의 자아찾기, 진로에 대한 진지한 모색, 체험을 통한 산 교육, 동료와의 나눔과 협동, 성취감 맛보기를 위해서다. 특히 고1은 아시아의 평화와 민주주의라는 주제로 아시아의 5개국 중 하나를 기행하면서 그 나라의 문화와 역사를 익히고 평화와 민주주의를 향한 NGO활동에 함께 참여한다. 이 해외통합기행을 통해 학생들은 자신들의 시야를 아시아의 이웃 나라로 넓힐 수 있다.

인턴십 연구를 통한 진로교육

김남경 나는 처음에 건축에 대해서는 막연하게 건물을 짓는다고 생각했었다. 그렇지만 이번 인턴십을 통해서 건축의 분야, 세부적으로 시공이 하는 일, 대안건축, 친환경건축 등 여러 가지로 건축에 대해 알 수 있었다. 하지만 내가 건축으로 진로를 결정한다면 재미있게, 열심히 할 수 있을지는 아직 잘 모르겠지만 건축이 더 좋아졌고, 이번 인턴십을 하면서 관심을 가지고 있던 건축이라는 분야에 대해서 더 많은 관심을 갖게 되었다. 그리고 특히 이번에 했던 류현수 선생님과의 인터뷰, 자담건설 직원분과 나눴던 이야기, 건물을 보러 데리고 다니면서 마감재 등 많은 것을 알려주셨던 두 분! 그리고 남양주시 장현리에서 했었던 막노동, 마지막 날 밤에 현장소장님이랑 오현주 대리님이랑 나눴던 이야기들, 친구들과 함께했던 3박 4일간의 체험, 이 모든 것이 나중에 내가 직업을 정하는데 많은 영향을 줄 것 같다는 마음이 든다. 이 인턴십에 많은 도움을 주신 류현수 대표이사님, 오현주 대리님, 현장 소장님 그리고 죄송하게도 이름을 모르는 두 분! 모두모두 감사드리고 내가 조금 참여했던 장현리 국어 선생님 집이 11월에 완공된다고 하는데 기회가 된다면 꼭 다시 가서 완공된 집을 보고 싶다. 비록 주변 정리 같은 사소한 일밖에 못했지만 다시 그 집을 보게 된다면 잘은 모르겠지만 왠지 무척 뿌듯하고, 기쁠 것 같다. 내 생각에 건축을 하시는 분들은 아마도 아무것도 없던

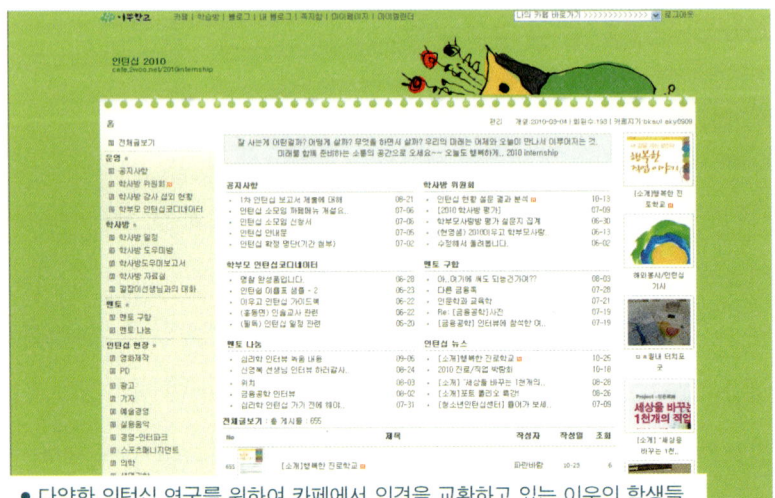

● 다양한 인턴십 연구를 위하여 카페에서 의견을 교환하고 있는 이우의 학생들

공터에 자신이 참여하고 짓기 시작했던 건물이 완성되는 것을 보는 맛에 건축을 하는 것이 아닐까 싶다. 혹시 내가 건축을 좋아하게 된다면 그런 느낌 같은 것 때문에 건축을 좋아할 것 같다는 생각이 든다.

기현주 인턴십 연구를 계획하고 진행해 나가면서 스스로가 대견했다. 무작정 메일을 보내고 전화를 해서 지구의 앞날을 위해 하루 혹은 몇 시간만이라도 투자해 달라는 뻔뻔한 이야기를 하면서 두둑해진 배짱에 놀라기도 했다. 그렇게 나 자신에 대해 자신감이 넘치는 모습을 보였을 때 멘토들의 반응은 달랐다. 더 많은 이야기를 들려주고 싶어 했고 더 많은 것들을 보여주고 싶어 했다. 물론 내가 보이는 반응도 달랐다. 깊이 알고 싶어 했고 깊이 듣고 싶어 했다.

진로에 대해 막연하게 생각되면서도 뭔가 뚜렷하게 계획을 세워야 할 것 같아 압박감이 있는 것이 사실이었다. 하지만 현실에 직접 뛰어들어 전문가들이 실질적으로 하는 일을 보고 들으면서 막연했던 현실이 또렷하게 다가오는 것을 느꼈고 멘토들의 진심이 담긴 충고를 새기면서 진로에 대해 거창하게 생각하며 괜히 겁부터 먹을 필요는 없다는 걸 알았다. 내가 좋아하는 일부터 하나하나 차근차근해 가면서 시작하면 되는 것이다. 부담이 덜어졌지만 그만큼 용기는 충전되었다. 하나 더, 여유도 생겼다.

노현덕 수학교사와 과학자를 주제로 인턴십을 진행했다. 교사와 관련해 함께여는교육연구소 어린이 캠프 '배움과 나눔'에서 모둠교사로 아이들을 지도하는 경험을 하였다. 과학자와 관련한 활동으로는 조경박람회 관람, 국립식량과학원 견학, 연세대학교 생명과학연구소 견학 및 백융기 교수 인터뷰, 민들레공동체 대안기술센터의 '생태와 에너지' 캠프 참여 등의 다양한 활동을 했다. 모둠교사로 활동하며 많은 아이들을 대하는 중에도 인내심을 잃지 않고 끊임없이 아이들의 성장을 돕기 위해 노력하는 교사의 모습을 배운 것과 대안에너지 캠프에서 발명가 쉐플러를 통해 과학자의 상을 그려본 것이 진로에 대한 고민을 심화시키는데 도움이 되었다. 인턴십을 통해 얻은 것을 바탕으로 앞으로 생명공학과 교사라는 두 분야에 대해 더욱 깊게 탐색할 계획이다.

이우학교에는 '인턴십 연구'라는 생소한 교과가 있다. 고등학교 2학년 2학기 동안 2학점씩 총 4학점 과정으로 진행하는 특성화 필수 교과다. 인턴십 연구는 자신이 희망하는 직업 분야를 미리 체험하는 '직업체험' 또는 '도제수업' 방식의 진로탐색 활동이다.

다양한 직업의 의미를 탐색하고 자신에 맞는 진로를 모색한 뒤 인턴쉽 연구를 통해 자신이 모색하는 진로 분야를 직접 체험하거나 그 방면의 전문가를 만나 생생한 경험을 듣는다. 이 과정에서 진로에 대한 생각을 더 구체화하고, 그 분야에 대한 깊이 있는 연구를 더해 '논문연구' 교과에서 졸업논문을 작성하게 된다.

우선 학생들은 직업에 대해 조언해 줄 멘토를 찾는다. 학생들은 특정한 사람에게 이메일 또는 편지를 보내 자신을 소개하고, 그 사람은 자신의 직업에 대해 학생에게 설명해 주는 형식이다. 한 학생이 범죄심리학자가 되고 싶다면 범죄심리학자에게 본인을 소개하고, 그로부터 직업으로서의 범죄심리학자에 대한 정보를 얻는다. 이 과정을 통해 학생은 희망하는 직업에 더욱 확신을 가질 수 있기도 하고, 반면 그 사람과 면담을 계기로 직업을 바꾸기도 한다.

대부분의 고등학생들은 자기 삶에 대한 구체적인 계획 없이 수능 성적에 따라 대학과 과를 결정한다. 하지만 이우학교 학생들은 자기가 꿈꿔왔던, 막연하게나마 동경했던 일과 직업에 대해 구체적으로 체험을 한 뒤 자신의 진로와 직업을 택하고 있다.

정광필 교장은 "기존 학교교육은 학생들의 관심과 적성을 무시하고 대학입시에 필요한 지식을 전달하기에 급급했습니다. 그래서 학생들은 학습의 동기를 형성하지 못했을 뿐만 아니라 세상을 폭넓게 이해하거나 자신의 진로를 탐색하는 데에도 어려움을 겪고 있습니다. 우리 학교에서는 보통교과 외에 특성화교과를 다양하게 편성, 운영함으로써 학생들이 자신의 개성과 창의력을 살리고, 세상에 대한 견문을 넓히며, 장래를 설계하는 데 구체적 영감과 자신감을 불어넣고자 합니다."라고 이우학교의 특별한 교과과정에 대해 설명했다.

학부모도 또 다른 교사예요

이우학교는 교육의 3주체 중 하나인 학부모들이 적극적으로 학교 운영 및 활동에 참여하고 있다. 학부모들은 교과지원위원회, 급식위원회, 교육문화위원회, 도서관위원회, 환경위원회, 장학후원회, 이우생활협동조합 등에 참여해 활동하고 있다.

학부모들은 또 '학부모사랑방'도 운영한다. 학부모사랑방은 인턴십을 수강하는 고2 학생들이 자신들이 희망하는 직업 분야를 직접 몸으로 경험하기 전에, 각 직업 분야에 종사하는 학부모들을 모시고 편안하게 직업 세계와 인생에 대한 궁금증을 해소하는 자리다. 학생들이 인턴십 활동을 하는데 자신이 구체적으로 진행할 수 있는 활동들은 어떠한 것이 있을지, 관련 분야의 멘토로는 어떤 분들이 적합할지 등에 대한 정보를 공유하는 자리로 인턴십 과정의 오리엔테이션 성격에 해당한다. 2009년에는 모두 22차례에 걸쳐 학부모사랑방이 진행됐다.

이우학교는 학생·학부모가 함께하는 '200클럽'과 '백두대간' 동아리가 운영되고 있다. '200클럽'은 책을 통해 이웃과 세상, 그리고 나 자신과 새롭게 만나기를 원하는 이우 학생, 교사, 학부모의 자발적인 책읽기 동아리다. 중학교 때 100권, 고등학교 때 100권, 6년간 총 200권의 책을 읽어보자고 하여 이름이 200클럽이다.

독서활동은 독서 소모임이나 연중 프로그램, 방학 프로그램 등 다양한 형태의 프로그램을 통해 이루어지고 있다. 이중 독서 소모임은 5~8명의 소모임을 구성하고 각 소모임별로 1학기, 또는 1학년 동안 같이 읽을 책을 정하고 매주 1회씩 모여 독서활동을 하는 형식을 취하고 있다. 연중 프로그램으로는 '독서세미나', '선생님의 독서교실', 과학잡지 읽기 프로그램인 '이우빅뱅' 등이 있으며 방학 프로그램으로 '김별아 작가와 함께하는 글쓰기 연습'을 진행했다. 아이들의 요구와 성향에 맞추어 다양한 독서 프로그램들이 시도되고 있다.

학부모 회원을 위한 독서포럼은 월 1회 1권의 책을 읽고 토론하거나 저자를 초청해 책에 관한 이야기를 듣는 형태로 진행했다. 200클럽은 전체 학생 회원을 대상으로 클럽노트 작성을 권유하고 있으며 연 1~2회 클럽노트 피드백을 통해 글쓰기 활동 인증을 행하고 있다. 또한 매년 전체 회원들이 참여하는 특별 세미나는 2009년에 '상

● 학부모의 지속적인 교육참여는 학생들뿐만 아니라 부모에게도 감동을 준다

처받지 않을 권리'를 가지고 진행했다. 특히 2009년에는 선배들이 후배들에게 권하는 한 권의 책에 '달과 6펜스'를 선정해 독후감대회와 독서골든벨을 진행했다.

'백두대간'은 백두대간 종주를 통해 우리 국토의 구석구석을 이해하고 그 아름다움을 알고자 하는 이우 학생, 학부모의 자발적인 산행 동아리다. 현재 6기가 구성되어 활동하고 있다. 대개 놀토(등교하지 않는 토요일)를 끼고 새벽 일찍 가서 하루나 이틀 정도 산행을 한다. 학생들은 고된 산행을 거듭하는 가운데 우리 산야의 아름다움을 차츰 알아감과 동시에, 자신의 한계를 극복하고 동료 및 선후배들과 깊은 유대감을 느낄 수 있다. 또한 부모님이나 다른 어른들과도 진솔한 대화를 나눌 수 있다. 백두대간은 4기에는 100명이 넘는 지원자가 몰려든 인기 동아리이다. 학생들은 험준한 산을 발로 밟아 가면서 산의 거대함 앞에서 스스로를 돌아보고 성찰해 간다. 그 순간에는 친구들뿐만 아니라 부모가 함께한다.

　매년 30~40여 명의 학생과 학부모가 참여해 연 40여 회씩 지리산~진부령을 산행한다. 매해 한 기수가 그 해의 종주를 성공할 때마다, 그 순간에 함께 있던 이들은 가슴 뻐근한 그 감동을 절대로 잊지 못한다.

수업공개와 수업연구회

　수업은 아무리 많이 공개를 하고 서로 들여다보아도 공개할 때마다 마음이 떨리고 조심스러워지는 것은 어쩔 수가 없다. 수요일 3블록은 원래 중학교 2학년 2반 수업이 있는 날이다. 다만 그날은 '수업공개의 날'이고 다른 반 아이들은 일찍 집으로 돌아갔기에 2반 아이들은 불만이 많았다. 자기들 글을 읽고 발표하고 들어주어야 하는 수업인데 이래저래 불만을 토로하는 아이들을 보니 눈앞이 캄캄하기도 했다. 하지만 정작 수업이 시작되고 동무들 글을 듣고 자기가 쓴 글을 발표하면서는 오히려 아이들이 마음에 힘을 얻는 것을 느낄 수 있었다. 아이들이 보여주는 그 모습을 보면서 나도 용기 내어 수업을 100분 동안 진행할 수 있었던 것 같다. 2학년 2반 아이들은 아주 활발하다. 표현이 거침없고 솔직하다. 한번 떠들기 시작하고 장난이 시작되면 수업을 이어가기 힘들 때도 있지만 솔직하게 제 마음을 열고 표현하는 힘이 있기 때문에, 그리고 동무들의 글을 보면서 이해하려는 마음을 가지고 있기 때문에 수업에서 아이들 생기를 그대로 느낄 때도 많았다. 수업을 마치고 수업연구회를 하면서 여러 선생님들의 이야기를 들었다. 늘 자극이 되고 힘이 되는 시간이다. 특히 수업장면에서 내가 보지 못한 모둠 아이들의 사연을 들을 때 참 신기하고 많은 도움을 받게 된다. 그 가운데 정래 샘 말씀이 기억에 남았다. 처음에 발표하고 싶어서 망설이다가 끝에는 자기도 한번 해보았으면 하는 마음으로 접었던 글을 활짝 펼쳐보였던 진국이 이야기를 실감나게 해주셨을 때는 수업 안에서 내가 보지 못하고 잡아내지 못하는 아이들 마음결을 보아주고 읽어주는 선생님들이 계신 것에 참 고마운 마음이 들었다.… 수업에서 힘들 때 선생님들과 수업연구회도 하고, 교과협의회도 하고 공식적이지는 않지만 학년팀 선생님들이나 교과 선생님들과 아이들과 수업에 대한 이야기를 많이 나눈다. 우리 학교에서 오랫동안 실패도 하고 성공도 해보면서 얻게 된 것은 바로 만나서 이야기를 나누며 배우고 성장한다는 것이다.

「함께여는 교육」 15호 중에서
윤수정 이우학교 국어교사

이우 학교는 매주 수요일 교사들끼리 수업공개를 한다.

이 학교 방지연 교사는 수업공개는 "공공의 장으로써 교실을 사유화하지 않겠다는 것이며, 모든 교사가 연대하여 한 명 한 명의 학생들의 배움에 대한 책임을 지는 일"이라고 설명하고 수업을 통해 학교를 바꾸려는 노력은 밖에서가 아니라 내부로부터의 개혁이며 교사 개개인의 강한 동기부여 없이는 학교변화가 불가능하다는 사실을 강조하였다.

결국 교사의 자발성과 자율성을 존중하는 학교문화, 수업을 중심으로 연대하여 실천 경험과 식견을 교류하는 동료성이 구축되면 교실과 학교가 자연스럽게 배움의 장이 되며 이러한 과정은 높은 수업의 질로 이어진다는 것이다.

정광필 교장은 "학교혁신은 학력향상이라는 단편적인 목표를 위해 학교 간, 교사 간, 또 학생 간 경쟁을 부추겨 모두를 고립시키고 피폐하게 만들지 않고도 실현 가능하다."며 "수업에서 단 한 명의 아이도 소외시키지 않겠다는 교육적 책임과 교사들 한 명 한명에 대한 존중, 그리고 그들의 연대를 통해 할 수 있다는 확신 없이는 실현될 수 없다."고 강조했다.

이우학교는 개방형 자율학교다. 그래서 기존 공립학교와 네트워크를 강화하고 있다. 그것을 좀 더 효율적으로 하기 위해 '함께여는 교육연구소'를 설립한 것도 그런 취지다. 이우학교에는 지난해 1,500~2,000여 명의 교사가 다녀갔다. 혁신학교의 긍정적인 모범을 보이고

● 수업공개를 통한 지속적인 수업연구 현장

있는 이우학교의 모습을 통해 도움을 얻어가고자 하는 전국의 수많
은 학교 선생님들이 이우학교를 방문한다. 외부 손님에게는 연 4회
(3·6·9·12월 첫째 토요일 오후)에만 학교를 개방하고 있는데, 교사
들에게는 일상적으로 공개하고 있다. 어떤 학교는 재량 휴일을 실시
하고 교사 전체가 연수를 오기도 한다. 때문에 처음에는 이우학교
교사들이 수업공개에 대해 커다란 심리적 스트레스를 받기도 하였
다. 학생들에게 공부를 가르치는 모습을 남들에게 그대로 내보이는
것은 분명 쉬운 일이 아니었다. 그렇지만 배움에 관하여 인적·질적
인 폭넓은 교류를 통해 나누려는 교육자들의 노력은 점차 나은 모습
으로 변해 갔다.

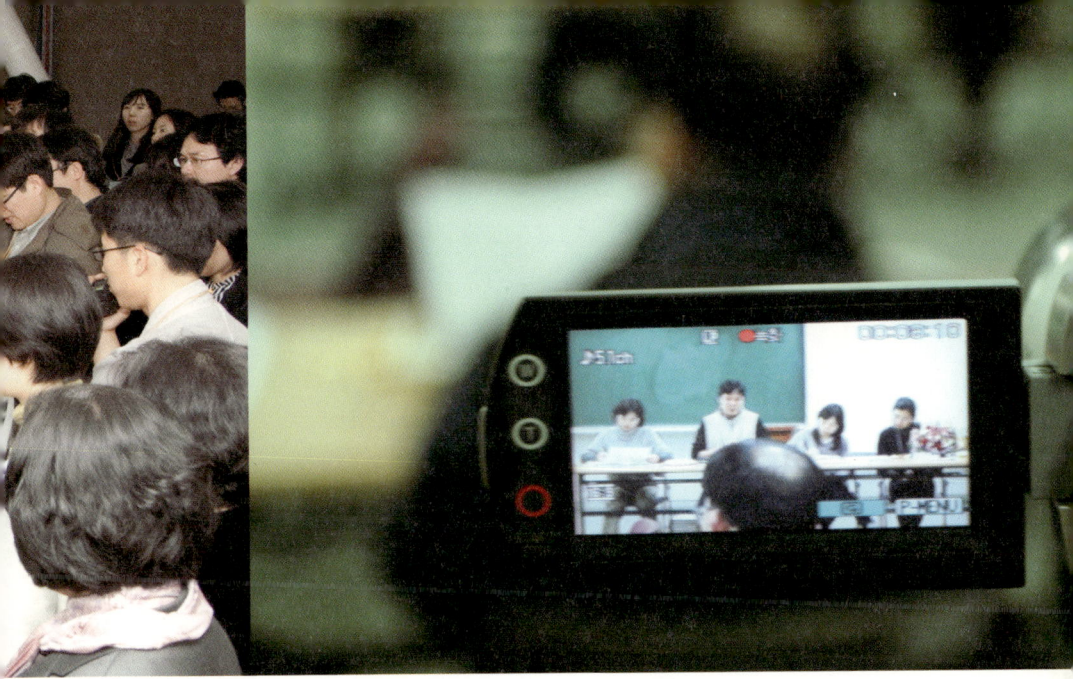

　　지난 3월에는 혁신학교 교사 140여 명을 대상으로 수업공개를 했다. 6월 4일에는 중·고 교장·교사 100여 명을 대상으로 혁신학교 워크숍도 진행했다. 교사들을 중심으로 하는 교사 네트워크도 실시했다. 현재 이우는 혁신학교 고교 거점학교다.

사교육을 하지 않겠다는 각서를 받는 학교

이우학교는 신입생 선발 때 학생면접과 함께 학부모면접을 치러 신입생을 뽑는 과정에서 '사교육을 하지 않겠다.'는 각서를 받는다.

〈학부모 서약 사항〉

1. 본인은 귀교 지원자의 보호자로서 위 교육이념 및 교육적 추구에 동의하며, 다음의 사항을 약속합니다.
   - 자기주도적 학습의 실현과 학교교육의 정상화를 위해 사교육을 시키지 않겠습니다.
   - '어른의 삶 자체가 곧 교육이다.'라는 명제에 따라 올바른 자녀교육을 위해 귀교의 이념과 가치관을 존중하는 삶을 위해 노력하겠습니다.
2. 본인의 지원자의 입학 후, 귀교의 교육이념에 부합하는 학부모 모임에 적극적으로 참여할 것이며, 귀교의 교육이념과 근본적으로 배치되는 주장을 하지 않겠습니다.
3. 이상의 사항에 반하는 경우는, 학부모로서 학교운영에 참여할 수 있는 권한 및 자녀의 상급학교 진학 등에서 불이익을 감수하겠습니다.

정광필 교장은 학부모들에게 서약서를 받으면서까지 사교육을 금지하기로 한 이유를 "사교육이 스스로 공부하는 힘을 빼앗아간다고 보았기 때문이고, 사교육을 받으면 아이들이 주체가 되는 동아리 활동이나 학생회, 특성화교과, 체험활동 등을 충실히 하기 어렵기 때문입니다. 우리가 사교육을 금지하는 것은 사교육과의 대결에서 이기는 것이 목적이 아니라 아무도 소외됨 없이 모든 아이들이 최선을 다해 배울 수 있도록 돕기 위함"이라고 설명했다.

이우(以友)는 '벗과 함께'라는 뜻이다. 이우학교가 학교 이름을 '이우'라고 정한 이유는 학생들이 학교에서 무엇보다도 마음의 문을 활짝 열 수 있는 친구를 만나고 스스로 그런 친구가 되라는 뜻이다. 또 각 학생들의 개성과 인격을 존중하며, 그들 상호 간에 경쟁이 아닌 협력 관계를 형성하겠다는 학교의 다짐이기도 하다.

이우학교가 꿈꾸는 학생상은 '생태적 관점에서 도시를 설계하는 도시공학자', '도덕성과 실력을 겸비한 정치인', '효율과 정의를 조화시킬 수 있는 협동조합 운동가·경영인', '인체의 조화를 중시하는 한의학과 대중요법에 강한 양의학을 조화시키는 의사', '새로운 시대정신을 밝혀줄 역사학자', '지금·여기'의 사람을 우리의 언어와 방법으로 철학화 할 철학자', '풍부한 영감과 상상력으로 오늘의 위기와 내일의 희망을 노래하는 시인·소설가', '새로운 가치관과 문화양식을 널리 보급할 화가·음악가·영화인·연극인·NGO운동가'다.

정광필 교장 인터뷰

학교 정문에 도착하자 유럽형 건물이 나타났다. 철골 뼈대에 나무로 벽을 만든 '철골 건식공법'이다. 이 건물은 2005년 건축가협회 건축상을 받은 나름의 독특함을 지녔다.

정광필 교장은 "시멘트를 가능하면 안 쓰려고 철골과 나무로 건물을 짓고, 시멘트는 바닥에만 깔았습니다."라고 설명했다.

이우학교는 주어진 자연환경을 최대한 보존하는 방향으로 설계됐다. 친환경적 건축방식과 각 건물마다 용도와 특성에 맞게 나누어 건축한 비집중적 건축방식으로 바람길을 최대한 확보해서 자연 통풍이 되게끔 꼼꼼하게 만들었다. 이와 함께 장애학생의 이동을 고려해 건물마다 엘리베이터를 설치하고 각 건물을 잇는 다릿길을 만들었으며, 다양한 수목과 들꽃, 대체에너지의 활용, 오수 자연정화 시스템 등 그 자체로 학교가 생태학습장이 될 수 있게끔 했다.

> 이우학교 하면 가장 먼저 떠오르는 것이 '대안학교'와 '귀족학교'이다. 왜 '귀족학교'라고 소문 났을까.

"저도 들었습니다. 거기에는 두 가지가 있습니다. 하나는 처음에는 재정·행정적 장벽이 높아 어려움이 많았습니다. 처음에 '비인가'가 아닌 '정규 특성화 중·고교'로 승인을 받았지만 재정 지원을 해주지 않는다는 조건이었습니다. 그래서 처음에는 공동설립자들의 기부금으로 운영하다 최근에는 이우학교의 취지에 동감하는 분들의 기탁금으로 운영해 왔습니다. 그래서 등록금이 다른 학교에 비해 조금 비싸서 그랬을 겁니다. 그런데 다행히 지난해 도교육청에서 재정지원 결정이 났습니다. 그래서 올해부터는 일반 학교 수준의 등록금을 받고 있습니다."

이우학교의 설립과정에서 교육부 지원이 없었기 때문에 처음엔 학생들의 등록금으로 학교를 운영해야 했다. 그래서 그전까지는 이우학교의 학부모들은 다른 학교보다 세 배쯤 많은 등록금을 부담해야 했었다. 하지만 지원을 받게 된 지금은 다른 학교와 등록금 수준이 비슷해질 것이다.

"또 하나는 개교 당시에 지원자가 많았습니다. 지원자가 많은 만큼(정광필 교장은 끝까지 지원자 수에 대해서는 입을 열지 않았다.) 많은 학생들이 불합격됐겠지요. 아무래도 불합격된 만큼 좋은 감정은 갖지 못할 겁니다(웃음). 농담이지만 입학전형이 끝나면 온갖 외압이 들어옵니다. 언론사와 검찰을 통해 외압이 들어오지요. 그래서 감사도 받고 그랬습니다(웃음). 아마 그래서 귀족학교라고 소문났을 겁니다."

개교 당시 중학교는 학급당 20명, 학년당 3학급씩 180명, 고교는 학급당 20명, 학년당 4학급씩 240명 등 420명만 뽑았다. 이 원칙은 7년이 지난 지금도 한 치의 오차 없이 지켜지고 있다. 이유를 묻자 정광필 교장은 "규모가 너무 커지면 학교의 휴먼 스케일이 문제고,

너무 적으면 전문성에 문제가 생기는 만큼 앞으로도 변함이 없을 겁니다."라고 말했다.

<mark>학생 선발과정을 두고도 말들이 많다. 공부를 잘하는 아이가 떨어지는가 하면 공부를 못하는데도 합격하는 아이들이 있다.</mark>

"우리 학교의 설립 취지는 명문학교를 만들어 잘나가는 것이 아닙니다. 우리나라 교육을 바꾸는 전형을 만드는 것이 목표입니다. 그래서 일반 학교와 똑같은 조건에서 새로운 교육을 만드는 것이 중요합니다. 우리는 구성원(학생)들의 다양성을 추구합니다. 따라서 잘난 놈(여기서 '놈'이란 제자들을 사랑하는 정광필 교장의 표현법이다), 못난 놈, 있는 놈, 없는 놈, 범생이, 삐딱한 놈 골고루 뽑습니다. 어느 학교에서는 10여 명이 지원하는데 공부 잘하는 놈은 떨어지고, 못하는 놈이 붙기도 합니다. 또 어느 학교에서는 전교 1등이 합격하기도 합니다. 그래서 똑같은 상황인데 전혀 다른 얘기가 나옵니다. 왜 붙는지, 왜 떨어지는지 이해가 안 되죠. 우리는 성적으로 줄 세우기가 아닌 장애아, 편부모 자녀 등 다양한 구성원을 배려합니다. 어려운 문제를 상황에서 함께 풀어나가는 과정이 중요하기 때문입니다."

반백의 정광필 교장은 대학 1학년 때 시위를 하다 제적된 후 인천에서 노동운동과 현장활동을 했다고 했다. 그러다 90년대 중반 지인들과 우리 사회의 무엇이 중요하고 어떤 것을 풀어내야 할까 고민하다 '교육'을 통한 사회개혁을 꿈꾸기 시작했다고 한다. 그렇게 7년을 준비한 끝에 2003년 새로운 학교인 '이우학교' 문을 열었다.

정광필 교장을 비롯한 지인들은 '대도시를 중심으로 새로운 학교를 10~20여 개 세우자'고 뜻을 모은 뒤 제대로 된 단위 학교를 하나 세워 확실하게 학교를 바꿔나가기로 했다. 정광필 교장과 뜻을 같이하는 지인 100명은 드디어 2003년 9월 성남시 분당구 동원동에 '이우학교'의 문을 열었다.

부족한 것이 없을 텐데 왜 제노권에서 하는 '혁신학교'를 신청했습니까?

"요즘 외부 학교에 강의 나갈 때마다 하는 말이 있습니다. 우리나라 교육이 잘못된 것은 다들 아는데 어떻게 바꿀 것인가를 놓고는 애매합니다. 그동안 많은 정책들이 있었지만 실패의 역사였습니다. 그러다 보니 현장 교사들은 꿈이 무너지고, 자포자기하는 심정이 되었지요. 학부모들은 학교를 못 믿으니 대책이 없으니까 학원이나 유학 보내기에 바빠요.

옛날과 달리 요즘은 단위학교에 재량권은 많이 주어졌는데 알아서 기어서 안하고 있을 뿐입니다. 관행적으로 그러고 있을 뿐이지 실제로 할 수 있는 것은 굉장히 많습니다. 그래서 개별 단위학교에서 할 수 있다는 것, 가능하다는 것을 증명하고 싶어요. 그것도 무슨 특별한 교육을 이야기하는 것이 아니라 교육 본질에 충실한 것이 가장 현실적으로 가능하다는 것을 보이고 싶습니다. 또 요즘 대학입시라는 이름으로 온갖 것들이 제한되는데 실제 결과적으로도 더 효과적이라는 것을 보이고 싶었습니다.

이런 학교들이 전국에, 특히 대도시에 10~20개만 있으면 그다음이 가능합니다. 우리 국민들은 굉장히 열정적입니다. 사실 대안이 없어서 못 움직인 것이 '이게 맞다.' 하는 순간 다 이쪽으로 쏠릴 수 있습니다. 그게 적어도 몇 년 내에 올 수 있다고 봤는데 최근에 혁신학교 열풍이 불었어요. 그게 뭐냐 다들 엄청난 궁금증이 생겼습니다. 그래서 제 생각에는 이제 좀 빨리 올 수 있다고 생각했습니다. 문제는 그것을 감당할 수 있는 준비와 능력이 많이 부족한 현실입니다. 그러나 준비가 따로 있는 것이 아니라 시도하는 그 자체가 중요합니다. 시행착오를 두려워할 필요는 없습니다. 그걸 통해 가장 깊이 배우는 것입니다. 지금 때가 왔다. 이 기회를 잘 살려서 하자. 이건 진보 따로 있고, 보수 따로 있는 것이 아니라 이건 특별한 교육을 하는 것이 아니라 본래 당연히 중학교, 고교에서 해야 될 걸 제대로 하자, 이겁니다.

지금 다들 이상한 교육을 하고 있습니다. 다들 그러니까 그게 정상인 걸로 착각합니다. 사실은 교육목표를 무엇이라 정했든지 다들 입시교육만 하고 있습니다. 지금 학교는 거대한 학원입니다."

"우리는 타교 학생에 비해 학습량이 턱없이 부족하지만 이우학교 학생들은 입학 당시보다 오히려 학력이 신장됐습니다. 아이들의 내적 학습동기를 자극하는 교육과정, 중1~고1 시기 탐구식 수업을 통한 아이들의 사고력 계발, 건강한 학습생태계 조성 등을 들 수 있죠.

그런데 우리의 교육과정 각 요소들이 처음부터 세련되게 자리 잡았던 것은 결코 아니었습니다. 우선 초창기 의욕이 앞서 각지에서 좋다고 검증된 프로그램을 백화점식으로 운영한 측면이 강했습니다. 그러다 아이들이 준비되지 않은 채 이수하는 프로그램은 '빛 좋은 개살구'에 불과하다는 것을 깨달으면서 교과 프로그램을 계속 정비해 왔습니다."

"개교하기 전에 7년 여를 준비하며 기존 교육과정의 틀과, 기존 교과서의 틀에 매이지 않기 위해 준비를 철저히 했습니다. 그런데 2005년 11월 27일 서울시 대안교육센터가 주최한 국제수업 워크숍에서 중2 도덕수업을 공개할 기회를 가졌습니다. 아이들의 활발한 참여, 자신감 넘치는 발표, 깊이 있는 내용 등 다들 칭찬을 하는데 일본 '배움의 공동체' 창시자인 사토 마나부 교수로부터 '아이들의 눈빛이 공허하다.', '자기만의 준비와 자기 말만 한다.', '아이들 사이의 관계가 냉랭하다. 서로 도와주려고 하지 않는다.'는 지적을 당했죠. 정말 자세히 보니까 수업시간에 잘하는 몇 놈만 하고, 못하는 놈들은 잠을 자거나 먼 산만 쳐다보고 있는 거에요. 잠자는 숲 속의 공주와 왕자가 30%에 이르렀죠. 그야말로 교육의 양극화였죠.

그래서 그해 겨울부터 고민을 하기 시작했죠. 고민 끝에 내린 결론은 '수업을 바꾸자'였습니다. 그리고 만든 것이 '수업연구회'입니다. 교사가 무얼 가르치냐가 중요한 게 아니라 학생들이 어떻게 배우느냐에 중점을 두었죠. 아이들이 깨어나도록, 스스로 배움을 할 수 있도록 노력했죠. 그것이 블록수업이고, 탐구학습이었죠. 그랬더니 많은 변화가 일어났죠. 아이들이 다이나믹해지고, 개성을 발휘하기 시작했습니다. 기존 틀에 잘 길들어 있던 아이들의 잠재력이 깨어나도록 했죠. 그랬더니 아이들이 다양한 시도를 했고, 시행착오를 겪으며 좌절도 했죠. 그러나 그러면서 많이 성장했고, 자기 자신의 내면의 힘이 성장하기 시작했죠.

그러다 보니 수업이 너무 안정적이 돼 버렸고, 다 갖추어진 조건이 답답해지기 시작했습니다. 아이들 스스로도 너무 조건이 좋다 보니 역동성이 떨어지기 시작했어요. 갈등과 자극이 부족했고, 도전과 상상력도 부족해졌어요. 또 과제를 해결하기 위한 집착과 끈기도 부족해졌어요. 수업의 안정은 새로운 도전과 상상력을 어렵게 합니다. 그래서 '다시 흔들자.'고 도발을 하고 있습니다. 교육적으로 유의미한 갈등과 자극, 이것을 어떻게 키울까 하고 지난해 가을부터 또다시 고민하고 있습니다. 그러서 다시 역동성을 살리기 위한 새로운 교육과정을 현재 연구 중입니다. 아마 내년부터는 다시 달라질 겁니다.

고등학교의 경우 그동안 NGO, 인턴십, 진로탐구, 농사, 목공 등을 4~5년간 계속해 왔습니다. 그랬더니 아이들이 숙달이 됐어요. 그래서 도전의식과 극한체험, 공공성을 첨가해 새로운 변화를 시작했죠. 가령 목공은 단순 목공이 아닌 사회에 기여하는 목공을 하고, 공공미술도 사회시설 환경개선 등 공공성을 강조했죠. 그랬더니 아이들이 동네 버스정류장과 학교에 벤치를 설치해 기여했죠. 또 농사짓는 아이들은 학교 앞에 안 쓰는 밭 1,000평이 있는데 정식으로 주인과 계약하고, 밭을 개간해 고구마를 심었어요. 가을에 수확 예정인데 수확도 안 한 상태에서 '아딸'이라고 아이들 사이에서는 유명한 분식점 전국체인 지역점에 주문생산공급계약을 맺었어요. 또 사회적 기업을 하는 놈들은 나중에 창업을 위한 예비자금 확보를 위해 재활용품과 중고매매품을 팔아 초기자금으로 활용하고 있어요. 해외통합기행팀은 태국 메솟을 지속적으로 방문하여 봉사활동을 펼치고 있고요.

교육의 본질에 충실한 교육이 학업성취도가 더 높습니다. 입학할 때 수능 7~9등급을 고 3학년때 4~5등급으로 끌어올리기가 가장 쉽습니다. 이것은 무조건 공부만 시켜서 되는 것이 아니라 그놈들이 깨어나게, 무엇인가 해보겠다는 자세를 갖도록 만들어야 합니다. 9등급 아이가 자세만 바로잡고, 마음만 먹으면 2~3등급은 쉽게 올라갑니다. 결국 어떻게 마음먹게 할까 하는 것입니다. 공부는 아이가 하는 것이고, 혼자 공부하는 힘을 키워주는 것이 학교가 추구해야 할 교육입니다."

용인 흥덕고등학교

흥덕고등학교의 등굣길 풍경

오전 8시. 용인 흥덕고등학교 교문에서 이범희 교장선생님과 이강환 선생님이 등교하는 학생들을 맞는다.

"교장선생님, 안녕하세요!"

"응~종규야, 잘 지내지? 너 요새 맘 잡았다고 소문났더라."

"찬홍아, 슬리퍼 말고 운동화 신을 수 없냐?"

"병철아, 너 요즘 공부 열심히 한다며…."

"영진아, 바짓단이 너무 좁은거 아니냐, 쫄바지 같다."

"광호야, 너 아직도 하냐?"

"노력 중인데요. 학교에서는 안 하려고 노력하고 있어요."

"교장선생님! 저는 끊었어요. 냄새 맡아보실래요?"

흥덕고등학교 아침 등굣길 풍경이다.

일반 학교, 특히 인문계 고교의 아침 등굣길 풍경은 아침 6시부터 학생들이 등교를 시작해 7시 정도면 거의 모든 학생들이 교문에 들어선다. 아침 0교시 수업을 해야 하기 때문이다.

그런데 흥덕고는 오전 8시쯤 돼서야 학생들이 하나 둘 교문으로 들어선다. 대다수의 학생들은 가방을 메었으나 일부 학생은 덥수룩한 머리에 가방도 없이 맨손으로 등교한다. 또 다른 학생은 상의만 교복을 입고 하의는 쫄바지에 슬리퍼를 신고 교문을 들어선다.

흥덕고에는 아침 0교시 수업이 없기 때문에 가능한 풍경이다. 또

● 등교하는 학생들에게 따뜻한 녹차를 대접하는 이범희 교장선생님

개교 때부터 두발자유화를 했기 때문에 학생들은 자유스럽게 등교한다.

학교도 오전 8시 10분까지 오면 된다. 8시 10분부터 20분 동안은 '영상을 통한 감성치유' 시간이다. 수업은 오전 8시 40분 1교시를 시작해 7교시까지만 한다. 8교시는 교사들이 무료로 진행하는 '학습과 특기 방과후활동'을 한다. 오후 5시 30분이면 모든 수업이 끝나 집에 가도 된다. 그러나 50여 명의 학생들은 스스로 학교에 남아 이른바 '야자(야간자율학습)'를 한다. 그러나 그것도 다음 날 수업에 지장이 없도록 오후 9시까지로 제한돼 있다.

3월 개교 때부터 매일 아침 교문에서 등교하는 학생들을 맞이하고 있는 이범희 교장선생님은 1학년 140여 명 전체 학생의 이름을 거의 다 알고 있다.

　그렇기 때문에 등교하는 학생 한 명 한 명에게 관심을 보이고 범상치(?) 않은 대화와 농담을 주고받기도 한다. 그래서 이범희 교장에게 여느 학교와는 다른 진귀한 이야기를 들을 수 있다. "어느 날 조금 늦게 등교하던 학생이 갑자기 달려와 '아빠' 하며 저를 꼭 껴안는 거예요. 순간 당황했지만 오죽했으면 이럴까 하고 저도 꼭 껴안아주었어요. 아이의 마음이 느껴지더라고요. 마음의 상처가 있는 거죠. 어떤 아이는 등교하다 말고 저한테 다가와 '교장선생님 저 담배 끊었어요. 이제 냄새 안 나요. 맡아보세요.' 하며 자랑하기도 해요. 아이들은 이처럼 순수하고 맑아요."라고 말한다.

흥덕고등학교 일기

　　'아빠 안녕하세요 ㅎㅎㅎㅎㅎㅎㅎ 누군지 알죠 ㅋㅋㅋ
　　그때 교장선생님 말씀 듣고 진짜 울 뻔했어요 ㅜㅜㅜㅜ
　　그래서 진짜 잘해 보려고 했는데 몸이 잘 안 따라주네요
　　그래도 진짜 많이 바뀌었습니다. ㅋㅋ
　　교장선생님 힘내시고요. !!!!!!!!!!!!!!!!'

　　'교장선생님을 비롯한 모든 선생님들께 정말 죄송합니다.

처음엔 선생님들과 학교에 대해서 잘 몰라서 입학 첫날부터 흡연을 했는데요, 점점 이건 아니라는 생각이 들었어요. 실망시켜 드려서 죄송합니다.'

'학교가 처음보단 많이 좋아지고 있는것 같아요!! 담배 냄새도 많이 사라지고 오늘 교장선생님 말씀 들으면서, 금연패치? 그거 얘기 들을 때 저도 쫌 감동~ 점점 변하고 있다는 생각이 들었어요! 점점 더 좋아지겠죠! 새치기도 좋아지시겠죠! 아직 다른 인문계 고등학교에 비해 부족한 점은 많지만 점차 좋아지겠죠!~ 걱정인 건 우리 학교가 쫌 수업진도가 느린 것 같더라고요. 다른 학교 친구들은 벌써 많이 나갔는데…. 다른 학교 친구들하고 진도가 많이 차이 나지 않을까 걱정되네요. 뭐 공부는 다 자기하기 나름이지만? 솔직히 저도 첨엔 입학식 끝나고 한숨만 나오고 전학 가고 싶고 그랬는데 지금은 그런 소리 들으면 화가 나네요! 많이 노력하고 변하는 모습이 보이는데…. 선생님들 많이 힘드실 텐데 힘내시고요! 아침에 선생님들이 교문 앞에 서 계시는 게 정말 감동이더라고요. 눈 엄청 많이 왔던 날 아빠 차 타고 오면서 '아빠! 오늘도 선생님들 나와 계실까? 이렇게 눈 오는데 설마 나와 계시겠어?' 하고 내렸는데 우산 들고 두 분이셨나 세 분이셨나 하여튼 교장선생님이랑 같이 서 계시더라고요. 웃으면서 인사해 주시고…. 정말 감동 이런 학교는 첨 봤어여ㅎㅎ. 그날 야자 끝나고 집에 갈 때도 눈 많이 왔는데 교장선생님 배웅 나와 계시고, 학생들을 위해 추운데 희생해 주시

● 테마입학식 후에 선생님과 학생들이 일일이 인사를 나누고 있다.

는 게 정말정말정말 감사해요!!! 다른 학교 친구들이 학교 생활에 대해서 말하는 거 들어보면, 치마 걸려서 맞고, 머리 걸려서 맞고, 성적 가지고 차별하고, 무시하는 발언을 수업시간에 애들 다 있는 데서 막 한다고 하더라고요. 공부 잘하는 애들 위주로 설명하고 못하는 애들한테는 너네는 못하니까 그냥 넘어가 이런다고 하고. 이런 거 보면 정말 우리 학교가 좋은 학교라는 생각을 해요!! 학생들을 더 존중해 주는거 힘드실 텐데 선생님들 정말 감사드리고요 힘내세요!! 학생들도 힘내세요!! 더 좋은 홍덕고등학교가 됐으면 좋겠어요. 그리고 좋은 디자인 나와서 얼른 교복 입고 싶네요~.'

'교장선생님과 많은 얘기를 나누었다. 우리 학교는 정말 좋은 학교지만 교내 흡연문제가 심각한 것 같다. 교장선생님뿐만 아니라 다른 선생님들께서도 흡연 때문에 많이 신경 쓰시는 것 같다. 교장선생님께서는 학교 복도 벽에 글을 써서 붙여놓으셨다. 많이 속상하신 것 같다. 나는 교내 흡연은 좋지 못하다고 생각한다. 그러므로 우리 흥덕고등학교를 정말 좋은 학교로 바꾸어나가려면 흡연을 하는 학생들이 교내 흡연을 해선 안 된다. 교장선생님께서 정말 애쓰시며 노력하는 것을 보고 친구들이 빨리 정신을 차려서 좋은 학교로 빌진되게 만들어나갔으면 하는 바람이다.'

'공교육이 무너지고 있다고 걱정들이 많은 현실입니다. 그러나 그 속에서도 변화하는 현실을 직시하며 무너져야 할 것과 무너져서는 안 될 것들을 구분하고, 다시 새롭게 세워나가야 할 교육의 원칙과 방법론을 찾기 위해 노력하자 다짐합니다. 다른 것 탓하지 말고 내가 어떻게 달라져야 할 것인가를 먼저 고민하자고, 그것이 흥덕고등학교 교사된 사람의 업보요, 운명이라고 말입니다. 쉬운 길 가지 말자 다짐합니다. 순간순간 유혹이 없는 것 아니지만 편한 길 가지 말자 서로 채근하며 가자고 다짐합니다. 내 아이만 보지 말고 우리 아이로 보자고 용기 내어 부탁도 드려봅니다.'

'금연패치를 너무 많이 붙여 헛구역질하는 아이도 있습니다. 금연하겠다고 목캔디 수시로 먹는다고 달려와 이야기 꺼내는 아이도 있습니다. 그 아이들을 믿습니다. 교사의 체벌이 무서워서가 아니라 교사의 진정 어린 사랑에 감동해서 금연하겠다는 아이들의 변화를 믿습니다.'

'많은 고민 끝에 결정 내린 선택의 학교였습니다. 아이 편에서보다는 엄마 편에서 학교를 결정했는지도 모르지요. ^^^'

입학하고 늘 노심초사하면서 매일 하교하는 아이에게 물었습니다. "오늘은 어땠니?" 늘 습관처럼 입학한 지 한 달여 간을 물었습니다. 학교가 달라지는 것을 보는 것이 아니라, 어쩌면 전 아이가 달라지는 모습을 기다렸는지도 모릅니다. 어느 날 아이가 교문 안쪽에 우산을 받쳐들고 계시는 교장선생님과 여러 선생님들을 보면서 "엄마! 오늘은 비가 오고 너무 추워보이시는데….따뜻한 커피라도 한잔 드렸으면 좋겠어. 그럼 좀 따뜻하실 텐데" 하는 말에 저는 눈가에 눈물이 핑돌았습니다. 아이는 편의점 앞에 차를 세우게 하고는 따뜻한 캔커피를 몇 개 샀습니다. 교장선생님 앞에 가서 쑥스럽게 내미는 그 모습이 얼마나 대견하고 이뻤던지…. 가슴이 정말 찡했습니다. 요즘 정말 보기 드문 선생님과 제자 사이가 아닐까 해서요. 자기 것만 챙기는 아이들, 남보다는 나를 먼저 생각하는 아이들이 현실의 아이들인데…. 정말 달라지는 모습에 제 자신의 선택에 한번 더 확신을 둡니다. 지금 마음처럼 사제 간에 신뢰가 있다면 언제든 흥덕고등학교는 번창할 것이라 믿습니다. 요즘 정말로 드문 신뢰 있는 진정한 교직자를 뵙는 것 같습니다. 지쳐가는 홍덕고등학교 교장선생님과 여러 선생님들. 그분들 뒤에 진정한 학생의 모습으로 자라나는 아들딸들이 있습니다. 힘내세요. 사랑합니다. ^^ 감사합니다^^.'

홍덕고등학교의 학생과 학부모, 선생님들의 일기다.

이 학교는 대안학교가 아니다. 공립학교이며, 인문계 고등학교다. 그런데 새로 문을 연 이 학교는 어딘가 뭔지 모르게 어수선하고 문제아들만 모아놓은 듯한 느낌을 준다. 그 이유는 홍덕고등학교가 고교 비평준화지역인 용인지역에서 개교했기 때문이다.

비평준화지역에서는 학교별로 고입시험을 치러 진학하기 때문에 이른바 공부 좀 하는 학생들은 새로 개교하는 학교에 가지 않는다. 때문에 새로 문을 여는 학교에는 공부를 못해도 합격할 만한 아이들이 몰린다. 비평준화지역에서 개교하는 학교는 모두 그렇다. 그래서 자리 잡는 데 3년 정도 걸리고, 교사들도 새로 개교하는 학교에 배정되는 것을 기피한다.

홍덕고등학교도 마찬가지로 용인과 수원지역 46개 중학교 출신 147명이 입학했다. 수능으로 따지면 수능 8~9등급 아이들이 대부분이다. 그렇다고 공부 못하는 아이들만 있는 것은 아니다. 그러나 다른 학교에 진학했다가 적응하지 못하거나 중도에 학업을 포기했다가 전학 온 학생들도 여럿 있다.

그러다 보니 교내에서 담배 피우는 아이, 폭력을 행사하거나 왕따 시키는 아이 등 여러 부류의 아이들이 섞여 있다. 이 아이들은 성장의 아픔이 남아 있고, 상처가 있는 아이들이다.

그러나 그런 아이들이 변하고 있다. 입학할 때는 문제아였으나 한 달, 두 달 지나면서 스스로 깨닫고 담배를 끊고, 친구들과 화합하며 자존감과 성취감을 찾아가고 있다.

이제는 학교 소문을 듣고 인근 학교 학생들이 전학 오고 싶어 하는 학교로 바뀌고 있다.

경기도교육청보다 앞선 흥덕고등학교 '학생생활(인권)권리규정'

경기도교육청은 '경기도 학생인권조례'를 공포하고, '학생인권의 날'을 선포했다.

학생인권조례는 학교 내 체벌금지, 강제 0교시 수업 및 야간자율 학습·보충수업 금지, 두발·복장의 개성 존중 및 두발 길이 규제금지, 학생 동의 아래 소지품 검사, 휴대전화 소지의 부분적 허용, 인권교육 의무화 및 학생인권옹호관 설치 등을 담고 있다.

그런데 흥덕고등학교는 개교 때부터 0교시 수업 않기, 두발자유화, 체벌 없는 학교를 실시하고 있다. 경기도도교육청보다도 앞서 가고 있는 셈이다.

학생회장 이상우 군(16세·2학년)은 "다른 학교처럼 머리도 짧게 자르지 않고, 선생님들의 체벌도 없어 다른 학교 친구들이 부러워한다."며 "학교 분위기 자체가 자유로워서 아이들이 스스로 깨달아가고 열심히 공부하고 있다."고 말했다.

홍덕고등학교는 입학식이 끝나자마자 3일 동안 '날자! 홍덕인이여!'라는 주제로 새내기 예비학교를 진행했다. 이 자리에서 학생들은 학생생활규정을 만들기 위해 모둠별 토론을 진행했다.

학생들은 정해진 규율과 규정 대신 스스로 학생 중심의 생활권리

● 학생자치회 활동 모습

규정을 만들어나갔다. 모둠별 토론과 전체총회를 거쳐 두발, 휴대전화 사용, 악세서리 착용, 보충자율학습 운영방법 등에 대해 열린 토의를 펼쳤다.

'두발과 휴대전화는 자유롭게 해달라', '액세서리는 자유롭게 하되 크기는 적당하게 해달라', '안 때렸으면 좋겠다', '심한 염색은 하지 말자', '무단결석 하지 말자', '선생님과 친구들을 배려하자' 등 마음에 드는 이야기들이 나올 때마다 학생들은 박수와 환호로 공감과 동의를 표시했다.

허용은 하되, 도를 넘지 말자는 것이 다수 학생들의 바람이었다.

이날 토의에서 정리된 내용들은 학부모 총회와 교사들의 의견을 모아 합동토론을 벌인 후 학교운영위원회를 거쳐 학생, 학부모, 교사 등 모두가 동의하는 '학생생활(인권)권리규정'으로 탄생했다.

학생생활권리규정은 제1장 총칙에 이어 제2장 학생의 인권으로 차별받지 않을 권리, 폭력 및 위험으로부터의 자유, 교육에 관한 권리, 사생활의 비밀과 자유 및 정보의 권리, 양심·종교의 자유 및 표현의 자유, 자치 및 참여의 권리, 학급자치회, 복지에 관한 권리, 권리침해로부터 보호받을 권리, 소수 학생의 권리보장 등의 내용을 담았다.

제3장은 학생인권의 진흥, 제4장 학교생활은 학교생활지도협의회, 징계 등 절차에서의 권리를 담았으며, 제5장 학생생활은 교내생활과 교외생활에 대해 규정했다.

홍덕고등학교의 '학생생활(인권)권리규정'은 경기도교육청이 제정한 '학생인권조례'의 모든 내용을 담고 있다.

　수십 년간 우리나라 교육사회 속에서 학생들은 자유롭지 못한 상태로 학교를 다녀야 했다. 학생들에 대한 자율억압의 정당화를 옹호하고 있던 기저의 논리는 '학생들은 풀어놓으면 방종해진다.'는 것이었다. 이 논조에는 아이들이 그들의 자율의지를 스스로 제어하지 못하는 미숙한 존재라는 폭력적인 시선이 깔려 있다. 그러나 이것은 터무니없는 것이다. 아이들은 자신들의 자율과 방종의 선을 그을 만한 충분한 인지능력이 있다. 학생들은 자신의 자존과 인권을 누릴 자격이 있으며 이것은 홍덕고등학교의 '학생생활권리규정'을 제정하는 과정에서 드러난다.

　경기도 내 학교들은 2011년 새학기부터 학생인권조례를 시행하기 위해 바쁜 일정을 보내고 있다. 하지만 홍덕고등학교는 '학생생활권리규정'을 바꿀 필요가 없어 느긋하다.

　학생들은 우리의 다짐과 결의로 새내기 학교를 끝냈다.

　'첫째, 나는 학교에서 흡연을 하지 않겠습니다. 둘째, 나는 선생님과 친구를 존중하고 어떠한 경우라도 상호 폭력행위를 하지 않겠습니다. 셋째, 나는 홍덕고등학교의 주인으로서의 책임을 다하겠습니다.'라고 결의를 했다.

　학부모 간담회에 참석했던 한 학부모는 이렇게 말했다.

　"우리 아이가 홍덕고등학교에 입학한 것이 자랑스럽고 큰 행운으로 여겨지는 간담회였습니다. 어찌 보면 여러모로 소외되고 학교의

● 학생자치규정에 대하여 선생님과 학생들이 토론하고 있다.

관심을 덜 받았던 아이들, 성적이란 잣대로 아이를 평가하고 틀에 박힌 고정관념으로만 아이들을 평가하는 일반 학교에서 마음에 상처를 받았을 아이들에게 꿈과 희망을 안겨줄 수 있는 학교란 생각에 순간 가슴이 벅차오르고 눈가에 이슬까지 고이더군요. 잠깐이지만 시청각실이나 복도에서 만난 아이들이 복장도 자유롭고 두발도 엄청 자유로웠지만 아이들의 얼굴이 행복해 보였습니다. 제 아이도 입학식을 하고 온 날 "엄마! 학교 짱 재밌어" 하며 현관문을 열고 들어오는데 속된 말로 입이 귀에 걸렸더라고요. 아이들이 학교 가는 게 행복한 학교, 보기 드문 학교지요. 그런데 학교 가는 게 즐겁다면 일단은 좋은 시작이라고 봅니다. 교장선생님 말씀대로 상처받은 아이들이라면 함께 보듬고 보살펴서 아이들이 진정으로 자기가 하고 싶은 것이 무엇인지 그 꿈을 찾아 실천할 수 있는 고등학생 시절을 보낸다면 그걸로도 충분하다고 생각합니다. 선생님들의 열린 생각, 부모님들의 적극적인 관심과 사랑으로 함께 '아이들이 행복한 흥덕고등학교'를 만들어가고 싶습니다."

이 부모에게 중요한 것은 아이가 얼마만큼 높은 점수를 받고 좋은 대학에 가느냐는 게 아니다. 아이가 한 번이라도 어둠을 걷어내고 밝게 웃을 수 있는 것, 자신이 하고 싶은 것이 무엇인지, 좋은 스승을 만나 자신의 내면에 있던 자존감을 느낄 수 있게 되는 것이면 충분한 것이다.

그것을 잘 알고 있는 이범희 교장은 이렇게 말하고 있다.

"우리 학교 학생들에게 무엇보다도 필요한 것은 억압과 통제가 아닌 자율과 책임의식을 키우고 자아존중감과 성취동기를 키우도록 하는 것입니다. 이를 실천하기 위해 학생자치 활동을 통해 학생들 스스로 자치적인 역량을 키우고 성장동기를 발견할 수 있도록 도와주는 필요하다고 생각했습니다. 성취동기와 자아존중감 함양을 위해 학생자치회 중심의 축제 및 봉사활동 추진, 학생자치회가 기획하고 추진하는 통합기행 운영, 학교 홈페이지 운영의 자발성과 민주성 등을 추진했습니다. 또 아이들이 스스로 학생규범을 만들과 자발적 실천활동을 통한 자율과 책임의 학생문화를 만들어나가는 중입니다. 우리는 이러한 과정과 활동을 통해서 아이들이 사회에 공헌하는 건강한 민주시민의식을 배우고 자존감과 성취동기를 높이기를 기대합니다".

아이들끼리 모든 것을 해결하는 '통합기행'

안면도팀 통합기행보고서

김문겸(안면도팀 인솔교사)

저희 안면도팀의 기행목적은 첫째, 패총박물관을 통해 안면도에 살았던 선사시대인들의 생활상을 파악하는 것이고 둘째, 자연휴양림에 서식하는 식물조사 활동과 갯벌을 체험해 보는 것입니다.

우리들은 아침 8시 30분까지 수원버스터미널에 도착해 9시 출발 버스를 타고 태안에 도착해 분식집에서 점심을 먹었습니다. 점심을 먹고 난 후, 근처 마트에서 우리가 먹을 음식 재료들을 구입하고, 버스를 두 번 갈아탄 후에야 숙소에 도착했습니다.

원래의 계획은 박물관을 먼저 가는 것이었지만, 짐이 무겁기 때문에 숙소에 먼저 가기로 했습니다.

숙소에 도착했지만 3시에 들어갈 수 있다고 해 잠시 기다렸습니다. 시간이 되어 숙소에 들어왔고, 쌀을 씻어 전기밥솥에 저녁을 미리 해놓고 꽃지해수욕장으로 출발했습니다.

꽃지해수욕장에 도착해 돗자리를 깔고 물놀이와 모래놀이 등을 하면서 친구들과 즐거운 한때를 보냈습니다. 물은 아직까지 차가웠으나 물속에서 오래 있으니 있을 만했습니다. 가끔은 짠 바닷물을 맛보기도 했고요.

바닷가 활동을 끝내고 숙소로 돌아가 준비해 온 삼겹살 25인분을 조별로 구워 먹고, 하루를 평가하는 시간을 가졌습니다.

평가하는 시간에 대부분의 애들은 적극적으로 참여했지만 몇몇 애들은 말을 듣지 않았습니다.

저녁에 삼겹살을 먹었음에도 불구하고 애들은 라면을 먹었습니다. 그리고 게임기로 게임을 하고 카드를 날리고 수박에 카드를 꽂는 등 많은 놀이를 했습니다.

이튿날 아침식사를 마치고 마지막 날에 하기로 한 숲 속 자원봉사활동을 조별로 하여 봉사활동시간 2시간을 얻었습니다. 양치식물원과 야생수목원 등을 돌며 질문지의 답들을 채워나갔는데 '이은상 시인 시비 제목은?'이라는 질문은 수목원을 돌아다니며 찾았지만 입구 근처에 있어서 우리를 무척이나 힘들게 하였습니다. 이은상 시인의 시비 제목은 '나무의 마음'이었습니다.

숲 체험행사를 마치고 난 후에 버스를 타고 패총박물관으로 이동을 해 박물관 조사활동을 했습니다.

영상기획실에 들어가 '패총이란 무엇인가?'란 영상물을 보았고, 전시관도 돌면서 선사시대 사람들이 어떻게 생활했는지 느껴볼 수 있었습니다. 또한 체험학습장에서 토기 무늬찍기 체험을 해보았고, 민속생활관에서는 어촌의 생활상과 그곳에 마련된 공기돌을 가지고 공기놀이도 해보았습니다. 박물관 야외에는 제기, 팽이, 투호 등 민속놀이를 즐길 수 있도록 해놓아 직접 체험해 보았습니다. 처음 돌려보는 팽이는 잘 돌지 않았지만 재미가 있었고, 투호놀이와 제기차기도 즐거웠습니다.

박물관 조사활동을 마치고 난 후 주위에 있는 식당에서 갈비탕과 냉면으로 점심을 먹은 후 1시간가량 버스를 기다리다 해수욕장으로 출발했습니다. 해수욕장으로 직접 가는 버스가 없어 근처에 내려 길을 걷다 샘이 길을 잘못 들어서 왔던 길을 되돌아가는 일도 발생했습니다. 오늘의 저녁은 치킨 12마리였습니다. 치킨을 먹고난 후에 선생님이 만드신 김치찌개를 먹고 취침을 했습니다.

마지막 날, 7시 30분에 기상을 하여 아침을 먹고 숙소 청소를 깨끗하게 한 뒤 택시를 타고 안면도터미널에 내려 기다리다가 태안을 거쳐 수원버스터미널에 도착해서 점심을 먹은 후 각자 귀가했습니다.

우리 안면도팀의 2박 3일 통합 기행을 한마디로 표현하면 '기다림'이라 할 수 있습니다. 활동을 하기 위해 버스를 기다리는 시간들이 꽤 길었으니까요. 그 시간을 통해 참는 것도 배웠죠. 또 집에서는 느끼지 못한 자유를 느낄 수 있었습니다. 며칠 선생님과 함께하니 아저씨와 같이 다니고 있다는 친근한 느낌도 받았죠. 선생님은 걸으면서 저기 바다가 보인다고 했지만 우리 눈에는 안 보였습니다. 안보인다고 하니 샘이 "바다는 마음으로 보는거야."라고 하시더군요. 참…. 걷고 기다리는 게 힘들었지만 재미와 보람도 있었던 기행이었습니다.

홍덕고등학교는 여름방학을 앞두고 2박 3일간 '통합기행'을 다녀왔다. 통합기행은 일종의 소풍, 수학여행인데 그 형태와 내용이 일반 학교들과는 좀 다르다.

통합기행은 교실을 떠나 삶의 다양한 현장을 체험하면서 청소년기의 올바른 자아찾기, 진로에 대한 진지한 모색, 체험을 통한 산 교육, 동료와의 연대와 협동, 자기성취를 위한 여정이다.

다른 학교 수학여행은 한 학년 전체가 같은 곳으로 버스를 10여 대 대절해 다녀온다. 그러나 이 학교는 지리산 종주팀, 강촌팀, 철원 DMZ팀, 안면도팀, 강원 인제팀 등 10팀이 10~15명씩 모둠으로 130여 명이 다녀왔다. 각 모둠마다 인솔교사 1~2명씩 참여했지만, 말 그대로 인솔의 의미만을 가진다. 아이들은 6월부터 자기들끼리 평소 가고 싶었던 곳을 추천하면서 통합기행 장소를 선정하기 시작했고,

그곳을 택한 아이들끼리 모여서 기행기획에서부터 이동수단, 프로그램까지 소소한 부분에서 커다란 부분까지 전체적인 기행과정을 그들 스스로 결정했다.

학교에서는 딱 한 가지만 막았는데 버스 등의 대절을 못 하게 했다. 아이들이 버스와 기차 등 대중교통 편을 이용해 스스로 고행을 하며 여행을 통해 자기 자신을 돌아보고 진학과 진로에 대해 고민하는 귀중한 시간이 되도록 했다.

여행 때는 아이들끼리 사신 남낭, 기록 담당, 식사 담당, 토론회 진행 담당 등 역할을 분담해 각자 맡은 역할을 담당했다. 또 통합기행을 다녀와서는 여행기록을 정리하는 생활 글쓰기를 통해 개인별 보고서와 모둠별 보고서도 작성해 제출했다. 그리고 보고서는 방학식 때 발표됐다.

이범희 교장은 "지리산 종주팀은 수원역에서 밤 11시 20분 기차를 타고 떠났는데 새벽에 도착하자마자 산에 올라갔답니다. 동해 해돋이팀은 못할 것 같았는데 새벽에 일어나 해돋이를 보고는 제 휴대전화로 해돋이 광경을 전송하기도 했고요. 꼼짝거리기 싫어하는 아이들이 집을 떠나고, 학교를 떠나 고생하면서 많은 것을 느꼈을 겁니다."라며 만족한 표정으로 웃었다.

● 점심시간을 이용하여 굿네이버스와 함께 세계빈곤퇴치 캠페인 활동을 진행함

교장선생님과 문자하는 아이들

　흥덕고등학교는 수요일에는 5교시 수업만 하고 끝난다. 그렇다고 집에 가는 것은 아니다. 선생님들은 외부 강사를 초빙해 교사들의 전문성 향상을 위한 '교사 성장의 날' 공부를 한다. 학생들도 나누면서 행복해지는 것을 배우기 위한 다양한 봉사활동에 나선다.

　25명의 학생들은 용인지역에서 '굿네이버스' 봉사활동에 참여하고 있다. 굿네이버스는 가난하고 소외된 지구촌 이웃들의 아픔에 동참하기 위해 설립된 국제구호개발 NGO단체다. 학생들은 지역아동센터에서 아동들을 돌보기도 하고, 빈곤퇴치 및 일대일 해외아동 결연 캠페인도 전개한다. 세계빈곤퇴치의 날 기념 'ODA(공적개발원조 또는 정부개발원조) 0.7% 확보를 위한 5만 명 서명운동'에 참가하기도 했다.

또 30여 명의 학생은 경기 광주시에 있는 중증장애아 시설인 '한사랑마을'을 방문해 장애아들을 돌본다. 한사랑마을에는 학부모들도 2~3명씩 조를 짜서 함께 간다.

다음은 봉사활동을 마치고 돌아오던 아이들이 교장선생님에게 보낸 문자다.

- 완전 보람찬 하루였어요. ^*^
  애들이 귀여웠어요. 교복으로 콧물도 닦아주고ㅋㅋ

- 교장쌤~~ 애기들 완전 이뻤어요. 담에는 교장쌤도 꼭 같이 가용~~

- 재밌고 보람 있었던 하루여써요. 이런 기회 만들어주셔서 감사합니다.

- 지난 번보다 힘들었지만 그만큼 더 보람 있었어요. 정말 재미있었어요. 다음에 또 가고 싶어요.

- 힘들었는데 거기서 활동하시는 선생님들은 더 힘드실 테니 봉사할 때 더 열심히 해야겠어요.

- 재미있었습니다. ㅋㅋ 담에 또 가서 동생들과 놀아주고 싶습니다. ㅋㅋ

- 아이들의 의지와 상관없이 다르게 태어나 힘들게 살아 가는 천진함이 안타깝네요.

- 한 번 가고 힘들었는데도 뿌듯함 때문에 계속 가게 됩니다. ㅋㅋ

- 즐거웠고 보람되는 일이었습니다. ㅋㅋ 아기한테 저 따귀도 맞았어요. ㅋㅋ

- 지식이 부족해 피해 줬다. 하지만 잘해 줘서 웃었다. 찡찡거리는 애들도 있었다. 잘해야겠다.

- 예쁜 모습의 아이들 좋은 추억 만들어서 행복합니다.

- 아이들이 많이 성숙해진 듯 보입니다. 땀 흘리면서 열심히 하는 모습들이 너무 이쁘네요. 칭찬 많이 해주세요. 잘 마치고 갑니다.

- 오늘 한사랑마음을 갔다 왔어요. ㅎㅎ 보람 있어서 좋았어요. ~~

이범희 교장은 '우리 아이들이 주어진 조건에 감사하는 마음으로 살아갈 수 있기를, 그리고 하루하루, 순간순간 최선을 다하며 성장하기를, 다소 지친 모습으로 버스에서 내리는 아이들의 모습에서 아침보다 부쩍 성장한 느낌이 들어 많이 행복한 저녁입니다.'라는 소회를 남겼다.

성장의 아픔이 남아 있는 아이들

홍덕고등학교 이혜규 교사가 한 말이다.

"제 소원이 뭔지 아세요? 제발 우리 반 아이들 28명이 한번 같이 모여보는 것이 제 소원이었어요. 그런데 불가능할 것 같은 소원이 학기말시험 볼 때 이뤄졌어요. 중간고사 때는 시험을 안 치른 아이들이 있어서 한자리에 모일 기회가 없었는데 학기말고사 때는 아이들한테 '학기말시험 안 보면 유급시킨다.'고 엄포를 놓았더니 아이들이 전원 등교해서 시험을 치르더라고요. 그래서 입학 후 처음으로 우리 반 아이들 전원이 한자리에 모이는 소원을 이뤘어요."

대체 어떤 분위기였으면 담임이 반 학생들을 전부 한자리에 모아놓는 것이 소원이라는 말을 했을까.

다른 학교에 있다가 개교하는 홍덕고등학교로 발령을 받은 그는 처음에는 깜짝 놀랐다고 한다. 아침에 학교를 왔던 아이가 어느새 사라지고, 아침에는 없던 아이가 오후에는 나타나는 등 신출귀몰한 행동에 넋이 나갔다고 했다.

"일반 학교에서는 볼 수 없는 일들이었어요. 그래서 학기 초에는 힘들어서 2주 사이에 5kg가 빠지기도 했어요." 그러나 그의 이런 충격은 곧 아이들에 대한 연민으로 변해 갔다.

"그런데 한 달 두 달 지나면서 아이들이 이해되고 측은한 마음이 들기 시작했어요. 아이들을 상담하다 보면 겉으로는 너무 멀쩡한 가정인데도 속으로는 새아빠, 새엄마, 아이들 성이 다른 형제들이 6명이 되는 가정이 있는 등 아이들 마음속에 상처가 있더라고요. 우리 아이들은 관심이 그립고 정이 그리운 아이들이었어요. 상처받고 소외되고 어느 누구 하나 관심도 안 쏟아주고…. 그래서 그렇게 막 행동했던 거예요. 아이들이 한 달이 지나고 나니 딱히 할 말도 없으면서 쉬는 시간에 교무실에 와서 교사들에게 인사도 하고 상담도 하고 그래요. 그래서 쉬는 시간 교무실은 교사들과 아이들이 어우러져서 돗대기 시장이 돼요. 우리 아이들한테는 공부도 중요하지만 먼저 아이들의 마음을 치료하고 치유할 수 있는 프로그램이 필요해요. 겉으로는 멀쩡하지만 속으로는 마음속 상처가 깊어요. 그래서 아이들 마음속 깊은 곳에 있는 슬픔과 상처를 풀 수 있는 감성치료와 정신치료부터 해야 한다고 생각해요. 그래야 아이들이 '아! 이렇게 살면 안 되겠구나.'라고 생각하고 마음을 다잡고 열심히 자기 인생을 살고 공부를 하겠죠."

"방학 첫날 '모래놀이 치유 프로그램'을 진행했는데 우리 반에서 8명이 신청했어요. 신청자가 많아 3명만 뽑았는데 그 아이들은 제가 볼 때 우리 반에서 가장 멀쩡한 범생이(모범생)들이었어요. 그런데 그 아이들이 모래놀이 치유 프로그램을 하면서 펑펑 울었다고 하더라고요. 그 얘기를 듣고 깜짝 놀랐어요. 소위 범생이들이 그렇게 울 정도였으니 다른 진짜 문제아들 가슴속은 얼마나 슬픔이 많고 상처가 깊겠어요."

● 모래놀이 치유 프로그램에 사용된 도구

정보과학부장인 김문겸 교사는 그가 입학식 때 느꼈던 것과 그 후의 변화에 대해 이야기를 해주었다.

"입학식 때 아이들 좋으라고 마술공연을 했는데 아이들 표정이 무표정하더라고요. 웬만한 아이들 같으면 좋아도 하고 신기해하기도 하며 박수를 칠 텐데 우리 아이들은 멍한 표정으로 앉아 있었어요. 그랬던 아이들이 요즘은 표정이 환해졌어요. 1학기 동안 수업방식을 세 번이나 바꿨어요. 이 방법이 안 통하면 다른 방법으로, 다른 방법이 안 통하면 또 다른 방법으로 바꿨어요. 한마디로 아이들 눈높이를 찾아 맞추는 방식이었지요. 그랬더니 아이들의 만족도도 향상되고, 차츰 성장하고 있다는 느낌을 받았어요. 그제 다르고, 어제 다르고, 오늘 또 다르게 크고 있다는 생각입니다. 한 학기 동안 단기간 성과는 없었으나 변화는 읽을 수 있었습니다. 아이들이 변화하는 모습이 느껴집니다. 그래서 다시 한 번 느꼈는데 학교마다, 아이들마다 차이가 있는데 그 차이를 인정하지 않고 일방적으로 꽂는 방식은 위험하다고 생각합니다."

역사를 가르치는 조두형 교사 역시 아이들에게 눈을 맞춘 소통의 중요성에 대해 말한다.

"아이들을 가만히 들여다보면 수업시간을 제외하면 한순간도 쉬지 않고 살아 움직입니다. 수업시간조차 MP3플레이어로 음악을 듣는 아이들, 날마다 인터넷 게임에 몰두하는 아이들, 어쩌다 짬이 나면 친구들과 극장이나 노래방에 가는 것을 최고의 즐거움으로 아는 아이들, 특정 연예인에게 거의 헌신적인 사랑을 바치며 열광하는 아이들, 날마다 두근거리며 학생부 선생들의 눈을 피해 학교를 다닐지언정 잘 기른 파마머리에 염색을 하고 싶은 아이들이죠. 그런데 현장교육은 학생 중심의 능동적이고 적극적인 수업이 아니라 여전히 교사 중심의 주입식 교육이 보편화되어 있습니다. 학생의 입장에서 교사의 수업을 보면 자기들과 무관하고 어렵고 이해하지 못하는 내용들을 이야기할 뿐이죠. 교사의 입장에서는 수업을 따라오지 못하는 아이들의 능력만을 탓하거나 어차피 의욕이 없는 학생들을 대상으로 무엇을 할 수 있을까 하는 생각 때문에 그저 답답하게 느껴질 뿐입니다. 이러한 상황이 반복되면 학생들은 수업에서 무엇인가를 배우는 것을 일찍부터 포기하고 맙니다. 이런 상황을 해결하기 위해서는 교사 혼자만 일방적으로 이야기하는 것이 아니라 학생들이 즐겁게 참여하고 교사와 학생이 보다 친근감 있게 소통하는 것이 중요합니다."

최근 교육과학기술부의 '위기학생 실태조사 및 지원방안 연구' 보고서가 발표됐다. 이 보고서에 따르면 우리나라 초·중·고교 학생 5명 중 1명은 학교생활에 적응하지 못해 교육목표를 달성하기 어려운 '위기학생'인 것으로 나타났다. 보고서는 위기학생은 우리나라 전체 학생 수의 23.9%인 약 177만 9871명에 이른다고 밝혔다.

위기학생이란 학교생활에 적응하지 못해 정책적으로나 교육적·심리적으로 적절한 개입 없이는 학교가 제공하는 긍정적 교육경험을 하지 못하거나 교육목표를 달성하기 어려운 학생을 이르는 교육용어이다.

보고서에 따르면 또래의 부정적 압력이나 가족적 위험요인 등 위험요인이 높고 자아존중감, 부모의 관리와 감독 등 보호요인이 낮은 '고위기학생'은 전체의 4.5%로 약 33만 5122명이나 됐다. 또 준위기학생은 19.4%, 취약학생 1.1%, 적응 유연학생 0.2%, 일반학생 49.8%, 적응학생 18.0%, 고적응학생 6.9%로 집계됐다.

학교급별로는 전문계고 42.1%, 인문계고 31.5%, 중학생 28.5%, 초등학생 14.3%가 위기학생이었다. 또 재혼가정 자녀 가운데에는 40.5%가 위기학생인 것으로 나타났고, 학업성적이 하위권인 학생

● 심성놀이 모습

의 43.3%가 위기학생이었다. 이밖에 여학생(21.6%)보다는 남학생 (26.5%)이 위기학생 비율이 높았다.

평택대학교 차명호 교육대학원장 연구팀이 교육과학기술부의 지원을 받아 전국 81개 초·중·고교 학생 7262명을 설문조사한 연구에 따르면 위기학생이 가장 많이 경험했다고 답한 위험행동은 개인적 위험행동 가운데 음주경험(47.1%), 인터넷 중독(38.0%), 인터넷 게임 및 채팅(36.0%), 흡연(27.2%), 키스(22.9%), 우울장애(20.2%), 자살시도(19.4%), 성관계(8.0%), 본드 및 가스 흡입(5.3%), 성병 및 임신(4.2%), 후배위협(3.4%) 등이다.

가족적 위험행동 중에서는 부모 돈 훔침(28.4%), 부모에게 욕설 (21.4%), 가출(18.2%) 등의 순으로 나타났다.

학교적 위험행동 중에서는 공부 무관심(47.1%), 자퇴·전학 고민 (18.6%)에서 가장 높은 비율을 기록했다.

사회적 위험행동 경험비율도 도박(43.6%), 음란물(40.7%), 남의 물건 망가뜨림(26.1%), 공공기물 파손(20.1%), 성매매 및 성폭력(3.7%), 마약사용(3.6%) 등에서 높았다.

조사결과 위기학생들은 다른 집단 학생에 비해 특히 심각한 종류의 위험행동을 더 많이 경험하고 있었다. 심각한 위험행동을 경험했다는 응답은 다른 종류의 위험행동 경험비율보다 낮았지만 사회적 위험정도에 비춰볼 때 간과할 수 없는 수준이었다.

전체 응답자 중 가장 많은 수가 경험한 위험행동은 개인적 위험행동 중 '친구에게 거짓말하는 것'과 '음주'였고, 가족적 위험행동 중에서는 '부모님 돈 훔침'과 '야간 거리 배회'였다.

위기학생에 대한 개입은 학교 안에서 이뤄질 때 가장 큰 효과를 보일 것으로 예상됐다. 연구팀은 연구보고서에서 "학생들의 위험행동을 증진시키는 위험요인 중 학교적 위험요인이 가장 큰 영향력을 미쳤으며, 학생들의 위험행동을 제어시키는 보호요인 중 학교의 긍정적 경험이 가장 큰 영향력을 미쳤다."고 설명했다. 연구팀은 "교사와 학생 관계를 강화하는 훈련과 위기학생의 관점에서 오감을 자극하는 교수방법, 처벌이 아닌 교정적 교사지도능력 육성 등의 교수방법을 개발해야 한다."며 "상담을 많이 하고, 훈계보다는 칭찬을 거듭하는 사이 학생들이 몰라보게 변하는 것을 수없이 경험했다."고 말했다.

너희들은 세상에서 제일 행복한 학생일 거야.

모두들 놀란 홍덕한마당 축제의 감흥이 채 가시기도 전에 몇 번을 망설이던 유럽의 교육제도 탐방과 학교방문을 떠났었지.

1시간이 넘는 긴 연극을 그렇게 할 수 있으리라고 누가 상상이나 할 수 있었을까? 웃고 울리다 마지막 깊은 감동으로 긴 여운 남기며 끝맺음을 한 '세상에서 가장 아름다운 이별'…. 그래, 연극은 앞에 선 배우를 배려하고 이해해야 내 대사를 할 수 있는 거라고 했어. 조명, 음향, 무대 그리고 잠깐 나왔건 오랜 시간 무대에 섰건 누구 하나 빠지면 연극이 되지 않는, 그래서 연극은 우리 학교의 정신을 그대로 담은 거라고 했지.

앞줄에 앉아 한참 눈을 감고 그동안 우리가 만나왔던 모습들을 떠올리기도 하고, 또 우리가 갈 길을 생각하며 남모르게 눈물 훔치며 그렇게 연극을 보았지. 우리 학교에 있는 학생, 학부모, 그리고 교사, 직원, 여러분들을 제일 많이 사랑하시는 청소하시는 분들까지도 모두가 주인공이라고….

우리의 단합을 과시하던 체육대회, 오전 푸른 잔디 위에 비치던 가을 햇살 참 눈부시더라. 그 속에 각양각색의 학급별 유니폼을 차려입은 너희들의 모습은 더욱 눈부시

312 대한민국 혁신교육, 나는 혁신학교에 간다

고. 그 환한 웃음과 함께할 때 그동안의 마음고생(?)은 씻은 듯 사라지고 각 프로그램마다 스텝 조끼를 근사하게 차려입은 진행을 맡은 친구들의 일사분란한 움직임은 얼마나 자랑스럽던지. 처음 학교에 입학하고 학생자치가 무슨 말인지조차 생소해할 때의 모습과는 다르게 많이 성장했구나. 너희들 스스로 느낄 감동으로 그만큼 또 성장하겠지? 그 모습들과 함께한다는 것은 교사로서 최고의 보람이 아닐까 싶다. 우리 학교에 근무하는 모든 분들은 너희들을 성장시키고, 또 너희들우 나를, 그리고 우리 선생님들을 성장시키는 또 다른 가르침을 늘 우리에 주고 있겠지.

점심시간 힘있게 내리치던 남자아이들의 떡메로 정말 차진 인절미를 맛보고 각 학급별, 동아리별 코너는 언제 그리들 준비했는지 우리의 잠재력에 내심 많이 놀랬었단다. 그래 우리가 미처 발견하지 못했던 우리들의 능력과 재능을 발견하는 순간순간들…. 유레카다. 진리다. 교육의 중요한 원리다. 확인하고 다시 다짐하고….

- 모든 아이들이 똑같이 다 소중하다.
- 한순간 뒤처질 수 있지만 어느 순간 또 앞질러가는 모습을 보게 된다.
- 교육은 기다림이다.

우리를 도와주는 분들이 참 많다는 것을 알게 해준 대학 동아리들의 발표시간.
농구, 태권도, 댄스 공연…. 아마 재미보다 우리는 감사해야 할 분들, 고마운 분들, 그리고 나중에는 갚아야 할 분들…. 하지만 지금은 마음껏 받자. 그리고 우리의 힘과 능력을 키워 언젠가 이웃과 나누자. 그것이 우리가 이야기하는 공헌력 아니더냐. 광주 한사랑마을에서 보여주는 너희들의 정성과 사랑 또한 같은 모습일 테니 그렇게 혼자만 잘사는 것이 목표가 되어서는 안 될 테지. 혹시 기억나는지 모르겠다. 입학식 때 본 기러기 동영상. 학교 홈페이지 어딘가에 있을 텐데. V자 편대로 서로를 응원하고 격려하며 날아가는 기러기는 낙오하는 기러기가 생기면 반드시 둘 셋의 기러기가 남았다가 함께 날아간다지? 아마 1년여 함께 생활하면서 그런 정신들도 마음에 많이 담았을 터.

그 흔한 연예인 한 명 없고 화려한 율동이 있었던 것은 아니지만 너희들 스스로도 기쁘고 즐겁지 않았는지. 가끔 연습한다고 부모님께 꾸중도 들었을 테지만 친구들이 웃어주는 모습에, 박수쳐 주는 모습에 많이 힘나지 않더냐? 높은 곳에 올라 조명을 누가 손봤는지 알지? 밤새 시나리오 써서 사회 본 친구 알지? 샘도 잠시 출연하더만 롤러코스터 영상 찍은 방송반 아이들의 뛰어난 창의력 놀랍지 않았어? 가수 뺨치는 놀라운 가창력의 친구들, 앙코르를 계속해도 준비된 곡이 있을런지 모르지만 보컬 실력도 대단했어. 내년에는 연습실을 마련하도록 노력해야지 싶었단다. 그리고 함께하기로 했었는데 펑크 내서 많이 미안했던 부비부비 춤을 비롯한 댄스도 재미있었지?

학생자치회 친구들과 선생님들, 부모님들의 뒷정리 모습은 정말 감동이었지. 그렇게 우리가 성장하는 모습들을 밖의 사람들이 얼마나 알까?

스웨덴에 있을 때 잠시 호텔 컴퓨터로 학교 홈페이지에 들어가 보았는데 입시를 준비하는 친구들이 여러 염려의 글들을 올렸더구나. 한글 자판이 없어 답을 달지 못하는 아쉬움과 안타까움…. 그래, 밖의 사람들은 잘 모를 거야. 그저 홍덕고에 가면 좀 노는 선배들이 많다는 정도? 복도에 담배 냄새가 쩐다는 이야기

우리가 얼마나 치열하게 살았는지 아무도 모를 거야? 선생님들이 얼마나 노력하시는지, 그리고 무엇보다 너희들이 얼마나 애쓰는지…. 아직 몸이 잘 따르지 않기는 하지만 예전 주변에서 걱정하던 그런 모습은 아니잖아. 스스로에 대한 자긍심, 그리고 학교에 대해 너희들이 느끼는 자부심이 얼마나 큰지 나는 안다.

교육은 그리 쉽게 변하는 것이 아니랬어.
가을바람에 곡식이 익듯이
그렇게 소리 없이 찾아오는 것이랬어.

이른 봄에 비해 이렇게 성장했듯이, 내년에 그리고 그다음 해에 무엇보다 우리가 사회에 나갔을 때 당당하게 어깨 펴고 우리 사회의 주인공으로 자신 있게 세상을 살아갈 홍덕고의 사람들이라는 것을 안다.

우리가 치열하게 고민하며 만들었던 '학생생활규정'이 이

제 내년부턴 경기도의 모든 학교가 만들어야 할 규정이
고, 학교문화도 우리 학교를 많이 본받아서 시행해야 한
다는 거 알지? 세상을 앞서 가는 이런 흥덕고의 정신을
주변 사람들과 나누자.

너희들은 세상에서 제일 행복한 학생일 거야.
지금 이 시간에도 내일이 학생독립기념일이라고 이벤트
를 준비하시는 선생님들이 계시니까. 하지만 나 역시 세
상에서 제일 행복한 교사임을 믿는다.
"도대체 어디 가셨기에 아침에 안보이세요? 내일은 오세
요?"
"핀란드는 자작나무가 이쁘대요. 많이 보고 오세요."
"출장이 너무 깁니다. 내일 아침에 일찍 오셔서 선생님
뵈면 좋겠습니다."
오랜만에 휴대전화를 열자 우수수 떨어지던 너희들이 보
낸 문자….
선생님들 선물은 못 사왔어도 내일은 츄파춥스 하나씩 건
네며 너희들을 맞이해야겠다.
그 상상만으로도 행복한 밤…. 잘 자고 내일 보자.

이범희 교장 인터뷰

이범희 교장은 혁신학교를 '참여와 소통을 통한 희망과 신뢰의 배움공동체'로 정의했다.

혁신학교는 무슨 학교입니까?

요즘 고교교육은 입시교육에 종속된 교육입니다. 이에 따라 사교육비는 증가하고, 학부모들의 부담은 갈수록 커져 계층 간의 위화감과 학습 소외현상이 갈수록 심해지고 있습니다(거창하다). 학교는 성장과정에서 배움이 이뤄지는 곳이고, 즐겁고 행복한 공부가 이뤄져야 합니다. 그러나 요즘 학교교육은 육체·정신적 욕구를 유보한 채 감금돼 새벽 1시까지 공부를 하고 있습니다. 그야말로 노동집약적 학습이죠. 그렇다고 아이들이 공부를 잘하냐? 이것은 아니죠. 우리나라에서 공부를 잘한다는 민사고나 특목고 아이들이 미국 유학 가서 중도탈락하는 비율이 45%에 이르고 있습니다. 선진국 교육모델이라고 하는 핀란드와 비교해 볼 때 학습량은 우리가 2배 많은데 학업성취도는 (핀란드보다) 떨어집니다. 이것이 의미하는 바는 우리나라 학생들은 학습량은 많은데 학습에 흥미가 없고, 자기주도적 학습이 훨씬 떨어진다는 말입니다. 이에 혁신학교는 학교교육의 틀을 근본적으로 바꾸는 것입니다. 입시수단, 도구가 아닌 자기 성장과정의 한 역할을 담당하는 학교로 탈바꿈하는 것이죠."

지난 3월 개교하면서 혁신학교로 지정돼 지금까지 숨가쁘게 달려왔는데요. 혁신학교 5개월을 평가해 주시죠?

"참 조심스럽습니다. 전혀 다른 아이들이 한곳에 모여 1학기를 보냈는데 급격한 변화를 바라는 것은 무리가 있습니다. 교육이라는 것은 바람에 곡식이 익듯 조금씩 조금씩 변화하는 것입니다. 그러나 조심스럽게 말할 수 있는 것은 아이들의 표정이 밝아지고, 공동체 질서에 참여하려는 경향을 보이고 있는 것이 긍정적입니다. 아이들이 학생총회와 학교운영위원회에 참여하면서 권리뿐 아니라 책임의식을 느끼고 있습니다. 또 공부를 하려는 의욕도 보이는 등 한마디로 건강한 학생문화 토대가 마련되고 있다고 할 수 있습니다. 2학기부터는 아이들이 다른 곳에 한눈팔지 않도록 고민거리를 계속 제공하고, 학생으로서의 본분인 공부를 할 수 있는 수업의 변화도 모색해 볼 생각입니다."

학부모들의 반응은 어떻습니까?

"우리 학교는 문제아들이 좀 많아 학기 초부터 학부모 30여 명이 조를 짜서 교사들과 함께 학교 생활지도를 하고 있습니다. 그런데 그 학부모들 말씀이 학기 초에 비해 아이들의 표정과 생활이 많이 좋아졌다고 하십니다. 학부모들의 반응은 조금씩 다릅니다. 중학교 때 말썽을 피웠던 아이들 부모님은 그래도 자식이 고교에 진학해 학교를 정상적으로 다니는 것에 대해 감사해합니다. 반면 공부 좀 하는 아이 부모님들은 학교가 학력에 신경을 안 쓴다고 불만이 좀 있습니다. 맞는 말씀이고요. 아이들이 공부에 대해 끊임없이 자극을 받아야 하는데 그렇지 못한 경향이 있었던 것도 사실입니다. 그래서 2학기 때는 학업에 대해 적극적으로 대처할 계획입니다."

교사들도 힘들 텐데요?

"그 점이 교사들에게 미안합니다. 제가 교장으로 부임하며 3명의 교사와 함께 왔는데 그분들도 힘들어 하는데 인사에 따라 이 학교에 온 나머지 교사들은 오죽하겠습니까. 아이들이 말을 안 들어도 '체벌은 절대 안 된다.'는 교장의 강력한 지침에 따라 체벌도 못하고, 일은 많고, 교사성장을 위한 교사연수 등으로 많이 힘들어 했습니다. 그런데 제 생각은 교사들도 이런 상황을 통해 성장해야 한다고 믿습니다. 월급쟁이 교사가 아닌 교사로서의 자존감을 갖고 스승다운 교사, 아이들을 위한 교사로 거듭나야 한다고 생각합니다. 2학기부터는 교사들의 성장을 위해 선배 교사들을 중심으로 수업공개를 할 계획입니다. 우선 저부터 수업공개를 하고, 선배 교사들의 수업공개를 통해 교사들의 동료성과 파트너십을 성장시킬 예정입니다."

"솔직히 그렇습니다. 비평준화지역의 신설학교라 많은 어려움과 고민이 있습니다. 상황이 어려운 아이들이 많아 지금은 차라리 대안학교 성격이 더 강합니다. 상처받은 아이들이 자기성장을 할 수 있도록, 또 학력도 신장할 수 있도록 대학입시도 신경 써야 합니다. 요즘도 계속 전학 문의가 옵니다. 그런데 다들 다른 학교에서 포기한 문제아들이죠. 아무리 공교육이지만 우리 아이들을 보호하기 위해서라도 3월 이후에는 전학을 안 받고 있습니다. 요즘도 학교에서 한 아이가 말썽을 피우고 있어 고민입니다. 공동체의 질서를 깨뜨리는 아이를 어떻게 해야 할지 교육적 측면에서 고민하고 있습니다."

"지금 상황에서는 인내심을 갖고 3~4년의 시간을 기다려달라고 부탁하고 싶습니다. 혁신학교라고 해서 조급하게 변화를 바라는 기대 대신 정말로 교사와 아이들이 참여와 소통을 통해 희망과 신뢰의 배움공동체로 거듭날 수 있도록, 공교육이 성공할 수 있도록, 새로운 학교로 자리매김할 수 있도록 지켜봐 주고, 응원해 달라고 말하고 싶습니다."

이 교장은 홍덕고등학교 개교와 함께 부임한 내부형 공모 교장이다. 이 교장은 인근 기흥고등학교에서 윤리를 가르쳤던 평교사 출신이다. 그러나 평범한 평교사가 아니다. 그는 전국에 1만 1000여 명의 회원을 가진 '참여소통 교육모임'의 회장이다. 참여소통 교육모임은 수업방법 혁신과 변화에 맞는 학생 생활지도, 돌봄과 치유를 공부하는 전국 교사들의 모임이다.

후기 : 글을 쓰면서 많은 고민을 했다. 이런 사실을 공개적으로 써도 되는지 망설였다. 이 글로 인해 홍덕고 학생들에게 또 다른 상처를 주는 것은 아닌지 걱정을 많이 했다. 그러나 고민 끝에 공개하기로 했다. 있는 현실 그대로 보여주고, 이 아이들이 성장하는 모습을 지켜보기 위해서다. '상처받은 아이들'이 홍덕고를 통해 자존감과 자신심을 되찾고, 자기성장을 통해 대학에 진학하고, 또 대학에는 안 가더라도 자기의 진로를 제대로 찾는다면 그 또한 교육이고, 오히려 더 값진 교훈이 될 것이기 때문이다. 상처받은 아이들이라고 해서 공교육마저 외면한다면 진정한 교육이 아닐 것이다. 그래서 상처받은 아이들을 보듬고, 그들에게 삶과 인생을 가르쳐 주고, 배움의 길을 열어주고 있는 홍덕고 같은 학교가 진정한 학교고, 혁신학교라고 생각한다. 홍덕고의 자랑스러운 아이들을 응원할 것이고, 이들이 졸업하는 2년 뒤 이들의 변화된 모습을 보고 싶다.

경기도
김상곤 교육감
인터뷰

김상곤 경기도교육감 인터뷰

공교육의 미래지향적
교육공동체 '혁신학교'

지난해 '무상급식'에 이어 이번에는 '혁신학교'가 사회적 의제이고 화두다. 혁신학교를 만든 주창자로서 혁신학교란 무엇인가?

"혁신학교는 무너진 공교육의 미래지향적 대안학교로 구상했다. 지금 우리 학교가 가지고 있는 문제와 모순을 해소하며, 공교육의 장기적 비전과 전망을 구현할 수 있는 학교상(像)으로 생각하고 있다. 그러기 위해서는 지금 학교가 가지고 있는 분위기나 풍토, 그것을 포함한 학교문화를 전면적으로 바꾸고 혁신하는 것이 필요하다고 생각한다. 학교의 주체인 교장과 교사, 학생과 학부모의 역할이 재정립 되면서 상호 유기적인 공동체의 역할과 활동이 일어날 수 있는 조건을 구비해야 하는 것이 혁신학교에서 필요한 학교상이다."

경기도 혁신학교가 2009년 9월 시작해 지금까지 3차례에 걸쳐 43개 학교가 지정돼 운영되고 있다. 만 1년이 지났는데 자리를 잘 잡아가고 있나?

"민선 1기 교육감으로 취임하면서 곧바로 혁신학교의 모형을 제시하고, 지난해 7~8월에 1차 혁신학교 선정작업을 벌였다. 당시에는 학교 현장에 있는 교사나 교장들도 혁신학교에 대해 반신반의했고, 학부모들도 무언가 의미는 있겠다 싶으면서도 의구심을 가졌던 것이 사실이다.

우리로서는 현재의 학교 모습, 학교의 제반 시스템들을 문화적 변화와 함께 바꾸어내지 않으면 안 되겠다는 문제의식에서 접근했다. 바꾸어내는 작업은 교육행정 쪽에서 바꾸어내는 것이 아닌 학교의 핵심 주체들이 중심이 되어서 바꾸는 작업을 해야 했기 때문에 사실은 많은 어려움이 있었다. 그러나 교사들과 적극적으로 소통하고 설명하고 설득작업을 거치면서 1단계 설정작업을 벌였고, 13개 혁신학교를 선정했다.

특히 초창기 13개 학교에 대해 혁신학교 지원비 등 기본적 지원을 하고자 했지만 경기도교육위원회와 경기도의회에서 의견 차이로 뒷받침을 제대로 하지 못했다. 그야말로 교사와 학부모들이 모든 것을 자율 조달하면서 혁신학교를 추진했다. 쉽지 않은 조건이어서 저 자신도 우려했다. 그러나 혁신학교를 지정, 운영하기 시작한 지 두 세

달이 지나면서 혁신학교에 대한 인식과 반응이 달라지고 있다는 느낌을 받았다. 혁신학교들이 형식뿐 아니라 내용적으로도 무엇인가 진정으로 변화시키고자 하는 노력을 하고 있다는 것이었다. 또 그러한 변화들의 의미가 변화의 주체들인 교장과 교사, 학생, 학부모들 사이에서 새롭게 받아들여지기 시작했다. 변화의 주체들이 그런 생각을 가지니까 학부모와 시민사회에서도 관심을 갖기 시작했다. 사실 초창기에는 '한번 지켜보자.'라며 한 발 물러서 있던 교육운동 주체들이나 시민사회에서도 점차 관심을 갖기 시작했다. 현재 43개 혁신학교를 운영 중인데 이제는 적극적 관심과 기대를 보이고 있다.

이렇게 혁신학교에 대해 관심을 갖게 된 이유는 초기에 지정된 혁신학교들에 대한 언론의 관심과 혁신학교가 부동산에 영향을 미친다는 가십성 기사 등이 일정 부분 기여했다. 그러면서 학부모들과 주민들의 관심도 높아지기 시작했다.

그러나 정작 중요한 것은 학교 현장에서 변화의 주체들인 교장과 교사들이 변화를 향한 책임을 다하는 역할 속에서 주변 학부모들이 관심과 기대를 갖게 되고 점차 단계적으로 혁신학교에 대한 관심이 증폭됐다는 점이다.

이제 1년밖에 안 된 상황에서 성과를 구체적으로 이야기하는 것은 섣부르다. 그러나 이제는 혁신학교라는 것이 미래지향적 학교 모형으로서 역할을 할 수 있겠다는 가능성을 높게 평가하고 기대를 갖는 분들이 기하급수적으로 늘어나고 있다.

이번에 3차 혁신학교를 지정할 무렵, 분위기가 완연히 달라진 것을 느꼈다. 이번 3차에는 47개 학교가 혁신학교를 신청했는데 그중에 10개 학교만 선정했다. 당초에는 15개 학교를 선정하려 했으나 문제가 좀 있었다. 혁신학교는 교사들이 변화의 주체이고, 교장이 리더 역할을 하면서 학부모와 어우러지는 변화의 구동체이다. 선정 기준은 핵심 역량들이 구체적으로 꾸려졌느냐, 문제와 변화의 방향과 정책을 얼마나 많이 고민하면서 구상했느냐가 필요 요건인데 조금은 의욕만 앞선 학교들이 상당수 있었다. 그래서 조금 더 내용을 충실히 하고 다져가라는 취지에서 심사위원들이 고민을 한 것 같다.

2011학년도에는 55개 학교를 혁신학교로 지정할 계획으로 1학기에 40개 학교를 지정할 예정이다. 이번에 4차 혁신학교 예비신청을 받았는데 모두 191개 학교가 예비신청을 했다. 이는 이제 많은 학교와 학부모, 지역사회가 혁신학교에 관심을 갖고 있다는 것을 보여주는 사례라고 본다."

지난해 교육감 선거에서 혁신학교를 공약으로 내세운 동기와 배경은?

"교육감 선거를 준비하면서 함께 정책을 만들었던 분들과 꾸준히 지금의 초중등 공교육을 어떻게 할 것인가에 대한 고민을 해왔다. 제가 교육개혁에 대해 구체적으로 관심을 갖기 시작한 것은 1987년 민주화항쟁 이후 교육부분의 민주주의와 인권 문제에 대해 연구하면서 부터다. 대학도 물론 개혁되어야 하고 바뀌어야 하지만 대학이 바뀜과 동시에 초중등 교육도 바뀌어야 한다는 생각이었다. 대학에서 경영학을 가르치면서 초중등 교육문제를 전공하거나 현장에 있지는 않았지만, 초중등 교육문제를 전공한 교수나 현장 교사, 학부모 등과 공동 연구나 토론을 하면서 많이 공부했다.

교육감에 출마하면서 교육감으로서 학교를 어떻게 변화시키고, 변화된 학교를 어떻게 지칭할 것인가에 대해 여러 논의들을 했다. 변화하는 학교에 대한 기본 철학과 이념, 지향하는 방향 등에 대해서는 설정됐지만 명칭이 문제였다. 그래서 처음에는 '뉴스쿨'이라고 했다가 선거가 시작되면서 아무래도 외래어 표기가 마음에 걸렸다. 그래서 우리말 대안을 찾다가 본선거에 들어가면서 '혁신학교'로 바꾼 것이다."

내년부터 서울과 강원, 전남·북도교육청에서도 '혁신학교'를 하겠다고 한다. 다른 시도교육청과의 연대 내지 네트워킹 계획은?

"이미 우리 혁신학교 정책을 연구하고, 혁신학교 추진기구에 참여한 전문가들이 다른 지역 혁신학교 추진을 위해 참여하고 있는 것으로 알고 있다. 또 일부는 혁신학교 연구가 필요할 때 보완해 드리는 역할들을 하고 있다. 구체적으로 각 지역별 혁신학교를 어떻게 추진해 나갈 것인가에 대한 구상은 거의 되어가고 있는 것으로 알고 있다. 그야말로 교육 그 자체와 학교를 바꾸어내는 일에 공동작업이 필요하다면 네트워킹을 일상화하는 것도 중요하다. 아직은 네트워킹을 일상화하기 위한 기구와 작업은 없지만 인식들은 공유하고 있는 것으로 알고 있다."

혁신학교의 성공을 위해서는 학교장의 리더십이 중요하다. 이러한 여건 마련을 위해서는 리더십을 가진 평교사 출신의 내부형 교장 공모제의 확산도 중요하다는 지적이 있다.

"공모제가 전체적으로 급속 확산되는 상황에서 초빙형 공모제로 크게 제한되는 상황이 안타깝다. 학교가 나름대로 특성 있게 발전하려면 관리자인 교장의 마인드가 중요하다. 학교가 아닌 모든 조직의 관리자, CEO의 마인드가 그 조직의 분위기나 문화, 조직의 지향성에 결정적 영향을 미치는 것이 상식이다. 학교도 마찬가지다. 대부분의 교장들이 오랜 교육경력 속에서 나름대로 경륜을 갖고 있다고 생각한다. 하지만 경기도 교육의 현실은 학교 전체에 대해 상당한 내부 혁신과 변화를 일으켜야 하는, 그런 역할을 할 수 있는 적정 관리자가 요구된다. 초빙형도 중요하지만 내부형 공모제가 확대될 수 있는 제도적 뒷받침이 필요하다. 특히 내부형 공모제에서도 관리자의 역량과 품격을 갖추고, 학교에 대해 누구보다도 잘 알고 있는 오랜 경력의 평교사들도 학교를 꾸려갈 수 있도록 기회의 확대가 필요하고, 비자격 내부공모제의 확대도 필요한 상황이다."

일선 혁신학교 취재과정에서 교사와 학부모들이 초등학교에서 창의성과 인성을 중시하는 혁신학교 교육을 받다가 중학교, 고등학교로 진학하면서 입시 위주의 교육으로 돌아갈 수 밖에 없는 상황에 대해 걱정들을 많이 하고 있는 것을 봤다. 초·중·고교가 연계된 혁신학교 벨트는 어떤가?

"'혁신학교 벨트화'는 이미 지난 6월 민선 2기 교육감 선거운동 당시 공약으로 제시했다. 급별로 초·중·고교를 이어서 혁신학교 벨트화를 할 수 있도록 시스템을 만들겠다.

이와 함께 '혁신교육지구'에 대한 공약도 했다. 혁신교육지구는 혁신학교 차원을 넘어 일정 지역에서 모든 학교가 혁신교육을 실시할 수 있는 전반적인 교육문화적 여건과 분위기와 함께 콘텐츠를 공동으로 만들겠다는 취지의 정책이다. 학교 단위를 넘어 지역 차원의 혁신교육을 추진하겠다는 의미다.

혁신교육지구는 비교적 교육이 낙후돼 있거나, 미래지향적 교육을 추구하는 지역 중에서 교육청이 하고자 하는 교육혁신과 소통될 수 있는 권역을 중심으로 경기도 내 4개 권역을 지정할 계획이다. 그래서 자치단체에서는 해당 지역 교육인프라를 보충할 수 있도록 하드웨어를 제공하고, 교육청은 교육혁신을 할 수 있는 소프트웨어를 제공해 지역교육공동체를 함께 만들어나갈 계획이다."

"최근 분위기는 자치단체 단체장이나 지방의회가 교육을 주요 과제로 삼고 있는 경향이 두드러진다. 제가 지난해 교육감이 돼 1년 남짓할 때와 지금 재선후 교육감을 수행하며 느끼는 교육에 대한 기대와 열정은 상당한 수준차이가 있다는 생각이 듭니다. 그런 관점에서 자치단체에서도 혁신학교나 혁신교육지구에 대한 관심과 열정이 높아진 것이다. 이것이 의미하는 것은 도민과 학부모들이 헌법에서 말하는 교육의 의무뿐 아니라 권리, '교육권'에 대해서도 적극적 해석과 권리에 맞는 요구를 하기 시작했다는 것이다. 이런 상황에서 자치단체와 지방의회 역시 주민들의 마음과 요구를 읽고 있다고 생각한다."

"맞는 말이다. 우리 교육과 학교의 문제는 학생 중심의 교육이 아닌 업무 중심의 학교에서 비롯됐다. 교육과학기술부, 시도교육청, 지역교육청, 학교로 이어지는 상명하달식 업무와 지시가 교사들로 하여금 학생들한테 집중하지 못하게 한 경향이 있었다. 그래서 교육과학기술부에서 최근 '지역교육청' 명칭을 '교육지원청'으로 바꾸고 명

칭뿐 아니라 내용 면에서도 학교를 지원하는 형태로 바꾸고 있다. 경기도 내 25개 교육지원청 역시 학교 지원행정 서비스, 그중에서도 컨설팅 장학활동을 하는 기구로 변화되고 있다. 아직은 그 변화가 구체화되지 않고 있지만 혁신학교 관련해서도 그동안에는 혁신학교의 의미를 설명하고 알려주는 정도의 역할만 했지만, 최근에는 적극적으로 일선 학교들이 혁신학교 지정을 준비하는 데 도와주고 있는 상황이다. 일선 학교들이 혁신학교로 변화될 수 있도록 제안하고 이끌어주는 역할을 하고 있다.

최근에는 혁신교육지구와 관련해 자치단체와 교육지원청이 교육지원사업에 관한 협약을 맺는 등 예전에는 없었던 긴밀한 협력 관계가 이뤄지고 있다. 모 자치단체에서는 단체장과 의회, 교육청, 교육관련 유관기관과 시민사회단체들이 모두 모여 협의체 기구를 만들기도 했다. 제가 민선 2기 교육감선거에서 '참여협육'을 공약했는데 참여협육은 교육에 있어서의 협치, 거버넌스를 형성해 '학교공동체'라는 전통적 의미를 확산한 '교육공동체' 만들기였다. 그런 의미에서 구체적으로 지역별로 교육 관련 기구화 움직임이 나타나고 있어 기대하고 있다."

==분 광명시는 시 조직에 교육혁신지원단을 구성하고, 화성시도 시를 교육특구로 만들겠다고 나서고 있다.==

"자치단체들이 행정조직에 교육 관련 부서의 규모를 키우면서 설치하는 것이 일반화된 경향 같다. 변화 중 하나는 그전에는 교육예산을 시 전체예산의 몇 % 이하로 상한선을 제한했는데 요즘에는 몇 % 이상으로 하한선을 정하는 추세다. 교육에 대한 예산 재정 뒷받침은 교육 발전에 커다란 영향을 미친다. 자치단체들이 교육에 대한 인식뿐 아니라 재정 투입 면에서도 달라지고 있는 것을 보여주는 상징이다."

최근 안산·광명·의정부 지역에 대한 고교평준화제도 도입을 확정하면서 '기피고교' 문제를 개선시키겠다고 밝혔다. 이것도 중요하지만 비평준화 지역의 신설 고교 기피현상도 문제다.

"인위적으로 할 수는 없지만 비평준화 지역의 신설 고교에 대해 학생과 학부모들이 기피하는 경향이 있다. 그것은 학교의 역사 문제, 불안정성 등을 우려해서다. 올해 용인 홍덕고등학교와 안산 광덕고등학교를 신설 개교하면서 혁신학교로 지정했다. 비평준화 지역의 신설 고교에 대한 우려를 했는데 어려움을 많이 겪었던 학생들이 꽤 있는데도 불구하고 학교 측에서 학생들에게 자유와 자율, 책임성을 길러주는 과정에서 우려했던 것이 많이 해소됐다. 비평준화 지역 신설 고교에 대한 지원도 더 강화할 생각이다."

"민선 2기 교육감 취임식을 하면서 일선 학교에 '교문지도를 없애고, 교실지도로 바꾸자.'고 제안했다. 그것은 학교 교문에 아무도 서 있지 말라는 뜻이 아니라 그동안 전통적으로 해왔던 통제적 교문 지도를 벗어나자는 취지였다. 혁신학교가 아니라도 이미 학교 교문에서 학생들을 따뜻하게 맞이하는 교장 선생님들이 늘고 있다. 그런 학교들은 아이들도 밝고 즐겁게 학교생활을 하는 것으로 이어지고 있다."

"교사도 사람이고, 감정을 갖고 있는데 교사들이라고 해서 아침부터 교문에서 학생들을 야단치고 체벌하는 것에 대해 마음이 좋을 리 없다. 또 교실에서도 강압적 통제방식으로 학생들을 지도하는 것 역시 교사로서 부담스러운 일이다. 그것을 풀어내고 자율적 분위기 속에서 학생 눈높이에 맞춰 학생을 존중하고 생활지도를 하는 경우 교사들 역시 훨씬 편안하고, 마음도 열 수 있었다고 일선 교사들한테 들었다.

이제까지는 학생이 즐겁고, 행복한 학교만 생각했는데 교사도 즐거운 학교가 되어가고 있다. 저는 그동안 교사들에게 교사 스스로 뿌듯해하는 학교를 만들자고 했는데 그것을 넘어 교사들 역시 즐거운 학교가 되고 있다는 반응이 나와 교사들한테 고맙다."

일부에서 혁신학교에 대한 우려가 있는 것도 사실이다. 경기도의 경우 작은학교, 대안학교, 내부형 교장공모제 학교 등 기본적 여건이 갖춰져 있는 선도 학교들이 있어 성공했지만 다른 지역의 경우 경험이 없는 데다 속성 양성에 대한 문제점도 지적한다.

"경기도뿐 아니라 각 시도에서 교사들이나 교장선생님이 자발적으로 학교를 변화시키고 개혁하는 노력들이 꽤 많은 것으로 알고 있다. 그야말로 자발성 하나에만 의존해 추진하고 있는 실정이다. 그 교장선생님과 교사들이 학교를 떠나 다른 학교로 가면 그동안의 노력들이 수포로 돌아가는 경우도 있는 등 어려운 상황에서 고군분투하고 있는 실정이다. 이런 상황에서 교육행정이 뒷받침해 주고, 체계적으로 지원을 해주는 것이 혁신학교의 모형을 만들어가는 것이다. 다른 시도 지역에서도 혁신학교 모형이 될 만한 사례들이 있는 만큼 잘해 나가리라고 본다."

혁신학교인 군포 한얼초등학교에서 3월 개교 당시 학원에 다니는 아이들을 조사해 봤는데 한 명이 2~3개 학원을 다니는 경우를 포함해 168명(개교 당시 전교생 114명) 이었다. 그런데 한 학기를 마치며 다시 조사해 보니까 78명으로 절반 정도가 줄었다. 혁신학교가 되면 사교육 문제가 해결될까?

"어려운 질문이다. 사교육시장의 일탈 부분은 분명 규제해야 하는 측면도 있다. 그러나 사교육시장 자체에 행정이 개입하는 것은 극히 제한적일 수밖에 없다. 이런 상황에서 사교육 의존도를 낮춰 가는 것이 목표다. 사교육 의존도를 낮추는 방법의 가장 핵심적인 것이 공교육이 포괄적 교육의 정상적 수행을 통해 학생들의 소질과 소양에 따른 성장을 이끌어내고, 아울러 학생들이 그 속에서 진학진로와 직업진로까지 탐색할 수 있는 시스템을 갖춰야 한다. 그것을 추구하는 것이 혁신학교이고, 혁신교육지구를 통한 교육의 종합적 혁신이다. 학부모들은 여러 네트워킹을 통해 사교육을 어떻게 할 것인가 고민하고 있다. 그러면서도 학부모 개개인의 판단에 불안감이 작용하고 있다. 이러한 학부모들의 불안감을 해소할 수 있도록 학교와 지역이 상호관계가 형성되면 사교육 의존도를 줄일 수 있다는 판단이다.”

마지막으로 혁신학교 주체들인 교장과 교사, 학부모들에게 하고 싶은 말은?

"제가 지역과 학교를 다니면서 늘 하는 말이지만 혁신학교는 '학교 다양 방식'처럼 또 하나의 학교모형을 만드는 것으로 혼돈하면 안 된다는 것이다. 혁신학교는 사립학교를 포함한 경기도의 무너진 공교육을 정상화시켜 '활기찬 학교, 행복한 교실'을 만들자는 것이다. 균형적인 학업성취로 전인적인 성장을 도모하며, 교육 소외·교육 격차를 극복하고 교육공동체 모두가 만족하는 학교교육을 실현하자는 것이다.

이를 위해서는 혁신학교 주체인 교장과 교사들이 먼저 변해야 한다. 교장은 학교공동체의 리더로서 업무중심의 학교운영 시스템을 교수–학습중심의 시스템으로 바꾸고, 권한 위임체제를 구축하는 한편 대외 협력·참여를 확대하는 등 생산적 학교문화 조성에 앞장서야 한다. 교사들은 학생의 성장을 책임지는 노력을 해야 한다. 전문적 학습공동체를 구축하고 학생들을 위한 교육과정의 다양화·특성화에 노력해야 한다. 학교공동체의 또 다른 주체인 학부모들은 혁신학교의 비전을 함께 공유하고, 학생들에 대해 '내 아이'가 아닌 '내 아이들'이라는 관점을 가질 필요가 있다. 혁신학교들이 모두 똑같은 상황은 아니고 일부 학교는 어려움속에서도 네트워킹과 상호작용 속에 혁신학교 콘텐츠를 조금 빨리 만들어내는 학교도 있지만, 다소 시간이 걸리는 학교도 있다. 너무 과신하지 말고, 혁신학교의 주체들이 하나하나 실질적 내용을 채워가는 노력이 필요하다."

참고 도서 및 자료

『이우학교 이야기』 (정광필 외 씀, 갤리온)

『작은학교 행복한 아이들』 (작은학교교육연대 지음, 우리교육)

『학교를 바꾸다』 (김성천 외 3인 지음, 우리교육)

『함께 여는 교육 15호』 (이우학교, 함께 여는 교육)

「2010 '혁신학교'운영 컨설팅단 협의자료」 (경기도교육청)

「2010년도 제1차 혁신학교 교사 워크숍 자료」 (경기도교육청)

「2010 후반기 혁신학교 직무연수 자료」 (경기도교육청)

「혁신학교를 위한 교사 리더십 연수자료」 (전교조 경기지부, 스쿨디자인21)

학교혁신의 핵심원리 : 교장공모제를 실시한 덕양중학교를 중심으로 (『교육사회학연구』 제19권 제2호)

서울특별시 혁신학교 명단

지 역	학교명	전화번호	홈페이지	비고
강동구	강명초	02-426-0678	www.gme.es.kr	
	선사고	02-3427-4480	http://www.sunsa.hs.kr/	
	강일초	02-3426-6472	http://www.gangil.es.kr/	예비
	동신중	02-3784-3938	www.dong-shin.ms.kr	예비
강북구	삼각산고	070-7525-2200	http://www.samgaksan.hs.kr/	
	유현초	02-985-3122	http://www.youhyeon.es.kr/	예비
강서구	삼정중	02-2666-6033	www.samjeong.ms.kr	
	송정중	02-2661-0478	www.songjeong.ms.kr	
	공항초	02-2664-1176	http://www.konghang.es.kr/	예비
	양천초	02-3663-0006	www.yangcheun.es.kr	예비
관악구	원당초	02-877-4940	www.wondangcho.es.kr	
	남부초	02-857-5032	http://www.seoulnambu.es.kr/	예비
	인헌고	02-886-6253	http://www.inhun.hs.kr/	예비
광진구	광장초	02-457-0840	http://www.kwangjang.es.kr/	예비
구로구	신도림중	02-4676-1993	http://www.sindorim.ms.kr/	
	오류중	02-2612-2602	http://www.oryu.ms.kr/	
	천왕초	070-4394-2108	http://www.cheonwang.es.kr/	
금천구	백산초	02-802-6475	www.backsan.es.kr	
	안천중	02-894-1204	http://www.ancheon.hs.kr/	
	한울중	02-856-4942	http://www.hanwool.ms.kr/	
	두산초	02-804-1112	www.doosan.es.kr	예비
	시흥초	02-802-0129	www.seoulsiheung.es.kr	예비
	가산중	02-804-1777	http://www.gasan.ms.kr/	예비
	독산고	02-857-6248	http://www.doksan.hs.kr/	예비
노원구	상명중	02-971-6213	http://www.sangmyung.ms.kr/	예비
	상원초	02-952-7873	www.sangwon.es.kr	
	녹천초	02-977-0670	http://www.nokcheon.es.kr/	예비
	수락중	02-2092-1935	http://www.surakm.net/	예비
도봉구	도봉초	02-3494-5101	www.dobong.es.kr	
	북서울중	02-956-1005	http://www.bukseoul.ms.kr/	
	월천초	02-993-9448	http://www.wolcheon.es.kr/	예비
	방학중	02-956-8343	http://www.banghak.ms.kr/	예비
동대문구	군자초	02-2244-0488	http://www.kunja.es.kr/	

동작구	국사봉중	02-823-8715	http://www.kuksabong.ms.kr/	
	문창초	02-836-2031	www.munchang.es.kr	예비
마포구	하늘초	02-305-7762	http://www.sky.es.kr/	
	창천중	02-701-9595	http://www.changchun.ms.kr/	예비
서대문구	신연중	02-379-4317	http://www.sinyeon.ms.kr/	예비
	인왕중	02-396-5406	http://www.inwang.ms.kr/	예비
서초구	서초중	02-583-0105	http://www.seocho.ms.kr/	
	방배초	02-595-9612	http://www.bangbae.es.kr/	예비
성동구	행당중	02-2292-2721	http://www.haengdang.ms.kr/	
	금옥초	02-2297-2267	http://www.geumok.es.kr/	예비
	행현초	02-2294-7614	http://www.haenghyun.es.kr/	예비
	동마중	02-2294-6086	http://www.dongma.ms.kr/	예비
성북구	숭곡중	02-912-7572	http://www.soonggok.ms.kr/	
	월곡초	02-915-2787	http://www.swg.es.kr/	예비
양천구	양명초	02-2646-1597	http://www.yangmyung.es.kr/	
	금옥여고	02-2086-7502	http://www.geumok.hs.kr/	
	신은초	070-4394-7100	http://www.se.es.kr/	
	강월초	02-2605-0501	http://www.gangwol.es.kr/	예비
	신남초	02-2697-5822	www.ssn.es.kr	예비
	양동초	02-2602-5101	http://www.yang-dong.es.kr/	예비
	양천중	02-2694-2715	http://www.yangcheon.ms.kr/	예비
영등포구	윤중초	02-782-2042	http://www.yunjung.es.kr/	예비
용산구	한남초	02-749-2373	http://www.hannam.es.kr/	
	삼광초	02-754-0251	http://www.seoulsamkwang.es.kr/	예비
	성심여중	02-3273-4135	www.sacredheart.ms.kr	예비
	보성여고	02-793-0051	www.bosung.hs.kr	예비
은평구	대은초	02-388-0833	http://www.daeeun.es.kr/	
	은빛초	02-388-4923	http://www.ev.es.kr/	
	덕산중	02-353-9427	www.duksan.ms.kr	
	수리초	02-353-9400	www.suri.es.kr	예비
종로구	배화여고	02-724-0300	http://www.paiwha.hs.kr/	예비
중구	창덕여중	02-775-1850	http://www.changdeok.ms.kr/	예비
중랑구	태릉중	02-973-5551	http://www.taereung.ms.kr/	
	면북초	02-433-3338	http://www.myeonbuk.es.kr/	예비
	신현중	02-3421-0631	www.sinhyeon.ms.kr	예비
	중랑중	02-437-5312	http://www.joongrang.ms.kr/	예비
	신현고	02-3421-2713	www.shinhyeon.hs.kr	예비
	중화고	02-491-6806	http://www.jung-hwa.hs.kr/	예비

경기도 혁신학교 명단

2011년 11월 현재

지역	학교명	전화번호	홈페이지	비고
가평	연하초	031-585-2083	http://www.yhe.es.kr/	
	청평중	031-584-2390	http://www.chungpyung.ms.kr/	
고양	고양중	02-381-7733	http://www.goyang.ms.kr/	
	덕양중	02-3158-4896	http://www.dukyang.ms.kr/	
	서정초	031-979-7502	www.seojeong.es.kr	
	일산중	031-975-2486	www.ilsan.ms.kr	
	대곡초	031-962-5491	www.daegok70.es.kr	
	상탄초	031-914-0303	http://kengy.kr/school/main.n.jsp	
	원당중	031-962-6864	www.wondang.ms.kr	
광명	구름산초	02-899-9831	http://www.grs.es.kr/	
	온신초	02-2682-1199	http://www.onshin.es.kr/	
	소하중	02-895-8385	http://www.soha.ms.kr/	
	충현초	02-898-4100	http://www.chunghyun.es.kr/	
	충현중	070-7525-7300	http://www.ch.ms.kr/	
	운산고	02-2610-3000	http://www.woonsan.hs.kr/	
	소하초	02-807-2866	http://www.soha.es.kr/	예비
광주	남한산초	031-743-6550	http://www.namhansan.es.kr/	
구리	인창초	031-551-2114	http://www.inchang.es.kr/	
	교문중	031-553-4891	http://www.kyomun.ms.kr/	
	인창고	031-551-9305	http://www.inchang.hs.kr/	
군포	둔대초	031-438-0009	http://www.tundae.net/	
	한얼초	031-397-8712	http://www.haneol.es.kr/	
	군포중	031-452-8233	http://www.kunpo.ms.kr/	예비
김포	학운초	031-988-1441	www.hakun.es.kr	
	대곶중	031-987-0148	http://www.daegot.ms.kr/	
	걸포초	031-987-4892	http://www.geolpo.es.kr/	예비
남양주	호평중	031-591-9158	http://www.hopyeong.ms.kr/	
	월문초	031-576-2786	http://www.nyjwolmoon.es.kr/	
	진접고	031-573-2380	http://www.jinjeop.hs.kr/	
	주송초	031-576-9212	http://www.nyjsongchon.es.kr/	
	광릉중	031-570-5500	http://www.gwangreung.ms.kr/	예비
	마석고	031-590-9902	http://www.maseok.hs.kr/	예비

부천	송내초	070-7099-3540	www.songnae.es.kr	
	부인중	032-322-4996	http://www.puin.ms.kr/	
	부명초	032-323-4182	http://www.pumyong.es.kr/	예비
성남	보평초	031-8017-3100	http://www.bp.es.kr/	
	보평중	031-8016-7923	http://www.bopyung.ms.kr/	
	창곡여중	031-746-9454	http://www.cggm.ms.kr/	
	이우고	031-711-9295	http://www.2woo.net/	
	청솔중	031-714-2326	http://www.chongsol.ms.kr/	
	창곡중	031-746-9451	http://www.chang-gok.ms.kr/	예비
수원	송죽초	031-245-4904	www.songjook.es.kr	
	이목중	031-547-5210	http://www.imok.ms.kr/	
	창용중	031-8012-1401	http://www.changyong.ms.kr/	
	영통중	031-203-2092	http://www.syt.ms.kr/	예비
시흥	도창초	070-7097-2302	http://www.dochang.es.kr/	
	장곡중	031-317-3006	http://www.janggok.ms.kr/	
	신천고	031-435-1871	http://www.sch.hs.kr/	
	하중초	070-7097-1307	http://www.hajung.es.kr/	
	매화중	031-316-8712	http://www.shmaehwa.ms.kr/	
	매화고	031-365-8350	http://www.mh.hs.kr/	
	응곡중	031-317-7304	http://www.eunggok.ms.kr/	예비
안산	광덕고	031-8040-4600	http://www.kwangdeok.hs.kr/	
	별망초	031-413-0645	http://www.byulmang.es.kr/	
	안산초	031-487-4053	www.ansancho.es.kr	
	신길중	031-508-5301	http://www.singil.ms.kr/	예비
안성	경기창조고	031-646-2100	http://www.ggcj.hs.kr/	
	대덕초	031-676-8030	www.daeduck.es.kr	
	비룡중	031-677-0633	http://www.biryong.ms.kr/	
	개산초	031-672-3082	http://www.gaesan.es.kr/	
	백성초	031-674-3231	http://www.backsung.es.kr/	예비
안양	삼봉초	031-466-1078	www.asambong.es.kr	
	안양남초	070-7114-6103	http://www.aynam.es.kr/	
	달안초	031-381-0331	http://www.daran.es.kr/	
	신안중	031-443-2513	http://www.shinan.ms.kr/	
	안양서초	031-449-4738	http://www.ayseo.es.kr/	예비
	호암초	031-471-3022	www.ayhoam.es.kr	예비
	부림중	031-381-2726	http://www.burim.ms.kr/	예비
양주	만송초	031-856-0252	http://www.mansong.es.kr/	
	조양중	031-836-2185	http://www.joyang.ms.kr/	예비

양평	조현초	031-772-4942	http://www.johyeon.es.kr/	
	수입초	031-773-6120	http://www.suip.es.kr/	
	세월초	031-772-3504	http://www.sewall.es.kr/	
	지평중	031-773-7843	http://www.jpm.ms.kr/	
	양서초	03-1772-7406	http://www.yangseo.net/	
	양평고	031-772-2747	http://www.yp.hs.kr/	예비
여주	매류초	031-884-8729	http://www.maeryu.es.kr/	
	오학초	031-880-2500	http://www.ohak.es.kr/	
	이포초	031-881-1240	http://www.ipo.es.kr/	
	금당초	031-882-5404	www.gde.es.kr	
연천	연천노곡초	031-835-5067	http://www.ycnogok.es.kr/	
오산	유산초	031-377-6503	www.woonsan.es.kr	
	필봉초	031-372-5714	http://www.philbong.es.kr/	예비
용인	상현중	031-266-8144	www.sanghyeon.ms.kr	
	흥덕고	031-218-0203	www.hd.hs.kr	
	제일초	031-338-0268	www.jeil.es.kr	
	포곡고	031-321-0687	http://www.pogok.hs.kr/	
	서농중	031-273-6407	http://www.seonong.ms.kr/	
	청덕중	031-282-6214	http://www.cheongdeok-m.ms.kr/	예비
의왕	덕장중	031-421-2102	http://www.duckjang.ms.kr/	
	고천중	031-458-8625	http://www.kochon.ms.kr/	
의정부	의정부여중	031-873-8613	http://www.ujbg.ms.kr/	
	발곡고	031-828-1500	http://www.balgok.hs.kr/	
	의정부초	031-846-5856	http://www.ujb.es.kr/	예비
	경민중	031-828-7861	http://www.kyungmin.ms.kr/	예비
이천	대월초	031-632-1005	www.daewol.es.kr	
	부발중	031-631-9352	http://www.bubal.ms.kr/	
	장호원중	031-641-5686	http://www.janghowon-mid.ms.kr/	
	가산초	031-636-5045	http://www.icks.es.kr	예비
	사동중	031-637-6268	http://www.icsadong.ms.kr/	예비
파주	파평초	031-952-8272	http://www.papyong.es.kr/	
	한빛초	031-8071-5572	www.hanbit.es.kr	
	해솔중	031-945-8741	http://www.haesol.ms.kr/	
	동패중	031-8071-5303	http://dongpae.ms.kr/	
	복정고	031-720-1707	http://www.bokjeong.hs.kr/	
	동패고	031-945-4312	http://www.dongpae.hs.kr/	예비
평택	갈곶초	031-372-5122	http://www.galgot.es.kr/	
	죽백초	031-651-5802	http://www.jb.es.kr/	

평택	안중초	031-681-7882	www.anjoong.es.kr	
	송탄중	031-667-5985	http://www.songtan.ms.kr/	
	진위초	031-664-8502	http://www.chinwi.es.kr/	예비
포천	축석초	031-542-1341	http://www.chuksuk.es.kr/	
	경북중	031-544-1816	http://www.kyongbuk.ms.kr/	예비
화성	능동중	031-8003-7842	www.neungdong.ms.kr	
	숲속초	031-8015-2151	http://www.supsok.es.kr/	예비
	예당중	031-8015-5182	http://www.ye-dang.ms.kr/	예비
	매홀중	031-374-2632	http://www.maehol.ms.kr/	예비
	운천고	031-371-9900	http://www.uncheon.hs.kr/	예비

강원도 혁신학교 명단

2011년 11월 현재

지역	학교명	전화번호	홈페이지	비고
강릉시	포남초	033-610-1005	http://www.kponam.es.kr/	
	운양초	033-644-0012	www.unyang.es.kr	
	주문진고	033-661-4613	http://www.jugo.hs.kr/	
고성군	아야진초	033-633-5856	http://www.ayajin.es.kr/	
	공현진초	033-631-3538	http://www.gonghyeonjin.es.kr/	
	거진중	033-682-4952	http://www.geojin.ms.kr/	
동해시	북평초	033-520-3312	www.dh-bukpyeong.es.kr	
	삼화초	033-534-7006	http://www.samhwa.es.kr/	
	묵호중	033-533-2291	http://www.mukho.ms.kr/	
	묵호고	033-530-7102	http://www.mukho.hs.kr/	
삼척시	맹방초	033-572-3205	www.m-bang.es.kr/	
	도계중	033-541-0012	www.tgb.ms.kr	
속초시	영랑초	033-637-6214	http://yr.es.kr/	
	설악여중	033-634-3300	http://www.sgm.ms.kr/	
양구군	한전초	033-481-2973	http://www.hanjon.es.kr/	
	방산중	033-481-2475	bs.ms.kr	
양양군	광정초	033-672-8676	www.kj.es.kr	
영월군	영월초	033-374-1333	http://www.yeongwol.es.kr/	
	연당중	033-372-4006	www.yeondang.ms.kr	
원주시	교동초	033-764-1072	http://www.wjgd.es.kr/	
	서곡초	033-763-4898	www.seogok.es.kr	
	북원여중	033-742-1462	http://www.bugwon.ms.kr/	
인제군	서화초	033-462-4008	inje-seohwa.kwije.go.kr	
	상남중	033-461-6773	ijsangnam.ms.kr	
정선군	함백여고	033-378-0023	http://www.hambakgirls.hs.kr/	
철원군	용정초	033-455-6342	yongjeong.gwcwed.go.kr	
	김화중	033-458-4222	http://msgimhcw.gwcwed.go.kr/	
춘천시	호반초	033-256-8204	http://www.hoban.es.kr/	
	금병초	033-261-8873	www.gbcho.es.kr	
	창촌중	033-262-8119	http://www.ccms.ms.kr/	

	황지중앙초	033-552-2357	http://www.hjja.es.kr/	
태백시	함태중	033-550-1160	http://hamtae-ms.kwtbe.go.kr/	
	태백기공고	033-580-5911	http://www.taebaek-mh.hs.kr/	
평창군	주진초	033-332-2271	http://www.jujin.es.kr/	
	대화고	033-333-2764	www.daehwa.hs.kr	
홍천군	삼포초	033-432-7612	www.sampo.es.kr	
	홍천정과고	033-439-3644	http://www.hongcheonis.hs.kr/	
화천군	유촌초	033-442-0888	http://www.yuc.es.kr/	
	간동중	033-440-1901	http://www.gandong.ms.kr/	
횡성군	서원초	033-342-8010	http://www.hseowon.es.kr/	
	공근중	033-342-3011	http://www.gonggeun.ms.kr/	

광주광역시 혁신학교 명단

2011년 11월 현재

지역	학교명	전화번호	홈페이지	비고
	봉산중학교	062-972-8662	http://www.kbongsan.ms.kr/	
광산구	수완중학교	062-956-9128	http://www.suwan.ms.kr/	
	신가중학교	062-960-7300	http://www.singa.ms.kr/	
	동명고등학교	062-943-2855	http://www.kdm.hs.kr/	
남구	봉주초등학교	062-650-6609	http://www.boungju.es.kr/	
동구	동산초등학교	062-222-0761	http://www.k-dongsan.es.kr/	
북구	지산초등학교	062-571-2393	www.k-jisan.es.kr	
	신광중학교	062-528-6444	www.shingwang.ms.kr	

전라남도 혁신학교 명단

2011년 11월 현재

지역	학교명	전화번호	홈페이지	비고
강진	강진칠량중	061-432-7022	www.gjchillyang.ms.kr	
고흥	도화고	061-835-7832	http://www.ghdohwa.hs.kr/	
곡성	죽곡초	061-363-0220	www.jukgok.es.kr	
광양	옥룡초	061-762-8906	http://www.gyok.es.kr/	
광양	옥곡중	061-772-6886	http://www.okgok.ms.kr/	
광양	광양여중	061-761-7713	http://www.gygirls.ms.kr/	
구례	토지초	061-781-5949	http://www.toji.es.kr/	
구례	구례동중	061-781-2449	http://www.guryedong.ms.kr/	
구례	구례북중	061-781-3282	http://www.guryebuk.ms.kr/	
나주	나주북초	061-333-6130	http://www.najubuk.es.kr/	
담양	고서초	061-382-0230	http://www.goseo.es.kr/	
목포	목포산정초	061-272-8004	http://www.mpsanjeong.es.kr/	
무안	청계남초	061-452-0065	http://www.cheonggyenam.es.kr/	
보성	보성남초	061-853-0019	www.boseong10.es.kr	
순천	별량초(송산분교장)	061-742-7375	http://www.byeollyang.es.kr/	
순천	순천별량중	061-742-6900	http://www.byeolyang.ms.kr/	
신안	지도초	031-973-2168	http://www.jido-e.es.kr/	
여수	돌산초	061-644-1392	http://www.dolsan.es.kr/	
여수	관기초	061-685-2489	www.gwangi.es.kr	
영광	영광고	061-351-2721	www.yk.hs.kr	
영암	도포초	061-473-8759	http://www.dopocho.es.kr/	
완도	화흥초	061-552-2972	http://www.hwahuing.es.kr/	
장성	장성북중	061-392-8004	http://www.jsbuk.ms.kr/	
장흥	장흥남초	061-863-5107	http://www.jangheungnam.es.kr/	
진도	군내북초	061-542-1012	http://www.gunnaebuk.es.kr/	
함평	함평신광중	061-322-5928	http://www.sing.ms.kr/	
해남	송지초(서정분교장)	061-533-2143	http://www.songji.es.kr/	
해남	두륜중	061-533-0092	http://www.duryun.ms.kr/	
화순	사평초	061-373-9226	http://www.sapyeong.es.kr/	
화순	한천초	061-373-0022	www.hs-hancheon.es.kr	

전라북도 혁신학교 명단

2011년 11월 현재

지역	학교명	전화번호	홈페이지	비고
군산	군산서초	063-445-2475	http://www.gunsan.es.kr/	
김제	금산고	063-544-0722	www.ksch.hs.kr	
남원	남원초	063-633-7204	www.namwon.es.kr	
무주	구천초	063-322-4436	www.gucheon.es.kr	
무주	무풍중	063-324-4417	http://www.mupung.ms.kr/	
무주	무풍고	063-324-4417	http://www.mupung.ms.kr/	
순창	풍산초	063-652-9437	www.jb-pungsan.es.kr	
완주	삼우초	063-263-8897	http://www.samwoo.es.kr/	
완주	이서초	063-222-8515	www.yiseo.es.kr	
완주	봉서중	063-261-6690	www.bongseo.ms.kr	
익산	성당초	063-445-2475	http://www.gunsan.es.kr/	
임실	대리초	063-642-0778	http://www.daery.es.kr/	
임실	관촌중	063-642-0310	http://www.jb-kwanchon.ms.kr/	
전주	서신초	063-251-4582	http://www.jj-seosin.es.kr/	
전주	덕일초	063-279-3105	http://www.전주덕일초등학교.kr/	
전주	덕일중	063-274-7221	http://www.dims.ms.kr/	
전주	오송중	063-250-4301	www.jj-osong.ms.kr	
전주	우림중	063-220-4903	http://www.woolim.ms.kr/	
정읍	수곡초	063-534-3273	www.jsukok.es.kr	
정읍	칠보중	063-534-3006	www.chilbo.ms.kr	
진안	장승초	063-433-2048	www.jb-js.es.kr